本册目次

唐寫本説文解字木部箋異

梁光華
梁　茜　點校

點校説明

東漢許慎所撰《説文解字》是中國第一部字典，是中國漢字的寶庫，是後世人得以讀懂甲骨文、金文、篆文、《周易》、《尚書》、《春秋》及其三傳、諸子散文等上古文獻圖書的必備津梁，是中國古代讀書人必讀的一部經典著作和工具書，所以研究《説文解字》的學問成爲中國自古以來的一門顯學。但是歷史發展到清代，古籍文獻圖書逐漸亡佚失傳，人們研讀《説文解字》，只能讀到南唐徐鍇所整理的《説文解字繫傳》和宋初徐鉉等奉旨校定的《説文解字》，世稱「二徐本《説文》」，或稱「大小徐本《説文》」。東漢至南唐以前許慎《説文解字》傳本均亡佚湮没了。清代著名學者莫友芝的一個杰出貢獻是，於同治初年在安徽安慶慧眼發現、考鑒出黟縣令張廉臣所藏《説文解字·木部》殘卷係「稀世之珍，千金一字，世所未見」的中唐寫本。《曾國藩日記》同治二年三月卅日記云：

莫子偲來久坐。渠新得唐人寫本《説文》，僅《木部》下半一百八十文，自作校勘記。經較孫刻大徐本、祁刻小徐本，異同甚多，佳處不可勝數，大喜，以爲天下至寶也。

莫友芝爲此精心撰作一書，初名《説文解字唐寫本校異》（下簡稱《校異》），增删修改後定名爲《唐寫本説文解字木部箋異》（下簡稱《箋異》）。同治三年，經曾國藩出資刊刻面世，以饗學人，享譽古今。民國著名學者丁福保在其《説文解字詁林自叙》中評價説：

莫友芝之《唐説文木部箋異》等等，稽覈異同，啓發隱滯，咸足以拾遺補缺，嘉惠來學。

一九四八年，現代著名學者周祖謨教授在其《唐寫本説文與説文舊音》中評價説：

今日所見之唐寫本《説文》木部殘本，爲清同治元年莫友芝得自安徽黟縣令張仁法者，共六紙，存一百八十八字，將近全書五十分之一。兩紙合縫處有紹興小印，卷末有米友仁鑒跋語。以篆法及内容觀之，確爲唐本無疑。其中「栝桓恒」三字皆缺末筆，「栝」避德宗嫌名，「恒」避穆宗諱，是以莫氏定爲中唐人所書。唐本誠大勝於二徐本。不有唐本，終難定二徐之精粗美惡也。

二〇〇六年第五期《中國語文》發表北京大學何九盈教授《論唐寫本〈説文·木部〉殘帙的真僞問題》，懷疑唐寫本《説文·木部》殘帙爲贋品。筆者在《中國語文》二〇〇七年第六期發表《也論唐寫本〈説文·木部〉殘帙的真僞問題》一文，從内證和外證兩方面進行科學而充分的駁論，推翻了何氏所作結論。上世紀九十年代末筆者撰寫出版《唐寫本説文解字木部箋異注評》時，憑據莫友芝同治三年安慶初刻本《唐寫本説文解字木部箋異》研究注評，未見莫氏《説文解字木部唐寫本校異》（以下簡稱「《校異》」）手稿。今喜獲國家圖書館所藏莫氏《校異》手稿，發現與刻本《箋異》有諸多差異，例如：《唐本》：「楬，楬桀也。」莫友芝《校異》手稿認爲二徐本「『楬，楬桀也』不可通。」然而在正式刻本《箋異》中補充論證説：「按《爾雅》：『鷄棲於弋爲榤。』《詩》毛傳：『鷄棲於杙爲桀。』桀亦可通。」又例如：「杝」篆之下注語，《校異》手稿逐一引證漢代《西嶽華山亭碑》、《孫叔敖碑》、《華嶽碑》、《緜竹江堰碑》均有「池」字用例，而且明言「『池』是漢人習用字，爲《説文》所不應逸」；而刻本《箋異》「杝」篆之下僅有「漢碑『池』字四見《隸釋》」一句，不如《校異》手稿引證詳實可信。又，在「杝」篆注語之末，《校異》手稿有批評之語：「吾友鄭珍撰《説文逸字》，守鉉説，不取段氏，則未允。」刻本《箋異》則删除此批評鄭珍之語。又如：在《校異》手稿之末，莫氏有一段話，頗能記録他當年生活及寫書時的窘境與心態：「友芝資駑識下，躭好文字，慙於雕蟲，十年奔走，荒不復理。來皖逾兩春，依湘鄉使相幕下，老病不任劇事，使遥領廬陽山長薪米以資朝夕。皖中兵後，文籍賤售，得備經史自娱。飄萍炳燭，餘光幾何？喜獲此卷於全書僅五十有五分之一，而世所未見，不容自私，力疾比勘，匝月而就。極知尟當，差解無所用心，斥以嗜瑣抱殘，玩物喪志，所不辭也。四月既望，再易稿識後。」這段話，刻本《箋異》則完全删除了。將《校異》手稿與刻本《箋異》對比研究，可以窺見莫氏《箋異》撰寫、修改，直至最後定稿的整個過程，也可以從中獲取莫氏關於《唐本》更多的考訂、研究信息，故特於校勘記内將異文録出，以供參考。

今以民國二十五年貴陽文通書局排印《黔南叢書》别集本《仿唐寫本説文解字木部箋異》爲底本整理，校以國家圖書館所藏莫友芝《説文解字唐寫本校異》手稿；《箋異》前摹刻的《仿唐寫本説文解字木部》則以唐寫本真迹照片替代。民國十五年，唐寫本《説文解字》木部殘卷原作流失到日本，藏於大阪内藤虎次郎杏雨書屋，一九三五年被列爲日本國寶。有關莫友芝《箋異》一書的跋識、題詩附於書末。

梁光华　梁　茜

二〇一六年十月于上海

目録

唐寫本説文解字木部殘卷照片

唐寫本《説文》木部殘卷函套

唐寫本說文

同治七年七月

曾國藩題

曾國藩爲唐寫本《説文》木部殘卷題字

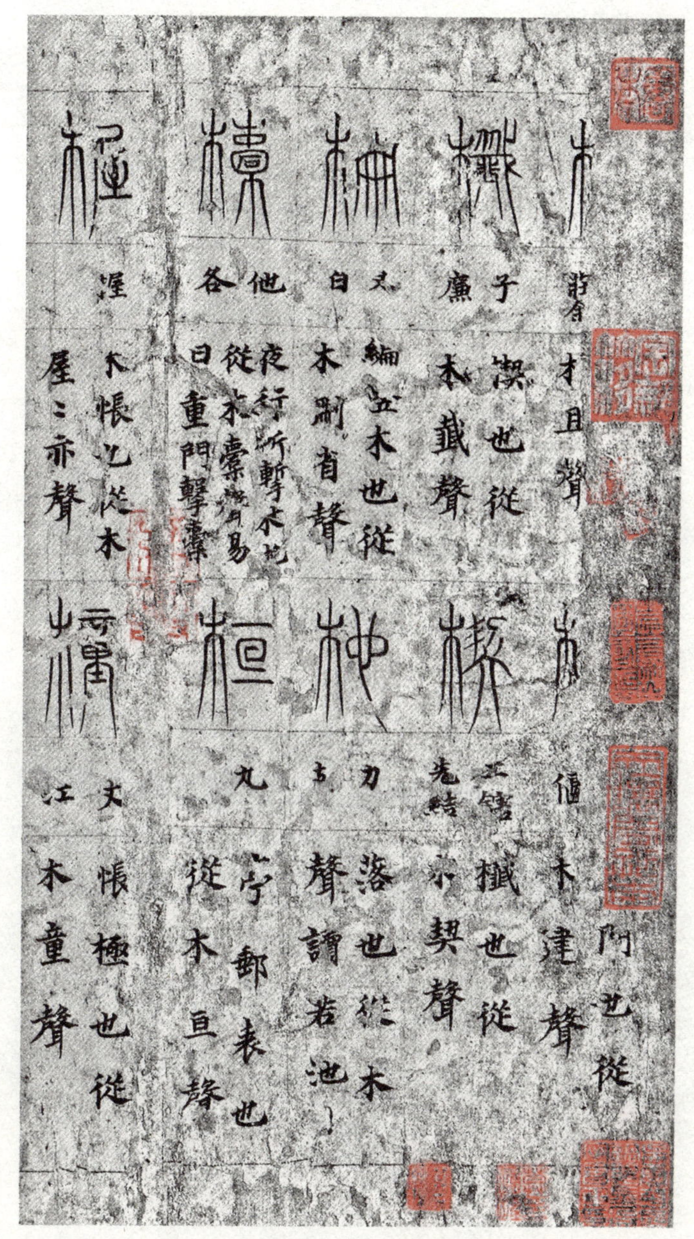

唐寫本《説文》木部殘卷(一)

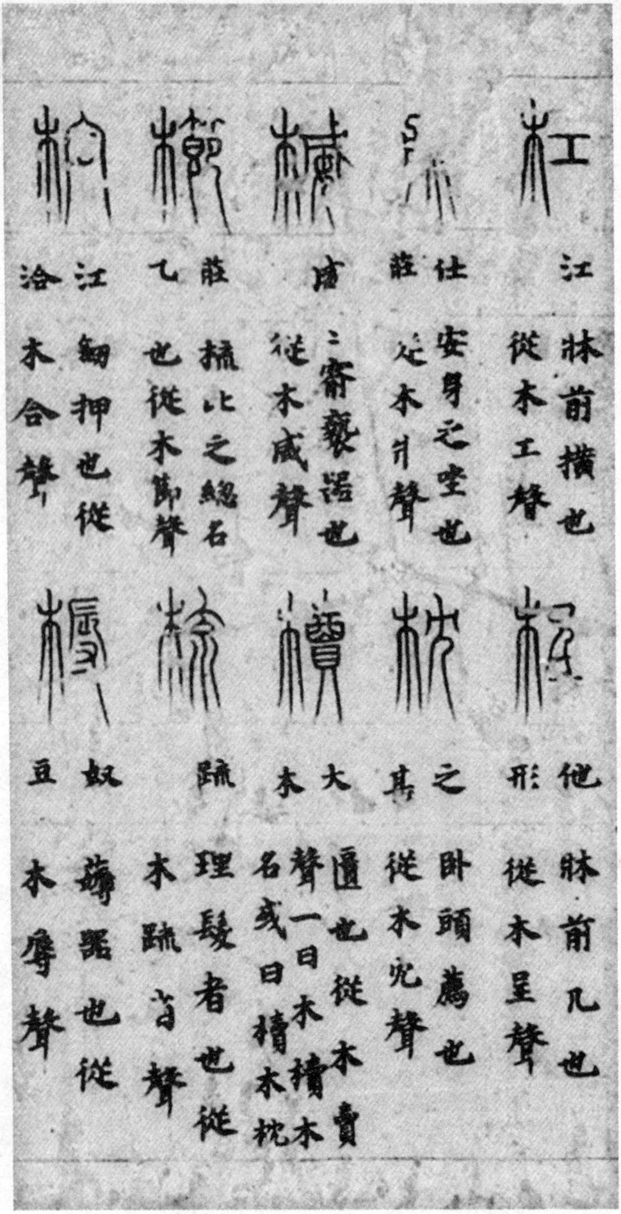

唐寫本《説文》木部殘卷(二)

擄或
從金

五　兩刃臿也從木丫
瓜　象形宋魏曰苿

里　臿也從木已聲
一曰從士輂
齊語讀若駭

弋　耒耑木也
之　從枱台聲

僕　摩田器也從木憂
憂　聲論語曰櫌〻〻輟

几　耒耑也從入
于　木象形明聲

耒或從
金亏

杞或
從里

籀文枱
從辝

竹　斫也齊謂之鎡
錤一曰斤柄性自
足　曲者從木屬聲

唐寫本《說文》木部殘卷(三)

櫡 竹勺 斫謂之櫡也 從木着聲

杷 父加 收麥杷也 從木巴聲

柫 父勿 擊禾連枷也 從木弗聲

杵 尺与 舂柄也 從木午聲

杚 工卒 平也 從木气聲

杸 方 浩也 從木殳聲

椴 下卦 和具 種椴也一曰燒麦 柃椴 從木役聲

枷 工亞 加 柫也 從木加聲 淮南謂之柍

槩 工內 杚斗斛也 從木既聲

[illegible] 研杳 木參交也以枝 炊藥者 從木省 聲讀若驪駕

唐寫本《說文》木部殘卷(四)

唐寫本《說文》木部殘卷（五）

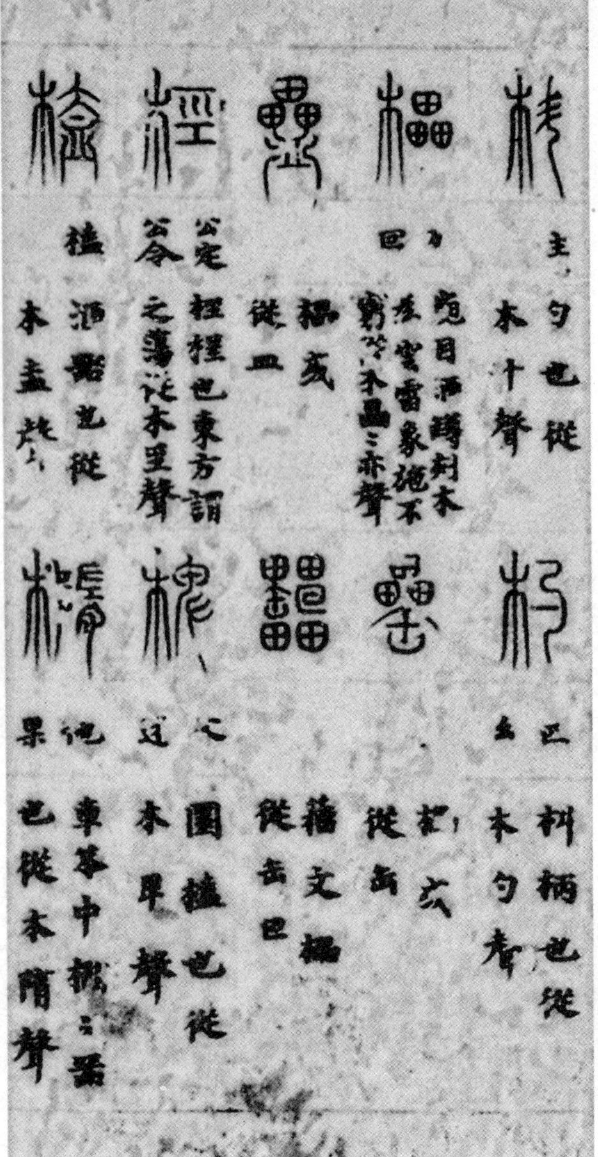

唐寫本《説文》木部殘卷（六）

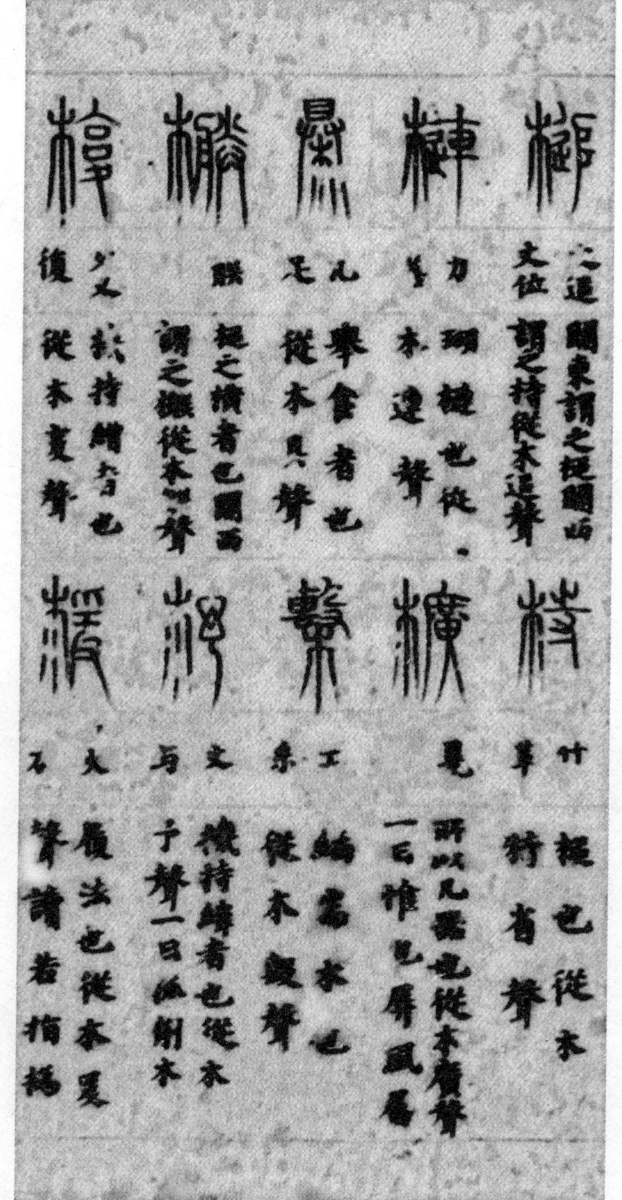

唐寫本《說文》木部殘卷（七）

工才 壹[illegible]以木度馬箠
工大 狀如[illegible][illegible]從木[illegible]聲

又 殘也從
[illegible] 木[illegible]聲

才 以擊[illegible]離也
寸 從木壽聲

工 筐當也從
悔 木國聲

他 木階也從
兮 木弟聲

丈 杖也從木長
庚 聲一曰法

己 牛鼻中環也
戀 從木𢍏聲

多果 箠也從木耑聲一曰
初委 揣度高下一曰剟

巨 弋也從木厥
月 聲一曰門梱

之弋 弋也從
又特 木戠聲

唐寫本《説文》木部殘卷（八）

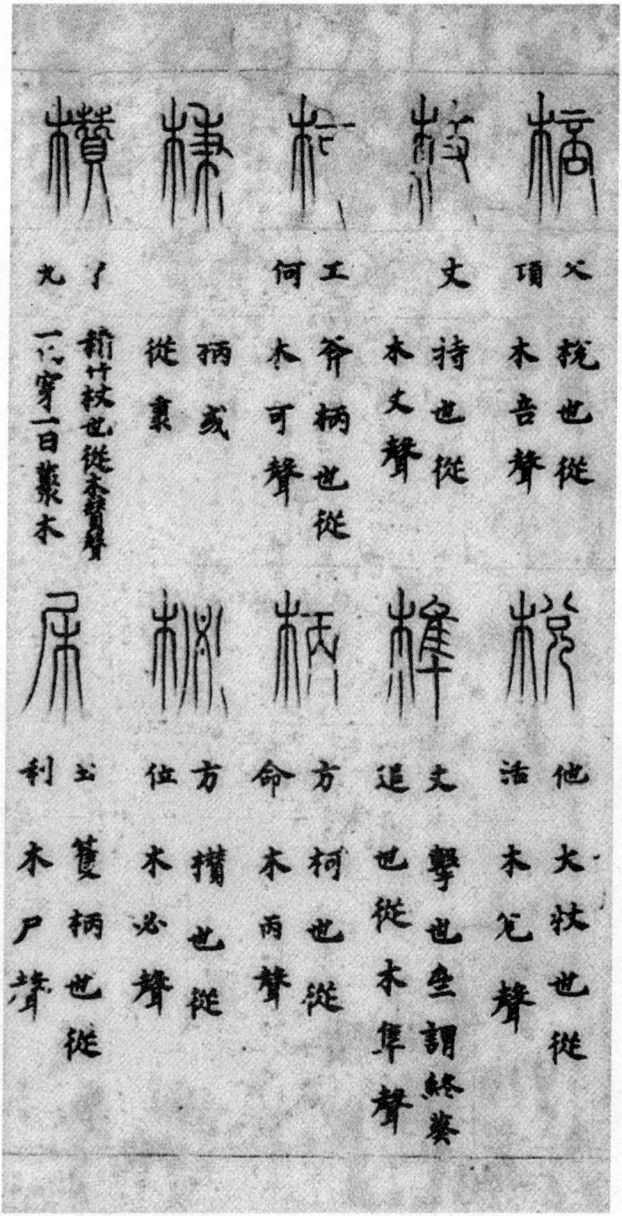

唐寫本《説文》木部殘卷(九)

[illegible]戈 從尼

巨京 榜也從木敬聲

古活 隱也從木昏聲 一曰矢頭也

其 簿棊也從木其聲

下江 〻雙也從木夅聲讀若鴻

父庚 所以輔弓弩也從木旁聲

於近 栝也從木隱省聲

匪 輔也從木非聲

接 續木也從木妾聲

他玷 炊竈木也從木舌聲

唐寫本《説文》木部殘卷（十）

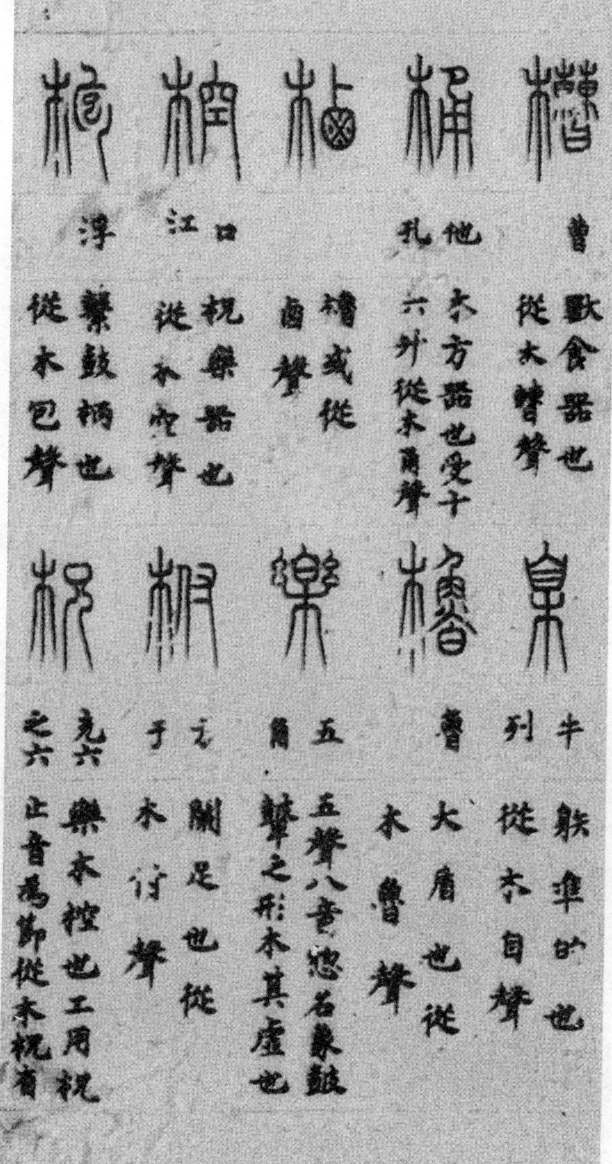

槽　曹　獸食器也從木曹聲

臬　牛列　射準的也從木自聲

桶　他孔　木方器也受十六升從木甬聲

櫓　魯　大盾也從木魯聲

樐　櫓或從鹵聲

樂　五角　五聲八音總名象鼓鞞之形木其虛也

椌　口江　柷樂器也從木空聲

柎　之于　闌足也從木付聲

枹　浮　繫鼓柄也從木包聲

柷　充六　之六　樂木椌也工用柷止音爲節從木祝省

唐寫本《説文》木部殘卷(十一)

槧 自斂 才冉 才敢 牘樸也從木斬聲

札 壯列 牒也從木乚聲

檢 己儉 書署也從木僉聲

檄 下的 二尺書也從木敫聲

棨 羌檯 傳信也從木啓省聲

楘 亡篤 車歷錄束文也從木敄聲詩曰五楘梁輈

枑 胡固 行馬也從木互聲周礼曰設梐枑再重也

梐 父奚 梐枑也從木陛省聲

棧 士眼 棚也竹木之車曰棧從木戔聲

极 巨輙 驢上負也從木及聲讀若急

唐寫本《説文》木部殘卷(十二)

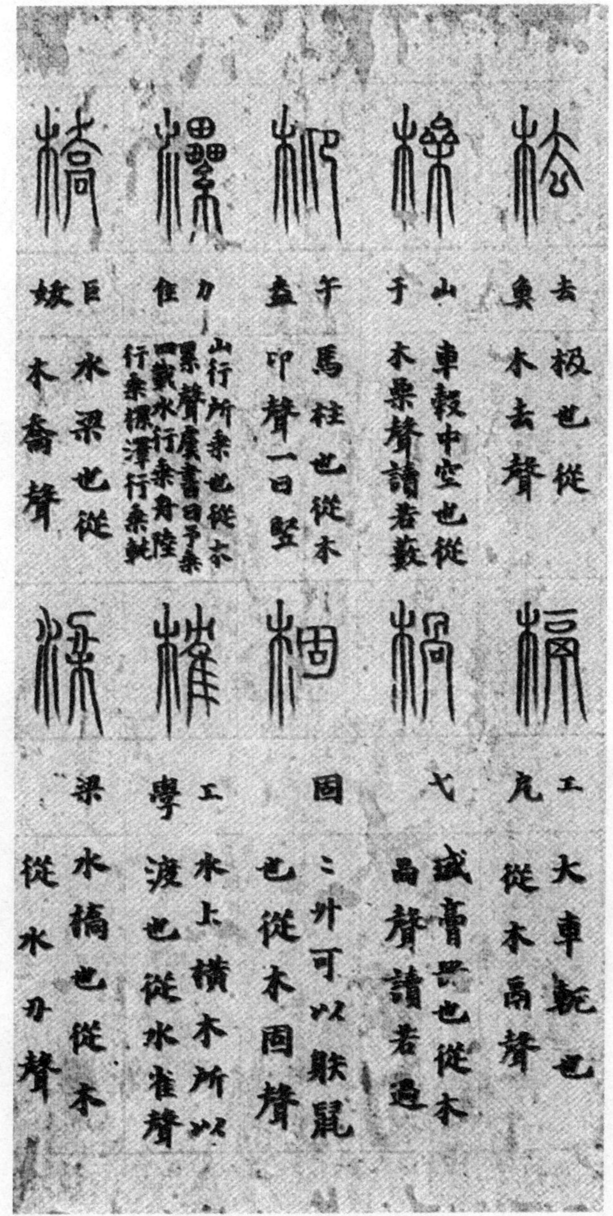

唐寫本《説文》木部殘卷(十三)

古文梁

符月　海中大船也從木發聲

力第　江中大船也從木蠡聲

助交　澤中守艸樓也從木巢聲

肺　削木朴也從木市聲陳楚謂櫝柹

山幺　船總名也從木叜聲

子入　舟擢也從木咠聲

下扠　木田也從木叉聲

七在　捋也從爪木

户萌　關木也從木黃聲

唐寫本《説文》木部殘卷(十四)

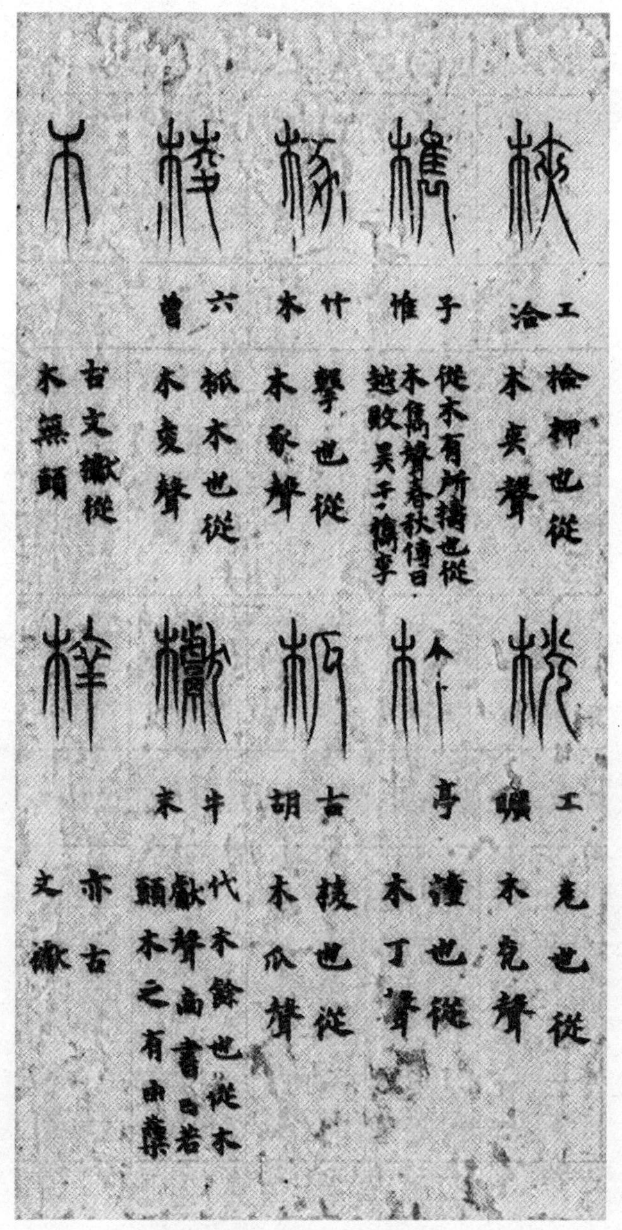

工洽 檢柙也從木夾聲

子惟 從木雋聲春秋傳曰越敗吳于檇李

竹角 擊也從木豖聲

六曾 柧木也從木夌聲

古文櫱從木無頭

工曠 充也從木光聲

亭 橦也從木丁聲

古胡 棱也從木瓜聲

牛末 伐木餘也從木獻聲商書曰若顛木之有由櫱

亦古文櫱

唐寫本《說文》木部殘卷(十五)

櫱 欁或從木辥聲

柆 力币 折聲也從木立聲

柮 午滑 斷也從木出聲讀若尒疋貀無前足之貀一曰絡

析 先狄 破木也從木斤一曰折

梡 下短 梱木薪也從木完聲

枰 防柄 平也從木平聲

槎 莊下 邪斫也從木差聲春秋國語曰山不槎櫱

檮 大牢 斷木也從木壽聲春秋傳檮柮也

棷 又追 側溝 木薪也從木取聲

㮯 下昆 梡木未斫也從木圂聲

唐寫本《説文》木部殘卷（十六）

楄　父千　楄部方木也從木扁聲春秋傳曰楄部薦榦者

楅　万力　以木有所逼束也從木畐聲詩曰夏而楅衡

枼　弋涉　楄也枼薄也從木世聲

槱　酉　積火燎之也從木火酉聲詩曰薪之槱之周礼曰以槱燎祠司中司命

禉　槱柴祭天神之名或從示

休　許牛　止息也從人依木

庥　休或從广

𣜬　工隥　竟也從木恒聲

亙　古文𣜬

械　戒　桎梏也從木戒聲一曰器之惣名一曰有盛為械無盛為器

唐寫本《説文》木部殘卷(十七)

杽 丑 械也從木手〻亦聲讀若丑

梏 古屋 手械所以告天從木告聲

[illegible] 斎方 攌斷也從木斷聲

[illegible] 胡閑 止也從木歫門

櫳 力工 檻也從木龍聲

桎 質 足械〻所以質地從木至聲

櫪 力秋 〻㯺押指也從木歷聲

槍 七羊 歫也從木倉聲一曰槍推㩶

檻 戶斩 櫳也從木監聲一曰圈

柙 押 檻也可以藏虎兕從木甲聲

唐寫本《説文》木部殘卷(十八)

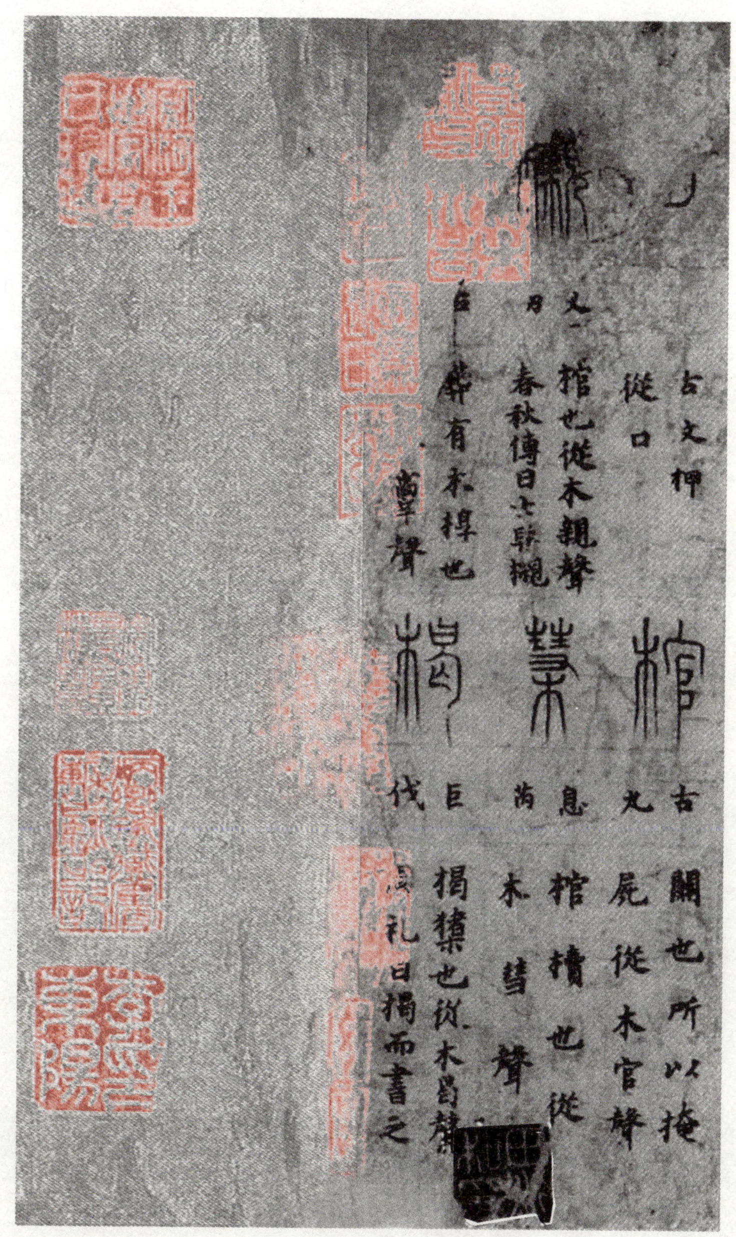
古文柙從口
棺 古丸 關也所以掩屍從木官聲
櫬 文一 乃 櫬也從木親聲春秋傳曰士輿櫬
槥 息芮 棺櫝也從木彗聲
古 葬有木椁也𩫖聲
楬 巨伐 楬櫫也從木曷聲周礼曰楬而書之

唐寫本《説文》木部殘卷(十九)

唐寫本《説文》木部殘卷（二十）

右唐人書篆法說文六紙
臣米友仁鑒定恭跋

光緒廿六年歲在庚子十月既望武進費念慈[illegible]觀題記

唐寫本《說文》木部殘卷(二十一)

唐寫本《説文》木部殘卷(二十二)

唐寫本《說文》木部殘卷（二十三）

唐寫本説文解字木部箋異

【唐本】

柤，……木，且聲。……莊余。

【箋異】

柤〔一〕，「莊余」紐，大徐未載。友芝按：「余」是「且聲」正音。《廣韻·魚部》失收。《集韻》「臻於切」正此音。蓋《説文》舊音也。

後凡記音紐，必鉉遺，或兩歧者。其用紐，字異音同不記。唐以前人引《説文》音亦附校。

二徐「柤」後次「槍」篆，《唐本》在後「櫛」下。

【唐本】

楗，……歫門也。從木，建聲。……偃。

【箋異】

楗[二]，解第一字爛存「止」旁，蓋「歫」字。「歫」，二徐作「限」。《文選·南都賦》注引作「距」。《頭陀寺碑文》注引《字林》亦云：「楗，門距。」歫、距，正借字。段玉裁曰：「作『限』非。《老子》、《釋文》亦作『距門也』。」

「從木」，同小徐。盡卷作「從」。

【唐本】

櫼，楔也。從木，韱聲。子廉。

【箋異】

(「櫼」字無箋注語。)

【唐本】

楔，櫼也。從木，契聲。工鍇、先結。

【箋異】

楔，「工鍇」紐多。

【唐本】

柵，編竪木也。從木，刪省聲。叉白。

【箋異】

柵，「編竪木也」，《一切經音義》十四、十八引同，十九引「木」下有「者」字。二徐「竪」作「樹」。小徐無「也」字。按：作「竪」是。《玉篇》、《晉書音義》引《字林》作「竪」。《廣韻》引作「竪編木」。形近致誤也。《林》、《篇》、《韻》皆本《説文》，段注亦依改。竪，「豎」隸省字，正作「豎」。後凡省俗易知不悉記，記其訛成他字者。

「刪省聲」，大徐作「从册，册亦聲」；小徐、《韻會》引作「册聲」。按：今官寺街巷排竪木爲門闌，謂之柵闌。柵，音如沙，或如薩，皆「刪」音之轉。《廣韻》、《集韻》「柵」有「所晏切」。《廣韻》訓「籬柵」。《集韻》訓「編竹木爲落也」。又有「數眷切」，訓「籬也」。皆即今「柵闌」義，音與「刪」近。豈許書本有「刪」、「册」二聲，如：詿「從圭」，或「從佳省聲」之例與[三]？

【唐本】

杝，落也。從木，也聲。讀若池。力支。

【箋異】

杝，「力支」，大徐：「池爾」。按：「力支」一紐，音最確。《説文》無「籬」字，「杝」即「籬」也，故次「柵」後。《篇》、《韻》皆失此音。唯《集韻．支部》：「籬、杝、欏」同字，「鄰知切，藩也。」《一切經音義》亦謂「杝、欏、籬」三字同，引《通俗文》「柴垣曰杝，木垣曰柵」爲證。是《集韻》所本，得之[四]。

「聲」上漏「也」字。「讀若池」，「池」二徐作「他」。《五音韻譜》作「阤」。小徐「讀」下有「又」字。段玉裁曰：「『又』字，鉉本無，非也。許時『杝』爲『籬』字，人人所知，而『杝』之讀，又或如『阤』，故著之。『阤』，作『他』，非。趙凡夫鈔本作『阤』。」友芝按：此解當是兩讀，若云「讀若池，又讀若阤」。如：「盇，讀若灰，一曰若賄」，「㗊，讀若戢，又若呶」之例。《唐本》、今本各漏其一也。《廣雅》：「欏、落，杝也。」《齊民要術》引仲長子曰：「柂落不完。」當用前讀。柂，杝之訛。《詩》：「析薪杝矣。」與「掎、佗」韻。《傳》云：「『析薪』者，必隨其理。」當用後讀。「他」與二徐音不應，自是「阤」誤。又按：《集韻》「陳知切」又有「杝」訓「落也」。又，「池、沱」同字，「穿地鍾水。」蓋其所見《説文》必是「讀若池」，故溢此音。其實今「抽知」、「陳知」、「鄰知」三切，特齒音輕重之間，故從「離」、從「也」字皆有，古不分也。

又按：《説文》無「池」篆。鉉等有「通用『江、沱』，字別作『池』非是」之説。而《走部》：「𧼮」，《衣部》：「褫」，并「讀若池。」《水部》：「沼，池也」；「窪，深池也」；「潢，積水池也。」數見於説解。《初學記》（七）引《説文》：「池者，陂也。從水，它聲。」《華嚴經音義》引《説文》：「穿地通水曰池，畜水曰陂。」是唐初《説文》本有「池」字，不與「江、沱」字同，而傳寫逸去。《月令》：「陂池。」注：「穿地通水曰池。」《周禮》：「雍氏溝瀆澮池。」注：「謂陂障之水道也。」《周語》：「囿有林池。」注：「積水也，皆池。」《正義·詩》：「東門之池。」《春秋傳》：「漢水以爲池。」皆謂城隍積水。《檀弓》：「填池。」注：「謂奠徹之誤。」亦「池」聲轉，乃得成「徹」；若「沱」，即無由誤「徹」也。漢碑「池」字四見隸釋〔五〕。段玉裁補「池」篆於《水部》「沼」下，依《初學記》爲解，改「它」爲「也」，云：「陂也。從水，也聲。」又舉《左傳·隱三年》正義引「《風俗通》云：『池者，陂也。從水，也聲。』」謂應劭訓詁多襲《説文》，所見固有「池」篆。又改《𠂤部》「陀」下「一曰沱也」爲「池也」，以相證明，不用鉉説。友芝每讀而韙之，唯「也聲」下猶應有「穿地通水曰池，蓄水曰陂」十字，未據慧苑所引補入，則偶疏也〔六〕。

【唐本】

櫜，夜行所擊木也。從木，橐聲。《易》曰：「重門擊橐。」他各。

【箋異】 檏，「夜行」，《御覽》三百三十八引作「行夜」。「㪟木也」，《御覽》引、二徐作「擊者」。《手部》「㪟」訓「暫」；段玉裁依《廣雅》、《廣韻》改爲「斬取」，皆於「檏」無當。唯《集韻·敢部》：「㪟，在敢切，擊也。」若與相證，存以備考。

「擊㯻」，二徐作「擊檏」。按：本部「㮑」下又引《易》作「擊㮑」。㮑訓「判也」，則「㮑」是異文，「檏」是正字，此寫遺「木」旁耳。

【唐本】 桓，亭郵表也。從木，亘聲。丸。

【箋異】 （「桓」字無箋注語。）

【唐本】 樨，木帳也。從木屋，屋亦聲。握。

【箋異】楃，「帳」誤從「巾」旁。「屋亦」，二徐無。

【唐本】橦，帳極也。從木，童聲。丈江。

【箋異】橦，「帳」，誤從「巾」旁。「極」，《玉篇》引同，是。小徐、《韻會》引誤「柱」。

【唐本】杠，牀前擴也。從木，工聲。江。

【箋異】杠，「牀前横也」，「横」誤從「扌」旁。「横」下二徐衍「木」字。《篇》、《韻》亦無。按：「横，闌木也。」「闌，門遮也。」言「牀前横」，知是木爲遮闌。

【唐本】

桯，牀前几也。從木，呈聲。他形。

【箋異】

桯，「几」下「也」，二徐無。《篇》、《韻》亦有。二徐「桯」下次「桱」篆，此次「櫑」後。

【唐本】

牀，安身之坐也。從木，爿聲。仕莊。

【箋異】

「牀，安身之坐也。」「坐」上小徐多「几」字。「也」，大徐、《玉篇》引作「者」。《初學記》二十五、《御覽》七百六引作「身之安也」。

【唐本】

枕，卧頭薦也。從木，冘聲。之甚。

【箋異】

「枕，卧頭薦也」，二徐作「卧所薦首者。」《玉篇》：「卧頭所薦也。」

【唐本】

椷，ㄍ，篋，藝器也。從木，咸聲。咸。

【箋異】

椷，「ㄍ」疊篆「椷」字。按：此知傳本解説首字同篆者，率以「ㄍ」書之。如：「巂周」、「離黄」，各本失「巂」、失「離」之類。段注採補者甚衆，殆以是與？

【唐本】

櫝，匱也。從木，賣聲。一曰木櫝、木名；或曰：櫝，木枕。大木。

【箋異】

櫝，「木櫝、木名」，二徐作「木名」。按：「櫝」爲「木名」，無可證；增「木櫝」字，益不可曉。「櫝」之别義，《一切經音義》引《蒼頡篇》「櫝櫨，三輔舉水具也」。《釋名·釋兵》：「松櫝，長三尺，其矜宜輕，以松作之也。櫝，速櫝也。前刺之言也。」意此「木櫝」必居「櫝櫨」、「松櫝」之一。訛錯不能定，記以俟考。

「或曰：櫝，木枕」，小徐作「又曰：櫝，木枕也」；大徐作「又曰大梡也」。段玉裁謂「木枕以圜木爲枕，用《少儀》之頍。鄭注曰：『警枕』者爲解，以『大梡』爲字誤。」友芝按：《玉篇》：「櫝，匱也。亦木名；又小棺也。」當本《説文》。則「木枕」、「大梡」乃「小棺」之訛。《左氏・昭二十九年傳》：「公將爲之櫝。」《釋文》：「櫝，棺也。」《木部》：「槥，棺櫝也。」《漢書・高帝紀》「爲槥」。應劭曰：「小棺也，今謂之櫝。」《楊王孫傳》注：「櫝，小棺也。」

【唐本】櫛，梳比之總名也。從木，節聲。莊乙。

【箋異】（「櫛」字無箋注語。）

【唐本】梳，理髮者也。從木，疏省聲，疏。

【箋異】

梳，「也」上「者」，二徐無。

【唐本】

柗，劒押也。從木，合聲。江洽。

【箋異】

柗，「押」，二徐作「柙」，是。

【唐本】

槈，薅器也。從木，辱聲。奴豆。

鎒，槈或從金。

【箋異】

槈，「薅」，《一切經音義》八、二十一兩引作「除田」。

鎒，「或」上「槈」當作「槈」。二徐無。「金」下小徐多「作」。

【唐本】

臬，苿臿也。從入木，象形，䀠聲。几于。

【箋異】

臬，「入木」，二徐作「木入」，是。

【唐本】

苿，兩刃臿也。從木丫，象形。宋魏曰苿。互瓜。

釫，苿或從金、亐。

【箋異】

苿，「曰苿」下，二徐衍「也」字。

釫，「或」上二徐無「苿」；「亐」上大徐多「从」。

【唐本】

杞，臿也。從木，巳聲。一曰從土輂。齊語讀若駭。

梩，杞或從里。

【箋異】

杞，二徐篆作「相」。「里」，徐音「詳里」。「巳」，二徐作「目」。「從士」，誤，當依二徐作「徙土」。「齊語讀若駭」，大徐作「齊人語也」，小徐作「齊人語」，皆無「讀若駭」三字。

友芝按：《集韻·止部》：「象齒切：相梩杞耜耙枱」同字，引《說文》同小徐，疑其所見本有「杞」重文，《唐本》與二徐本各失其一。「詳里」，「象齒」，即今讀「相」如「祀」之音。「耙」則「杞」之俗；「耜枱」，「相」之俗也。自唐人經典承用「耜」，五經文字遂無「相」字，僅存二徐《說文》。《廣韻》又收「耙」失「杞」，而「杞、相」并正字，無有能識之者矣。得《唐本》鈎覈，乃拾出於亡逸之餘，爲之快然。

又按：「里」音最古，疑是《音隱》之舊，爲唐宋韻書所遺〔七〕。漢人讀「里」如「以」。《周禮·匠人》：「里爲式。」注云：「里讀爲以，聲之誤也。」可知「里」是「以」音，非若今「兩耳切」。古「以、巳」同聲互用。《檀弓》注：「『以』與『巳』，字本同。」其見《經典釋文》及漢碑甚衆，亦「相杞」同文之明證。

又按：《方言》云：「江淮、南楚之間謂之臿，東齊謂之梩。」郭璞：「音駭。」《說文》此訓，本《方言》。得《唐本》增「讀若」，乃知郭音即本《說文》也。「駭」、「以」皆正喉音，非齒頭音。

「梩，杞或」，二徐「或」上無「梠」。

【唐本】

枱，耒端木也。從枱，台聲，弋之。

桑，籀文枱從辝。

【箋異】

枱，「耒端木也」，《玉篇》同，二徐無「木」字。鉉本「耒」，或作「桼」。小徐無「也」。「從木」，誤寫「從枱」。

桑，「文」下「枱」，二徐無。

鈶，二徐「鈶」在「桑」前。

【唐本】

楎……若渾天之渾。

【箋異】　楎，二篆斷爛，僅存此解後行「若渾天之渾」五半字。

【唐本】　櫌，摩田器也。從木，憂聲。《論語》曰：「櫌而不輟。」烏侯；憂。

【箋異】　櫌，「烏侯」紐多。《廣韻》、《集韻》俱無此音，「器」下「也」，二徐無，《篇》引有。「櫌而不輟」，二徐「輟」作「輟」。按：此語《熹平石經》作「櫌不輟」。自餘櫌、耰，字小異耳。此「輟」作「輟」，又僅見《文選・魏都賦》：「剞劂罔掇。」注引鄭君《論語》注曰：「『輟，止也。』掇，古字通。」掇拾，毋輟，其通假一也。

【唐本】　欘，斫也。齊謂之鎡錤。一曰斤柄，性自曲者。從木，屬聲。竹足。

【箋異】

欙，「鎡錤」，《爾雅》、《釋文》引作「兹箕」。《御覽》八百二十三引作「鎡基」。本書無「錤」字。

【唐本】

櫡，斫謂之櫡也。從木，著聲。竹勺。

【箋異】

櫡，「櫡」下衍「也」，二徐、《篇》引并無。「箸」誤「著」。

【唐本】

柭，棓也。從木，犮聲。方。

【箋異】

柭，「方」乃「犮」誤；或「方」是紐，遺下字。二徐此篆次後「棓」上。

按：《集韻·末韻》「北末切」有「柭」，引「《説文》：『棓也。』」又，《勿部》「敷勿切」「柫柭」同字，引「《説文》：『擊禾連枷也。』」疑此解「犮聲」下當有「一曰擊禾連枷也」七字，故與「杷、桵」爲類。《集韻》知別義，是謂「柭柫」同用，故會引於《勿部》，而引正訓於《末部》。二徐失去「一曰」七字，遂覺不倫，乃移就「棓」次歟？

【唐本】
杷，牧麦杷也。從木，巴聲。父加。

【箋異】
杷，「牧麦杷也」，二徐作「收麦器」，「牧」乃「收」訛；「麦」，「麥」之隸省。

【唐本】
椴，種椴也。一曰燒麦柃椴。從木，役聲。下卦、和昊。

【箋異】
椴，「下卦、和昊」，徐：「与辟」。按：《廣韻》無二音。唯《集韻·卦部》「胡卦」，《錫部》「刑狄」與之合。又，《麥部》「下革」，《昔部》：「營隻」。「營隻」同徐。「種椴」，大徐、《集韻·錫部》引作「穜樓」，《昔部》引「穜」作「橦」。

「柃椴」下，《集韻·錫部》、《韻會》引有「也」。

此下二徐有「柃」篆，此無。「柃」訓「木也」，當已次前木名中，不依「柃椴」別義。《玉篇》「柃」次「桔」、「柞」間，云「木可染」，其上下字次亦略同《説文》，蓋因許舊。二徐漏此字，漫羼入「椴」下耳。

【唐本】

柫，擊禾連枷也。從木，弗聲。父勿。

【箋異】

(「柫」字無箋注語。)

【唐本】

枷，拂也。從木，加聲。淮南謂之柍。工亞；加。

【箋異】

枷，「工亞」紐多。「拂」誤作「手」旁。

【唐本】杵，舂柄也。從木，午聲。充与。

【箋異】杵，「柄」，二徐作「杵」。

【唐本】槩，杚升斛也。從木，既聲。工内。

【箋異】槩，「升」乃「斗」誤。「斛」下二徐無「也」。

【唐本】杚，平也。從木，气聲。工卒。

【箋異】 杚，「工卒」，《玉篇》引爲「古没」。

【唐本】 榗，木參交也，以枝炊籅者。從木，省聲。讀若驪駕。所杏。

【箋異】 榗，「交」下「也」，二徐無。「枝」，《類篇》、《集韻》作「支」。「者」下二徐、《集韻》引有「也」。「讀若驪駕」，小徐無。

【唐本】 柶，《礼》有柶。ミ，匕也。從木，四聲。四。

【箋異】 柶，「匕也」下，《御覽》七百六十引有「所以取飯」。

【唐本】

桮，一䀀也。從木，否聲。方來。

𠤳，籀文桮。

【箋異】

桮，「一」，二徐無。

𠤳，小徐、《韻會》引作𠤳，大徐作𠤳。

【唐本】

槃，承槃也。從木，般聲。父安。

鎜，古文從金。

盤，籀文從皿。

【箋異】

（「槃」「盤」二字下均無箋注語。）

鎜，「從金」，小徐無。

【唐本】 榹，槃也。從木，虒聲。斯。

【箋異】 （「榹」字無箋注語。）

【唐本】 案，几屬也。從木，安聲。□旦。

【箋異】 案，「屬」下「也」，二徐無。紐爛，存左「旦」字。「旦」避睿宗諱省。

【唐本】 檈，圜案也。從木，睘聲。旋。

【箋異】

檈,「也」,小徐無。

【唐本】

槭,篋也。從木,咸聲。古咸。

【箋異】

(「槭」字無箋注語。)

【唐本】

枓,勺也。從木,斗聲。主。

【箋異】

枓,「斗聲」,小徐、《韻會·七麌》引同。大徐作「从斗」。

【唐本】

杓，料柄也。從木，勺聲。匹幺。

【箋異】

杓，「匹幺」，《史記索隱》引「匹遥」。「勺聲」，小徐、《韻會》引同。大徐作「从勺」，非也。《内則》：「舞勺。」劉昌宗讀「之邵反」。《史記》「不勝桮杓」，小司馬讀「斗杓」同。

【唐本】

櫑，龜目酒罇，刻木爲雲雷，象施不窮。從木畾，⺀亦聲。力回。

罍，櫑或從缶。

⿱畾皿，櫑或從皿。

⿱畾⿰缶回，籀文櫑或從缶回。

【箋異】

櫑，「罇」，小徐作「樽」；大徐作「尊」，是。《説文》無「罇」、「樽」。「爲」，二徐作「作」。「象」下大徐多「象」。「不窮」下二徐有「也」。「畾亦聲」，小徐少「畾」字，大徐少「畾亦」二字〔八〕。

按：省「象」、「也」字，於「雲雷」句絶，詞簡而義已備；又得「畾亦」補漏，皆善於兩徐。
靁，「從缶回」，大徐無。

【唐本】

桱，桱桯也。東方謂之蕩。從木，巠聲。公定、公令。

【箋異】

桱，「公定」紐多。「蕩」，《類篇》、《集韻》引作「簜」。此篆二徐次前「桯」下。

【唐本】

椑，圜榼也。從木，卑聲。父迷。

【箋異】

（「椑」字無箋注語。）

【唐本】

榼，酒器也。從木，盍聲。榼。

【箋異】

榼，音「榼」，乃「盍」誤。《文選》注引「苦闔」。

【唐本】

櫇，車笭中櫇，櫇，器也。從木，隋聲。他果。

【箋異】

（「櫇」字無箋注語。）

【唐本】

槌，關東謂之槌，關西謂之持。從木，追聲。丈追、丈位。

【箋異】槌，「丈追」紐多。「㭃」，誤作「持」。

【唐本】㭃，槌也。從木，特省聲。竹革。

【箋異】㭃，此下二徐有「栚」篆。此作「㮴」，在後「槃」下。

【唐本】槤，瑚槤也。從木，連聲。力善。

【箋異】（「槤」字無箋注語。）

【唐本】 欑，所以几器也。從木，廣聲。一曰帷也，屏風屬。晃。

【箋異】 欑，「几」，《玉篇》作「支」。「帷也，屏風屬。」帷，「帷」誤。《文選·吴都賦》注引作「帷，屏屬」。《玉篇》「也」作「欑」。二徐無「也」；「風」下多「之」。小徐「屬」下多「是也」。按：此解二徐脱衍，當依《唐本》及《玉篇》參正。

【唐本】 槼，舉食者也。從木，具聲。几足。

【箋異】 槼，「者」下「也」，二徐無。

【唐本】 槃，繘耑木也。從木，殸聲。工系。

【箋異】
檕，「糸」乃「系」譌。

【唐本】
栚，槌之横者也。關西謂之栚。從木，朕聲。朕。

【箋異】
「朕，槌之横者也。關西謂之栚。從木，朕聲。」按：二徐無此篆，有「栚」篆在「槌」上，直衽切，解同；唯「謂之栚」作「謂之樸」。「朕聲」作「灷聲」，蓋一即字。其「檕」下又有「檷、機、榺」三篆，此無之。意已次在前簡，爛無可證。二徐本「榺」解云：「機持經者。從木，朕聲。詩證切。」栟、榺，截然兩字。此「栟」作「栚」，雖不省，乃形聲左右上下別字，如《木部》之「柔杼」、「龔櫳」，而非「李杼」。不別之比，不得以「栚」當「榺」。次用「栟」解，致疑其不分也。

《集韻》「栚栟」同字，引《説文》同二徐，當是許書本有「栚栟」重文，傳本各漏其一，故篆異訓同，宜以互補。

《方言》：「槌，其横，關西謂之栚。」是許所本。許書無「樸」字，兩《篇》、《韻》亦不收，其見注中者，即引此文，蓋緣「斉」旁轉寫譌「巽」，承謬不覺耳。《唐本》與《方言》合，足證諸本之誤。段玉裁曰：「『西』當作『東』，『𣟑』當同『簨虡』之簨。《方言》作『籑』。」按：段説非也。《方言》「謂之椺」下繼之曰：「宋魏陳楚江淮之間謂之𣝗。所以懸𣝗，東齊海岱之間謂之籑。」是「籑」乃是懸槌橫椺𣝗之物，而非槌之橫之異名。段氏偶未審耳。《呂覽・季春紀》：「具栚曲篨筐。」注：「栚，讀曰朕。栚，㭘也。三輔謂之栚，關東謂之㭘。」《淮南・時則訓》：「具栚曲。」注：「栚，𣐼也。三輔謂之栚。栚讀南陽人言山陵同。」（今《呂覽》「栚」誤「挾」，「㭘」誤「得」。《淮南》「栚」誤「撲」，「𣐼」誤「持」。依《廣雅疏證》、《讀書雜誌》改正引。）王念孫曰：「㭘與𣐼同，見《篇》、《韻》。朕字古音本在蒸部，讀若澂清之澂。《説文》『朕』，或作『淩』。是『朕、夌』古同聲，故高注『栚讀朕』、又『讀南陽人言山陵同。』」

【唐本】

杼，機持緯者也。從木，予聲。一曰柧削木。丈与。

【箋異】

杼，「丈与」，《詩》、《釋文》引同。二徐「機」下衍「之」。《詩・大東》疏、《一切經音義》十五、十七引并無。「者」下「也」，各本無。

「一曰柧削木。」二徐無此五字。按：《考工記・輪人》：「行澤者欲杼。」注：「杼，謂削薄其踐地者。」疏下文云：「是以刀割涂，故知削薄之。」又，《玉人》：「杼上終葵首。」注：「杼，閷也。」閷即殺減字。疏謂閷其上之兩畔，使爲椎頭，亦是削薄之義。柧，訓「棱」。「柧削木」，蓋即爲《輪》「削薄」、「割涂」之比。是此「一曰」五字，許意正據《考工》兩「杼」爲説。二徐逸之，他徵引亦不及，尤可貴。

【唐本】　椱，機持繒者也。從木，复聲。父又、復。

【箋異】　椱，二徐篆作「椱」。「復」音多。「繒」，《玉篇》作「繪」，是。「者」下「也」，二徐、《玉篇》無。「复」，二徐作「夏」。

【唐本】　楥，履法也。從木，爰聲。讀若指撝。火刀。

【箋異】

楥，「火刀」，「火万」之訛。《廣韻》以「万」爲「千萬」字。「若指撝」，小徐作「若檍」。

【唐本】

核，蠻夷以木皮爲篋，狀如籢樽。從木，亥聲。工才、工亥。

【箋異】

核，「工亥」紐多。「樽」，大徐作「尊」；小徐「樽」下多「之形也」。

【唐本】

棚，棧也。從木，朋聲。父萌。

【箋異】

棚，二徐「棚」下次「棧」篆，此在後「桯」下。

篆右「弓」誤「ㄋ」。

【唐本】

栫，以柴木廱也。從木，存聲。才寸。

【箋異】

栫，「廱」，二徐作「壅」。廱，雝之隸變，漢碑恒見。經典相承，借爲邕，書作雍。《説文》無「壅」，邕之俗也。《文選·江賦》注引及《玉篇》并作「壅」。「壅」下并多「水」字。

【唐本】

樌，筐當也。從木，國聲。工悔。

【箋異】

（「樌」字無箋注語。）

【唐本】

梯，木階也。從木，弟聲。他兮。

【箋異】

（「梯」字無箋注語。）

【唐本】

棖，杖也。從木，長聲。一曰法。丈庚。

【箋異】

棖，「法」下二徐有「也」。

【唐本】

桊，牛鼻中環也。從木，𠚏聲。己戀。

【箋異】

桊，「中」，衍字。二徐亦衍。《一切經音義》四、十二、十三，凡三引及《玉篇》皆無。「環」，小徐作「檈」。

【唐本】

椯，箠也。從木，耑聲。一曰椯度高下。一曰剟。多果；初委。

【箋異】

椯，「初委」紐多。「椯度高下」，二徐作「椯度也」。「剟」下二徐有「也」。按：《手部》：「揣，量也，度高曰揣。一曰捶之。」是「椯、揣」音義同。二徐脱「高下」字，當據補。徐又以「初委」、「兜果」分揣、椯音，亦不備。

【唐本】

橜，弋也。從木，厥聲。一曰門梱。巨月。

【箋異】

橜，「梱」下二徐有「也」。

【唐本】

樴，弋也。從木，戠聲。之弋；又，特。

【箋異】檝，「又特」紐多。按：《集韻》「逸織切」下「杙檝」同字，即此「又特」音，其注引「劉杙」云：「或作檝。」

【唐本】棓，棁也。從木，音聲。父項。

【箋異】（「棓」字無箋注語。）

【唐本】棁，大杖也。從木，兑聲。他活。

【箋異】棁，「他活」，《後漢書》注引「他結」。徐：「又，之説。」「大杖」，二徐誤「木杖」。《後漢書·禰衡傳》注、《一切經音義》十六，《韻會》并引作「大杖」。

【唐本】杖，持也。從木，丈聲。丈。

【箋異】杖，二徐「柭」篆次此下。此在前「欘」下。

【唐本】椎，擊也。𠫤謂終葵也。從木，隼聲。丈追。

【箋異】椎，二徐篆作「椎」。「𠫤謂終葵也」，二徐作「齊謂終葵」。《御覽》七百六十三引「葵」作「楑」，注云：「音葵」。「隼」，二徐作「隹」。按：隹、隼聲同。椎爲椎，與杞爲枏并，他書所未見，異文之可寶者也。《漢書·溝洫志》：「李冰鑿離崔。」晉灼曰：「崔，古『堆』字。」《史記·河渠書》作「離碓」。碓、堆，隹聲，與隼聲之「崔」同字。是椎、椎旁證。又按：《集韻》亦有「椎，聳尹切」，注云：「剡木相入。」自是皆以「椎」爲鬭筍之筍，而終葵首之本義亡矣。

【唐本】

柯，斧柄也。從木，可聲。工何。

【箋異】

柯，二徐上七字以「樴、杖、柭、棓、椎、柯、棁」爲次。

【唐本】

柄，柯也。從木，可聲。方命。

棅，柄或從秉。

【箋異】

（「柄」字之下無注語；於「棅」字之下注曰）：「『或』上『柄』，二徐無。」

【唐本】

柲，欑也。從木，必聲。方位。

【箋異】杺，篆旁「[illegible]」誤「[illegible]」。

【唐本】欑，積竹杖也。從木，贊聲。一曰穿；一曰藂木。才丸。

【箋異】欑，「杖」下「也」，小徐無。「穿」下大徐有「也」。「藂」，大徐作「叢」。藂，俗別字。

【唐本】杘，篗柄也。從木，尸聲。丑利。

柅，杘或從尼。

【箋異】杘，「丑利」，大徐：「女履」，《玉篇》「[illegible]」下引「女几」。「篗」，當依二徐作「篗」。

柅，「從尼」，二徐作「從木，尼聲。」按：《玉篇》此字作「杘」。鉉等曰：「柅，木黎。此重出。」則篆當依《玉篇》作「杘」。

【唐本】

榜，所以輔弓弩也。從木，旁聲。父庚。

【箋異】

榜，「弩」下「也」，《篇》引有，二徐無。

【唐本】

檠，榜也。從木，敬聲。巨京。

【箋異】

（「檠」字無箋注語。）

【唐本】

檃，栝也。從木，隱省聲。於近。

【箋異】

檃，《篇》、《韻》、《韻會》引此文作「櫽」。《韻會》又引「隱聲」，無「省」字。「栝」，闕末筆以避德宗諱。「适」，同偏旁，音嫌而避。

【唐本】

桰，隱也。從木，昏聲。一曰矢頭也。古活。

【箋異】

桰，二徐篆旁作「昏」。《口部》：「昏，氏省聲。」此不省耳。「隱也」，當依二徐、《玉篇》引作「檃也」。

「矢頭也」，二徐作「矢桰，築弦處」。按：《釋名》云：「矢末曰栝。栝，會也，與弦會也。」矢頭猶矢末，築猶言會，意許書此解當云：「矢頭築弦處也」。《唐本》、二徐本各漏誤，可互補正。築，杵也，實也。以弦會栝，猶杵實之，不必如段氏改「檃」。

【唐本】棐，輔也。從木，非聲。匪。

【箋異】棐，二徐本「棐」在部末。段玉裁曰：「『棐』蓋弓檠之類，失其舊次。」《唐本》次此，得之〔九〕。

【唐本】棊，簙棊也。從木，其聲。其。

【箋異】棊，「簙棊也」，二徐作「博棊」，無「也」字。按：《竹部》：「簙，局戲也。六箸十二棊。」則應作「簙」，不當作「博」。簙，特「十」旁誤「水」耳。

【唐本】椄，續木也。從木，妾聲。椄。

【箋異】「椄」，音「椄」乃「接」訛。

【唐本】栙，〻雙也。從木，夅聲。讀若鴻。下江。

【箋異】栙，「〻」疊篆。「讀若鴻」，小徐無。

【唐本】栝，炊竈木也。從木，舌聲。他玷。

【箋異】栝，「竈」，誤從「黽」。「木」下二徐無「也」字。嚴可均曰：「《韻會》二十九『豔』引篆體作『枮』，云『占聲』，又引徐曰：『添竈木也。』蓋小徐原本栝篆作『枮』，而無『柏、機』下之『枮』，張次立以大徐補耳。添，俗『沾』字。沾，益也。枮、添同聲，故通釋以爲『添竈木』。若枮爲木名，經傳無文，彼必錯出無疑。」按：明刻《韻會》「⿰木忝」下引作「枯」，作「古聲」自是誤字。而於「占」、「舌」，皆形近。嚴所據當是元本。

段玉裁曰：「鉉等曰：『當從甛省，乃得聲。』非也。栝、甛、銛等字，皆從㐁聲。㐁見《谷部》，轉寫訛爲舌耳。」《廣韻》云：「⿰木忝，火杖。」⿰木㐁、⿰木忝，古今字。按：《集韻·栝部》：「栝、⿰木㐁、⿰木忝，他念切」，引「《說文》：炊竈木。或從㐁、從忝。」疑所見《說文》必有作「⿰木㐁」之本，而作「⿰木㐁」、作「枯」，聲義皆古。又各異諸本，疑莫能定，俟更考。

【唐本】

槽，獸食器也。從木，曹聲。曹。

【箋異】

槽，「獸食器也」，二徐作「畜獸之食器」。按：「獸」乃「嘼」訛。本書「嘼，六嘼也。」言「嘼」，即知是六嘼，不必言「畜獸」也。段玉裁删「畜」，闇合《唐本》。「獸」則寫者不識「嘼」，以爲省俗，妄加「犬」旁，宜依段改正。

【唐本】臬，䠶準的也。從木，自聲。牛列。

【箋異】臬，「準」，《文選·東京賦》注引作「埻」。按：《土部》：「埻，射臬也。」準，假借字。「的」，許書無，當作「旳」。「自聲」，大徐作「从自」，而引李陽冰「『自』非聲，從劓省」之謬説，則其本固作「自聲」，刻誤耳。小徐、《韻會》引亦作「自聲」。

【唐本】桶，木方器也，受十六升。從木，甬聲。他孔。

【箋異】桶，「木方器也，受十六升。」二徐作：「木方，受六升。」段玉裁曰：「疑當作『方斛，受六斗。』《廣雅》：『方斛謂之桶。』《月令》：『角斗甬。』注：『甬，今斛也。』凡鄭言今者，皆謂漢時。秦漢時有此六斗斛，與古十斗斛異。《史記·商君》：『平斗桶。』《呂覽·仲春紀》：『角斗桶。』故知始於秦。」按：據段説，證《唐本》，更「十六」爲「六十」，即協其義。俟更考。

【唐本】

櫓，大盾也。從木，魯聲。魯。

樐，櫓或從鹵聲。

【箋異】

（「櫓」字無箋注語。）

「樐」字下注曰：「或上『櫓』，『鹵』下『聲』，二徐無。」

【唐本】

樂，五聲八音惣名。象鼓鞞之形；木，其虡也。五角。

【箋異】

樂，「五聲八音惣名」，《爾雅》《釋文》引作：「總五聲八音之名。」惣，隸變字。《九經字樣》：「惣，《説文》作『總』，經典相承通用。」

「象鼓鼙之形;木,其虚也。」虚,虡之訛。二徐、《集韻》引作「象鼓鞞;木,虡也。」語未了當。「鞞」,亦「鼙」誤,當以《唐本》補正。《釋樂》《釋文》及疏引有「之形」字,《釋文》又引有「其」字,與《唐本》合。嚴可均亦議補,又謂「虡也」下當有「一曰極也、歡也」。見《御覽》四百六十八引〔二〇〕。

【唐本】椌、柷,樂器也。從木,空聲。口江。

【箋異】椌,二徐次後「柷」下。「樂」下「器」,二徐無。

【唐本】柎,闌足也。從木,付聲。方于。

【箋異】柎,「闌足」,《韻會》引作「鄂足」,與《詩·常棣》箋合〔二一〕。

【唐本】

枹，繫鼓柄也。從木，包聲。浮。

【箋異】

枹，「浮」，徐：「甫無切」。段玉裁曰：「當依《廣韻》『縛謀切』。」《五經文字》亦音「浮」。「繫鼓柄」，二徐作「繫鼓杖」。《文選・王元長〈曲水詩〉序》注引作「鼓柄」。《一切經音義》三、四、十八、凡三引作「擊鼓柄」。按：繫，擊之訛；「柄」，與李善、元應合[一二]。

【唐本】

柷，樂木椌也。工用柷，止音爲節。從木，柷省。充六、之六。

【箋異】

柷，「之六」紐多。「樂木椌也。工用柷，止音爲節」，大徐作：「樂木空也。所以止音爲節。」小徐作：「樂木。工用柷，聲音爲亨。」《韻會》引作：「樂也。木音，工用柷，聲音爲享。」按：此解各本歧異，遽難訂正。《唐本》差善，亦漏誤。「木椌」與《周頌》毛傳合，足正大徐。「工」蓋「止」誤。止者，鼓柷之椎。「止」上當脱「中有椎」三字。「中有椎止」，言「中有椎」，名曰「止」也。

「用柷，止音爲節」者，言樂作以柷領衆音，使各得所止。使音得所止，即是爲之節。此以柷之用《釋名》「止」義，非謂止音爲終樂也。《爾雅》：「所以鼓柷謂之止。」注：「柷如桼桶，方二尺四寸，深一尺八寸，中有椎柄，連底挏之，令左右擊。止者，其椎名。」《詩》正義、《周禮》疏引《尚書》鄭注云：「合樂用柷，柷狀如漆筩而有椎。合者，投椎於其中而撞之。」《禮記・王制》注：「柷，所以節樂。」《呂覽・仲春紀》注：「柷如漆桶，中有木椎，左右擊以節樂。」《風俗通義》引《禮・樂記》云：「柷，漆桶，方畫木，方三尺五寸，高尺五寸，中有椎，上(上，止之誤。)用柷，止音爲節。」三家說特尺寸小殊，皆足證許義。鄭、高之「所以節樂」，即許所謂「爲節」。應劭所述，直與許同，故據增三字。「止」之誤「工」，誤「上」，蓋傳移者意爲，當自唐以前矣。

「柷」於樂爲始合之器，訓故家無異詞。柷之言俶。俶，始也。故樂之初擊，以柷始其聲。柷之言觸，觸有止意，故音未有節，以柷止其節。止之事，亦始之事也。邵晉涵《爾雅正義》謂許氏「以柷爲止樂之器」。段玉裁亦謂「鉉本大誤，柷以始樂，非以止音。」皆由誤解止音爲終樂耳。段依大徐正之曰：「以止作音爲節。」亦可通，嫌改舊文太多。

「柷省」，當依二徐作「祝省聲」。

【唐本】

槧，牘樸也。從木，斬聲。自斂、才冉、才敢。

【箋異】

槧，「才敢、自斂」紐多。《廣韻》「槧」四見於《鹽》、《敢》、《剡》、《艷》部中。大徐用《剡部》音。《唐本》多用《敢》、《艷》二部。

「牘樸」，《御覽》六百六引作「牘牒」。

【唐本】

札，牒也。從木，乙聲。莊列。

【箋異】

札，「莊列」，徐：「側八。」《廣韻》同徐音。《集韻》兩音并有。

【唐本】

檢，書署也。從木，僉聲。己儉。

【箋異】

（「檢」字無箋注語。）

【唐本】

檠，二尺書也。從木，敫聲。下的。

【箋異】

檠，二徐、《玉篇》作「檄」。「書」下「也」，二徐無。《一切經音義》十引及《玉篇》有。

【唐本】

棨，傳，信也。從木、啓省聲。羌禮。

【箋異】

（「棨」字無箋注語。）

【唐本】

楘，車歷録束交也。從木，敄聲。《詩》曰：「五楘梁輈。」亡篤。

【箋異】 楘，「束交」，大徐、《韻會》引「交」作「文」；小徐、《五音韻譜》、《集韻》引作「交」。《玉篇》引脱「束交」二字。

【唐本】 枑，行馬也。從木，互聲。《周禮》曰：「設梐枑再重也。」胡固。

【箋異】 枑，「重」下「也」，二徐無，此衍。

【唐本】 梐，〻枑也。從木，陛省聲。父奚。

【箋異】 梐，「〻」疊篆文。「也」，小徐無。「陛省聲」，《韻會》引作「坒聲」[一三]。

【唐本】

棧，棚也。竹木之車曰棧。從木，戔聲。士眼。

【箋異】

棧，《玉篇》引云：「棧，棚也。一曰竹木之車曰棧。《詩》曰：『有棧之車。』」比二徐及《唐本》多「一曰」及引《詩》凡八字。蓋梁本也，可據補。

二徐「棧」次前「棚」下。

【唐本】

极，驢上負也。從木，及聲。讀若急。巨輒。

【箋異】

极，「讀」上大徐有「或」字。

【唐本】

柭，极也。從木，去聲。去魚。

【箋異】

（「㭕」字無箋注語。）

【唐本】

槅，大車軛也。從木，鬲聲。工戹。

【箋異】

槅，「工戹」，《選》注引「居責」。「大車軛也」，大徐「軛」作「枙」，小徐作「梔」；二徐無「也」。段玉裁曰：「枙，當作『軶』，隸省作『軛』。《車部》曰：『軶，轅前也。』通曰軶，大車之軶曰槅。」段改正合《唐本》。

【唐本】

橾，車轂中空也。從木，喿聲。讀若藪。山干。

【箋異】

橾，篆「[illegible]」誤「[illegible]」。「穀」，當依二徐作「轂」。

【唐本】 檛，盛膏器也。從木，咼聲。讀若過。弋。

【箋異】 檛，「弋」，「戈」誤。「器」下「也」，二徐無。

【唐本】 柳，馬柱也。從木，卬聲。一曰堅。午盎。

【箋異】 柳，「馬柱也」，二徐無「也」。《篇》、《韻》并云「繫馬柱也」。「堅」，二徐、《集韻》引作「堅」，「堅」下多「也」。

【唐本】 梱，𠀀升，可以射鼠也。從木，固聲。固。

【箋異】「梱，丶升，可以射鼠也。」「丶」疊篆文，「升」乃「斗」誤。各本皆作「斗」。二徐無「以」、「也」二字，《玉篇》亦有。

【唐本】欙，山行所乘也。從木，累聲。《虞書》曰：「予乘四載。」水行乘舟，陸行乘欙，澤行乘輴。力隹。

【箋異】欙，「也」，二徐作「者」。「累」，當作「纍」。「陸行乘」下脱「車，山行乘」四字。「欙」當作「樏」。「澤行乘輴」，二徐「輴」作「軜」。按：《玉篇》有「樏」無「欙」，訓云：「樏，山行所乘者。」《書》傳亦作「樏」。《五經文字》亦云：「樏，山行所乘。」此篆作「欙」，解作「累、樏」，疑有重文。又按：澤行所乘，古無定字。《史記·夏本紀》兩言「泥行乘橇」。徐廣云：「橇，他書或作『毳』。」《河渠書》：「泥行蹈毳。」《漢書·溝洫志》「泥行乘毳。」如淳云：「毳，音茅蕝之蕝。」《書》傳作「輴」。疏引《尸子》作「蕝」。《集韻》又有「樶」云：「禹治水所乘者，通作輴。」合軜輴，凡七字，二音相轉，橇、毳、蕝一音；輴、軜、輴一音。樶則橇形之訛而冒軜音，不足深校。「軜，車約軔。」「軘，兵車。」并見許書，非《正義》，宜兩存。

【唐本】榷，水上横木，所以渡也。從水，雀聲。工學。

【箋異】榷，「者」，大徐無。「水雀」乃「木隺」誤。

【唐本】橋，水梁也。從木，喬聲。巨妖。

【箋異】橋，「妖」，䄏隸省字。

【唐本】梁，水橋也。從木，從水，刅聲。梁。

㳥，古文梁。

【箋異】梁，音「梁」，乃「梁」誤。㳥，「文」下「梁」，大徐無。小徐無此篆。

【唐本】椶，船揔名也。從木，皮聲。山幺。

【箋異】椶，「名」下「也」，二徐無。

【唐本】橃，海中大船也。從木，發聲。符月。

【箋異】橃，「船」下「也」，二徐無，《篇》有。「發」，小徐作「發省」，非。

【唐本】

楫，舟擢也。從木，咠聲。子入。

【箋異】

楫，「舟擢也」，二徐「擢」作「櫂」。《詩》、《爾雅》兩《音義》、《御覽》引作「棹」。按：《手部》：「擢，引也。」楫引舟行，故亦名擢。《列女傳》趙津女娟歌曰：「呼來擢兮行勿疑。」正用「擢」字。《史記·鄧通傳》：「濯船」；《司馬相如傳》：「濯鷁牛首。」《漢書·劉屈氂傳》：「發輯濯士」，皆假「濯」爲「擢」，又假「輯」爲「楫」。櫂、棹皆俗別字。段玉裁改「舟櫂」爲「所以擢舟」，但見引義，不若《唐本》直言「舟擢」。即知「擢」是「楫」之一名，并見「擢」是「櫂」正字。

【唐本】

欚，江中大船也。從木，蠡聲。力第。

【箋異】

欚，「力第」，《初學記》引音「禮」。「江中大船也」，《初學記》引作「江中舟」。二徐「也」作「名」。

【唐本】

校，木田也。從木，交聲。下校。

【箋異】

校，「下校」，「校」當作「挍」。徐：「古孝。」「田」，當依二徐作「囚」。

【唐本】

樔，澤中守草樓也。從木，巢聲。助交。

【箋異】

樔，篆旁作「[illegible]」，與二徐小異。「樓」下「也」，二徐無。

【唐本】

采，捋也，從爪木，七在。

【箋異】采，「從爪木」，大徐作「从木从爪」，小徐作「從木爪」。按：「爪木」説，會意爲長。

【唐本】柹，削木朴也。從木，巿聲。陳楚謂櫝柹。胏。

【箋異】柹，「胏」，「胏之誤」。「削木朴也」，大徐、《集韻》引作「札樸」，小徐作「札朴」。《文選》注引作「削柹也」。《一切經音義》十三、十五、十六、十八凡四引，一作「削朴」；兩作「削朴也。朴、札也」；一與此同。段玉裁依元應後引，説之曰：「『朴者，木皮也。』『樸者，木素也』。柹安得有素？則作『朴』是矣。知『札』爲衍文者。元應引《蒼頡篇》曰：『柹，札也。』此下文云：『陳楚謂之札柹。』元應曰：『江南名柹，中國曰札，山東名朴豆。』《廣韻》『柹』注曰：『斫木札。』然則『札』，非簡牒之札，乃柹之一名耳。許以札柹繫諸陳楚方言，則此云『削木朴』已足。《小雅》：『伐木許許。』許書作『所所』。毛云：『許許，柹皃。』泛謂伐木所斫之皮。許云『削木』，猶斫木也。《晉書》：『王濬造船，木柹蔽江而下。』柹之證也。」按：段説見《唐本》，精善勝二徐矣。「謂櫝柹」，大徐、《集韻》引「櫝」下有「爲」字。《六書故》引亦有，「櫝」作「牘」；小徐、《韻會》

引作「謂之札柿」。

【唐本】

橫，闌木也。從木、黄聲。户萌。

【箋異】

（「橫」字無箋注語。）

【唐本】

梜，檢柙也。從木，夾聲。工洽。

【箋異】

（「梜」字無箋注語。）

【唐本】

桄，充也。從木，光聲。工曠。

【箋異】（「桃」字無箋注語。）

【唐本】橇，從木有所擣也。從木，雋聲。《春秋傳》曰：越敗吴于槜李。子惟。

【箋異】槜，首「從」字當依二徐作「以」，乃「以」、「从」、「從」轉訛。「傳」，各本同。嚴可均曰：「定十四經也，議删。」「于」，大徐誤「於」。

【唐本】朾，撞也。從木，丁聲。亭。

【箋異】朾，「亭」，徐：「宅耕。」按：《廣韻·青部》無「朾」，兩見《耕部》。《集韻·青部》：「朾，唐丁切。」與「亭」音合，蓋舊音。

「撞也」，二徐及他引皆作「橦也」。橦訓「帳極」，非次。段玉裁注亦改「撞」，引「《通俗文》曰：『撞出曰朾。』丈鞭、丈莖二切，與《説文》合，謂以此物撞彼物使出也。《三蒼》作敞。《周禮·職金》注作掙。他書作敹、作數，實一字也。」按：《類篇》：「朾，楔也。」亦即段説「以此物撞出彼物」之義。黔蜀間呼撞出物曰棖，或呼如挺，或呼如頂，皆宜用「朾」字。又按：《一切經音義》(六)「打，音頂」，引《説文》「以杖擊之也」。本書《手部》無「打」，或是「朾」下「一曰」之義，爲各本所遺。嚴可均欲以易「橦」訓，由不審「橦」是「撞」誤耳。《集韻·梗部》：「朾，都冷切，擊也。」《迥部》：「都挺切，棩朾」，引《廣雅》：「棓也。或從丁。」今《廣雅》作：「打，擊也。棓也。」可證「打」爲「朾」訛俗。《方言》注：「僉，今連枷所以打穀者」，又云：「江東呼打爲度」，又「棓柫柍皆打之別名」。三「打」字皆當作「朾」，蓋別俗自晉矣。《集韻》又有「打，都挺切，擊也」，則因誤收入。今則都雅切，幾于無語不用，而「朾」且廢。

【唐本】

椓，擊也。從木，豖聲。竹木。

【箋異】

椓，「竹木」；徐：「竹角。」按：《詩·大雅》「椓」，韻禄。則「竹木」是古音，當本《音隱》。兩

《韻》皆失收。

二徐「椓」次「朾」前。

【唐本】

柧，棱也。從木，瓜聲。古胡。

【箋異】

柧，「古胡」，《後漢書》注引「音孤」。「棱也」，小徐無「也」。「瓜聲」下，二徐多「又柧棱，殿堂上最高之處也」十一字。按：《後漢書·班固傳》注已引「柧棱」十字，是唐人本皆有，此脱。

【唐本】

棱，柧木也。從木，夌聲。六曾。

【箋異】

棱，「六曾」，《後漢書》注引「力登」。「柧木也」，二徐無「木」字，此衍。

【唐本】

櫱，代木餘也。從木，獻聲。《商書》曰：「若顛木之有由蘖。」牛末。

櫱，古文櫱，從木無頭。

不，亦古文櫱。

蘖，櫱或從木，辥聲。

【箋異】

櫱，「代」乃「伐」誤，當依二徐。「由蘖」，大徐作「甹櫱」，小徐作「餘櫱」。按：《马部》：「甹」引《商書》曰：『若顛木之有甹枿。』古文言『由枿』。」是甹，則伏生、歐陽夏侯書「由乃」，孔氏古文「枿」。蓋「栓」之省變，疑有重文失之。且許君引經亦有不必同字者，如「耴」，引《春秋傳》曰：「秦公子輒。」「𨈑」，引《公羊傳》「魯昭公叫然」，是其例。此與大徐當兩存。本書遺「由」篆，「由聲」字二十二。「蘖」，則「櫱」之隸變。

（「不」，《箋異》無注語。）

栓，「亦」上小徐多「此」字。

櫱，大徐「櫱」在「不」前，此同小徐。

【唐本】

枰，平也。從木，平聲。防柄。

【箋異】

枰，「平也」，《御覽》八百三十引作「銓也」。「平聲」，大徐本作「從平，平亦聲」。

【唐本】

柆，折聲也。從木，立聲。力帀。

【箋異】

柆，「折聲也」，二徐、《玉篇》引「聲」作「木」，小徐無「也」。按：《文選·羽獵賦》：「猋拉雷厲。」注：「拉，風聲也。」「風聲」與此「折聲」義合；與《手部》「摧」之「拉」不契。疑揚《賦》正作「柆」。此解宜互補云「折木聲也」乃備。

【唐本】

槎，邪斫也。從木，差聲。《春秋國語》曰：「山不槎櫱。」莊下。

【箋異】

槎，「邪斫也」，大徐「邪」作「衺」小徐脱此字。《文選・西京賦》注引賈逵《國語》曰：「槎，邪斫也。」是許所本。「《春秋國語》曰：『山不槎栓。』」「國語」，二徐并作「傳」，無「栓」字。小徐「山」下多「木」字。按：「山不槎栓」，《魯語》里革諫宣公濫泗淵語，今《國語》「栓」作「櫱」。張衡《東京賦》：「山無槎枿」注：「斜斫曰槎，斬而復生曰枿，」引《漢書》曰：「若先王山不槎蘖。」《晉書・王羲之傳論》：「雖槎栓而無屈伸。」蓋并本之《國語》。知唐時《國語》正作「槎栓」，猶與許所引合。其作「枿」者，栓之省變也。二徐本此解最舛誤。唐人書又無他引可證，唯《玉篇》亦引《國語》：「山不槎蘖。」「槎，斫也。」蓋本許書。鍇《通釋》曰：「此《公羊》之言，傳寫脱兩字。」今《公羊》無之。段玉裁謂當于「山」下補「蘖」，不當添「木」。是也。又謂許（書）亦有謂「《國語》爲《春秋傳》」者，此其一」。乃過慎，不敢斥改。嚴可均曰：「『傳』乃『國語』之誤。許書引《國語》廿條，無作《春秋傳》者。『山木不槎』，『木』乃『不』之誤，當作『不槎不』，轉寫到耳。不即櫱古文，從木無頭者。」議改云：『《春秋國語》曰：山不槎不』。」嚴氏所議，正闇合《唐本》，特「不」、「栓」小異，遠勝段注依違。惜不能起二君持此卷共欣賞，省却仿像測度也[一四]。

【唐本】

柮，斷也。從木，出聲。讀若《尒疋》「貀無前足」之「貀」。一曰絡。午滑。

【箋異】柮，「午滑」，《玉篇》引作「五滑」。「尒疋」，二徐均作「爾雅」。「一曰絡」，二徐無；《玉篇》引作「一曰給也」。按：以《唐本》合《篇》引，其爲二徐逸脱無疑，亟當據補。《糸部》：「絡，絮也。一曰麻未漚也。」「給，相足也。」「相足」義不近，當是「麻未漚」者亦謂之柮。斷麻斷木，假借爲稱。「給」則形近誤耳。

【唐本】檮，斷木也。從木，壽聲。《春秋傳》：「檮拙也。」大牢。

【箋異】檮，「《傳》」下脱「曰」，二徐有。「檮拙」，誤從手旁，當依二徐作「檮柮」。「柮」下「也」，二徐無。今《左傳》作「檮杌」。

【唐本】析，破木也。從木斤。一曰折。先狄。

【箋異】析，「從木斤。一曰折」，大徐作「一曰折也。从木从斤」；小徐作「從木，斤聲。一曰折也」。

【唐本】棷，木薪也。從木，取聲。叉逅、側溝。

【箋異】棷，「叉逅」紐多。《廣韻》亦有此音。

【唐本】梡，梱木薪也。從木，完聲。下短。

【箋異】梡，「下短」，徐：「胡本。」《廣韻·緩部》：「梡，胡管切」，即「下短」音。《混部》無。

【唐本】

梱，梡木未斫也。從木，圂聲。下昆。

【箋異】

梱，「斫」，二徐作「析」。

【唐本】

楄，楄部，方木也。從木，扁聲。《春秋傳》曰：「楄部薦榦者。」父千。

【箋異】

楄，「楄部，方木也」，《左・昭廿五年》疏引無「部」字。「楄部薦榦者」，二徐脱「者」字。今《左傳》「部」、「薦」作「柎」、「藉」。

【唐本】

楅，以木有所迫束也。從木，畐聲。《詩》云：「夏而楅衡。」万力。

【箋異】 楅，篆「畐」旁，二徐作「畐」。「万」乃「方」誤。「方力」，《玉篇》引「彼力」。「迫束」，二徐、《玉篇》引作「逼束」，《韻會》引作「畐束」。《説文》無「逼」字，作「迫」是。「《詩》云」，二徐作「《詩》曰」。

「楅」作「楅」。

【唐本】 枼，牑也。枼，薄也。從木，世聲。弋涉。

【箋異】 枼，「牑」，當依二徐作「楄」。

【唐本】 槱，積木燎之也。從木火，酉聲。《詩》曰：「薪之槱之。」《周礼》曰「以槱燎祠司中、司命。」酉。

　　禉，槱，柴祭天神之名，或從示。

【箋異】

槱，「積木」，二徐均作「積火」，「從木火」作「從木從火」。按：云「燎」知是「以火」，又云「積火」爲不辭。《玉篇》：「槱，積木燎以祭天。」《五經文字》亦云：「積木燎之。」段玉裁依改「火」爲「木」，闇合《唐本》。「《周禮》曰」，二徐脱「曰」字。「祠」，《大宗伯》作「祀」。「酒，槱，柴祭天神之名」，二徐無「槱」、「之名」三字。

【唐本】

休，止息也。從人依木。許牛。

庥，休或從广。

【箋異】

休，「止息」，二徐作「息止」。

（「庥」字無箋注語。）

【唐本】

框，竟也。從木，桓聲。工隥。

亙，古文栕。

【箋異】

栕，「桓聲」，「桓」缺筆避穆宗諱。「亙，古文栕」，「栕」亦缺筆〔一五〕。

【唐本】

械，桎梏也。從木，戒聲。一曰器之摠名。一曰有盛爲械，無盛爲器。下戒。

【箋異】

械，「摠名」下大徐有「一曰持也」，小徐同，無「也」字。《文選·長笛賦》注引「一曰治也」。此脱四字。「有盛爲械，無盛爲器」，《詩·車攻》、《釋文》引作「無所盛曰械」。《六書故》引唐本「或説内盛爲器，外盛爲械」。皆與此及二徐不同。段、嚴并依《詩》、《釋文》改云：「有所盛曰器，無所盛曰械。」

【唐本】

杽，械也。從木手，手亦聲，讀若丑。丑。

【箋異】

杽，「從木手」，「木」下大徐有「从」；《韻會》引有「在」。「讀若丑」三字，二徐無〔一六〕。

【唐本】

桎，足械也，所以質地。從木，至聲。質。

【箋異】

桎，「所以質地」，二徐無。《周禮·掌囚》音義、《御覽》六百四十四引并有。《詩·節南山》箋、正義引「桎，車鎋也」，當是「一曰」墜義。

【唐本】

梏，手械，所以告天。從木，告聲。古屋。

【箋異】 梏，「械」下二徐有「也」。「所以告天」，大徐無，小徐「天」下多「也」字，《周禮音義》、《御覽》引并有。

【唐本】 櫪，〻㯕，押指也。從木，歷聲。力狄。

【箋異】 櫪，「〻」疊篆文。「柙指」，二徐、《玉篇》作「椑指」。段玉裁改「椑」爲「柙」，云：「『柙指』，如今『桚指』。《莊子》『罪人交臂厤指。』謂以櫪㯕桚其指也。《通俗文》『考具謂之櫪㯕』。考，俗作拷。《尉繚子》：『束人之指而訊囚之情。』」嚴可均曰：「椑，疑作柙。柙指，即桚指。《一切經音義》十二引《字林》：『櫪㯕，桚其指也。』」所改并合《唐本》。

【唐本】 㯕，櫪㯕也。從木，斯聲。素兮。

【箋異】（「櫛」字無箋注語。）

【唐本】槍，歫也。從木，倉聲。一曰槍，推攘。七羊。

【箋異】槍，「槍，推攘」，二徐作：「槍，欀也。」按：本部無「欀」字，作「攘」是。《手部》：「推，排也。」「攘，推也。」推攘猶言排擠。歫則未來者不使來，推攘則已來者排使去，若攘寇、攘夷之等。别義與正訓相足。又，推手而揖，以行禮攘，亦曰推攘，乃禮言之，于「槍」無當。此之「推攘」，則武言之也。徐本「槍欀」，段玉裁亦改「欀」爲「攘」，引晉灼注《漢書》曰：「槍攘，亂皃。」與「推攘」義異。

二徐「槍」次前「相」、「楗」間。《玉篇》「槍」亦次「櫪」、「櫛」下，與《唐本》合，當是許舊。

【唐本】閑，止也。從木，歫門。胡閒。

【箋異】閑，「從木，歫門」，小徐脱「歫」字，大徐無此篆，當以《門部》有「閑」而删。《門部》：「閑，闌也。從門，中有木。」〔一七〕

【唐本】檻，櫳也。從木，監聲。一曰圈。户斬。

【箋異】（「檻」字無箋注語。）

【唐本】櫳，檻也。從木，龍聲。力工。

【箋異】（「櫳」字無箋注語。）

【唐本】柙，檻也。可以盛藏虎兕。從木，甲聲。狎。

　　㽈，古文柙，從口。

【箋異】柙，「狎」，徐：「烏匣。」「可以盛藏虎兕」，二徐作「以藏虎兕」。兕、兕，正俗字。嚴可均曰：「《論語·季氏篇》疏引『檻，一曰圈』下有『以藏虎兕』四字，蓋校者由『檻』篆下移此。」按：許正據《論語》説「柙」字。《廣韻》：「柙，檻也。所以藏虎兕也。出《説文》。」則隋唐本皆然，不由校者移，嚴説非。

「㽈」，大徐篆作「㽈」，小徐篆作「㽈」。《唐本》篆爛闕上半，解「從口」二字，大徐無，當同小徐。

【唐本】棺，關也，所以掩屍。從木，官聲。古丸。

【箋異】

棺，「屍」，二徐作「尸」，誤。

【唐本】

櫬，棺也。從木，親聲。《春秋傳》曰：「士舁櫬。」叉刃。

【箋異】

櫬，《玉篇》云：「親身棺也。」疑是本訓，各本俱脱二字。

【唐本】

槥，棺櫝也。從木，彗聲。息芮。

【箋異】

槥，二徐、《玉篇》作「櫝」。「棺櫝」，《初學記》引作「小棺」。

【唐本】　椁，葬有木椁也。從木，𩫏聲。古……

【箋異】　椁，篆爛，失其音紐，存右「古」字。解爛失「從木」二字。「木椁」，大徐作「木𩫏」，小徐作「木郭」。𩫏、郭，古今字，與「椁」宜兩存〔一八〕。

【唐本】　楬，楬櫫也。從木，曷聲。《周礼》曰：「楬而書之。」巨伐。

【箋異】　楬，「楬櫫也」，二徐作「楬桀也」。《廣韻》引作「桀也」，《韻會・六月》引同《唐本》，《九屑》引作「杙也，櫫也」。段玉裁曰：「趙鈔本及近刻《五音韻譜》作『楬櫫』。宋本、葉本《類篇》、《集韻》、宋刻《韻譜》皆作『楬桀』」〔一九〕。桀，自訓磔，雖杙有評楬者，然頗迂遠。」按：《爾雅》「雞棲于弋爲榤。」《詩》毛傳：「雞棲于杙爲桀。」桀亦可通。然「楬櫫」屢見《周禮》注，于此訓爲合。「《周礼》曰：『楬而書之。』」二徐、《廣韻》引「《周禮》」作「《春秋傳》」。段玉裁曰：「未見。

疑是引《周禮》：『楬而璽之』。」嚴可均曰：「『《春秋傳》』當作『《周禮》』。《一切經音義》十四引正作『《周禮》』。」友芝按：「楬」于《周禮》四見，注皆因鄭司農。此引《泉府》文，省一字。《泉府》：「物楬而書之。」注：「物物爲揃書，書其賈，楬著其物。」《職弊》：「以書楬之。」注：「楬之若今時爲書，以著其幣。」《職金》：「楬而璽之。」注：「楬書其數量，以著其物也。今時之書有所表識謂楬櫫。」疏云：「楬，即今板書。」《蜡氏》：「埋而置楬焉。」注：「楬，欲令其識取之，今時楬櫫是也。」許書以「楬」次「櫫」，其「楬櫫」之訓正取司農《蜡氏》注。《漢書·酷吏傳》注：「瘞寺門桓東，楬著其姓名。」是其事也。許書無「櫫」字，漢人呼「有所表識皆曰楬櫫」。段注謂「許以漢常語爲訓，故出『櫫』于説解，仍不列『櫫』篆」，理或然也。其名楬櫫，其義則是揭著。引《周禮》又以明凡板楬、杙著之義。

大徐此部此下尚有「梟」、「棐」二文，《唐本》至此紙盡。「棐」已見前「梧」下。

【校勘記】

〔一〕國家圖書館藏莫友芝《説文解字木部唐寫本校異》（以下簡稱「《校異》」）手稿此處原有：「紙爛，僅存篆木旁及『莊余』一紐；『木且聲』三字解。」

〔二〕《校異》此處原有：「篆爛『建』旁，紐爛『偃』右一字。」

〔三〕《校異》此下原有：「傳本各漏其一。許書説解，字數少於所自計者萬有餘字，此類亦千一之存也。」

〔四〕《校異》此下有一旁批：「古从离之字亦切今『抽知、鄰知、陳知三切』。」

〔五〕此句之下，《校異》有：「吾友鄭珍撰《説文逸字》，守鉉説，不取段説，則未允。」刻本删去。

〔六〕《校異》此句原作：「漢《西嶽華山亭碑》名曰『咸池』。《孫叔敖碑》以爲『池沼』。樊毅《華嶽碑壁》遺『鄗池』。《緜竹江堰碑》『水由池中』，并見《隸釋》。是漢人習用字，爲《説文》所不應逸。」

〔七〕《校異》此下原有：「雖重文之『貍』，《集韻》别有『釐』、『里』二音，而其正音則皆如『祀』，且」。

〔八〕《校異》此下原有：「『畾亦』又補二徐之漏，最爲古本。」

〔九〕《校異》此句原作：「《唐本》次『榜、檄、檿、梧』後，獨得之，當依正。」

〔一〇〕《校異》此下原有：「疑是『一曰』之義，各本皆無之。」

〔一一〕《校異》此下原有評價：「較勝各本。」

〔一二〕《校異》此下原有評價：「勝於二徐。」

〔一三〕《校異》此下評價曰：「是。」

〔一四〕却：原漏。按《校異》此句作：「省却仿像測議也。」據補。

〔一五〕《校異》此下尚有一句：「按：恒、栢，避欽宗諱。」唐代無「欽宗」，「恒、栢」二字缺末筆，避的是唐穆宗李恒之諱。故莫氏手稿此有誤，刻本故而删去此句。

〔一六〕《校異》此下原有三字句：「當據補。」

〔一七〕《校異》此下原有一句：「其訓小異，并存爲是。」

〔一八〕《校異》此末句作：「以城郭引喻爲訓，宜并存。」

〔一九〕《校異》此句之下原有「楬桀不可通」之評價，刻本删去。

附録

唐寫本説文解字木部箋異引言〔一〕

〔清〕莫友芝

同治改元初夏，舍弟祥芝自祁門來安慶，言黟縣宰張廉臣有唐人寫《説文解字·木部》之半〔二〕。篆體似《美原神泉詩碑》〔三〕，楷書似唐寫佛經小銘誌。「栝、椢」諱闕，而「柳、卬」不省，例以《開成石經》，不避當王之「昂」，蓋在穆宗後人書矣〔四〕。紙堅緊逾宋藏經，蓋所謂硬黄者。在皖見前代名迹近百，直無以右之。余則以謂果李唐手迹，雖斷簡，决資訂勘，不争字畫工拙。特慮珍弆靳遠假，命其還，必録副以來。廉臣見祥芝分豪摹似，蒼踤不得就，慨然歸我〔五〕。明年正月將至，檢對一二，劇詫精奇。暮春寒雨，浹旬不出門户，乃取大小徐本通讎異同，其足補正黟至數十事。前輩見戴侗引晁《記》唐本許書，雖刺謬，猶貴重〔六〕。近人獲《蜀石經》殘搨，寶過宋槧元鈔。矧此千歲秘笈，絶無副移，徑須冠海内經籍傳本，何僅僅壓皖中名迹也！廉臣，名仁法，陝西山陽進士。權黟未一年，撫綏凋黎，守死御軼寇，威惠最皖南北。貧瘁卒官，黟人言之零涕。珍貽僅在，摩挲黯然。其授受久近，未從質詰；莊池草拙，絶非彊有力盛交游人賞直抉異，寂焉未顯。校成，亟思流傳，與海内學者共，庶以不孤循吏之惠〔七〕。立夏日引。

唐寫本説文解字木部箋異識後

〔清〕莫友芝

唐寫許君書百八十有八文，與兩徐本篆體不同者五，説解增損殊别百三十有奇，衍誤漏落所不能無，而取資存逸訂訛十常六七。「相、栚、椎、檄、槽」篆，《唐本》作「杞、榺、榫、檕、𣝩」。「榺」，省聲不省。「檕、𣝩」，下上易左右。形聲展轉小歧，古書恒有。「杞、相」，「榫、椎」，截然兩體，聲義各足，直是互漏。「杶、杻」，「杘、柅」，蓋其比矣。

其説解殊别之善：「楗，歫門。」與李善引合；今本「歫」作「限」。「柵，編竪木。」與《玉篇》合。今本「竪」作「樹」。「榺，關西謂之榺。」與《方言》合。今本「榺」作「㯗」。「梲，大杖」，與李賢、玄應引合。「柷，樂木椌。」與《詩》毛傳合。「柿，削木朴。」與元應引合。「槱，積木燎之。」與《玉篇》、《五經文字》合。今本大誤。「木椌」誤「空朴」，誤「札樸」，「木」誤「火」。段玉裁《注》、嚴可均《校議》博徵精訂，上舉諸端，多與暗合。其于今本「槅，大車枙」；「楫，舟櫂」。并謂「枙」當作「軛」，「櫂」，當作「擢」。于「櫪，椑指」，改「椑」爲「柙」。于「楬，楬桀」，改「桀」爲「櫫」。《唐本》又正作「軛」、作「擢」、作「柙」、作「櫫」。于「綦，博綦」，段改「簙綦」。《唐本》作「簙綦」。于「槽，畜獸之食器」，段改「嘼之食器」。《唐本》作「獸食器」。偏旁小舛，因以鈎稽，其違易見，猶勝今本泯去誤形，轉忘旁核也。

其增字之善：「樂，象鼓鞞之形；木，其虡也。」校二徐多「之形」、「其」三字。「閑，從木岠門。」校小徐多「岠」字。

其減字之善：「榲，刻木爲雲雷，象施不窮。」校二徐省「象、也」字。「杠，牀前橫也」，校二徐省「木」字。

其次字之善：「柃」訓「木也」，《唐本》不載，知次前木名中，不用「柃椴」別義，而二徐移次「椴」下。「槍」訓「岠也」，《唐本》與「閑」爲類，次「櫪、㯕」下。《玉篇》亦在「㯕」下，必因許舊，二徐乃移至「相、楗」間。「棐」訓「輔也」，二徐在部尾，蓋由寫落補收，段氏謂是「弓檠之類」而不敢移。《唐本》即在「榜、㯕、檃、栝」下。數事略舉，可見大凡。又，「槎」下引「《春秋國語》曰：『山不槎櫱』。」「楬」下引「《周礼》曰：『楬而書之。』」二徐「國語」誤「傳」，衍「木」，遺「櫱」；「《周礼》」誤「《春秋傳》」。段君不敢輒改，使見此卷，復何依違？

更有二徐遺落，他引不及者：「杞，讀若駭」；「杽，讀若丑」；「杼，一曰柧削木」；「柚，一曰絡」，凡四條。比諸「梏，所以告天」，「桎，所以質地」，雖二徐不備，尚有《周禮》、《釋文》、《太平御覽》引證者，尤希世之珍，千金一字者也。凡斯精秘，昔人鈎稽闇合，略載條下。所未及言，或鄙見偶異，亦摭拾憑據，補綴證明，不免詞費，俟通學裁之。

至其每字音紐，一再或三，《隋經籍志》有《說文音隱》四卷，次呂忱《字林》，無撰人時代。唐以前稱引《說文》音，或即其書。此之音紐，不知即《音隱》否。而今行《繫傳》音，出朱翱《五音韻譜》，楚金所加；鼎臣校定，自取《唐韻》，皆出唐後，不若此音之古。其「柤」云「莊余」，溢大徐「側加」外，正協「從且」古音。「杝」云「力支」，與大徐「池尒」異，正得「杝」、「籬」古今字正讀。若斯之流，隨手皆寶。故既用鉉書音切，比其溢異于傳注家引《說文》音，亦入校勘云〔八〕。

唐科目有明字、有書學。生隸國子監，又隸蘭臺。其課《說文》限二歲，先口試，通乃墨試，二十條通十八爲第。當時官私善本宜衆，故此偶存斷篇，于全書僅五十有五分之一，猶奇勝稠疊乃爾。若盛宋校定時，能廣求民間，會萃綜覈以成精完，良甚易事；乃使雍熙官書罅漏百出，不能不咎鼎臣之疏也。四月既望，友芝再校易稿識後。

唐寫本說文解字木部箋異附識

〔清〕莫友芝

紙高建初尺尺有八分。弟一紙右斷爛，存「柤」至「桓」八文。上端廣四寸，下端廣四寸六分。弟二紙中爛，析爲二：一廣尺有一寸弱，「楃」至「槃」二十文；一廣七寸八分，「櫌」至「梧」十四文；爛失者「鈶」、「楎」二文。弟三紙廣尺有九寸八分，「區」至「椯」三十六文。弟四紙「檿」至「檕」；弟五紙「桊」至「栙」；弟六紙「櫱」至「楬」，各三十六文，廣并與弟三〔紙〕同。以推弟二紙，若不斷爛，其容文數及廣亦同後四紙。可因見唐經紙尺度〔九〕。卷末附米友仁跋，合縫有紹興小璽，跋後有寶慶初俞松題記。知南宋初猶在內府，後乃歸嘉禾藏弆家。（松題記左有「俞松心畫」及「壽翁」二印。壽翁，淳祐甲辰著《蘭亭續考》者，嘉禾人，官承議郎，皆見書中。此題先廿年。）皆殊不藉輕重，唯米跋謂篆書六紙。以弟一紙例諸紙，爛失當二十八文，弟二紙失二文。是在元暉後，猶可依尋云爾。友芝附識。〔歸安楊峴勘過，南汇張文虎覆校。〕

唐寫本説文解字木部題辭

〔清〕曾國藩

插架森森多于筍，世上何曾見唐本。莫君所得殊瓌奇，傳寫云自元和時。問君此卷有何珍？流傳顯晦經幾人？君言是物少徵識，殘戕黯䵘不能神。豪家但知貴錦衣，陋巷誰復憐綦巾。黟縣令君持贈我，始吐光怪干星辰。許書劣存二百字，古鏡一掃千年塵。篆文已與流俗殊，解説尤令耳目新。乾嘉老儒躭蒼雅，東南嚴段并絶倫。就中一字百搜討，詰難逢起何斷斷。暗與此本相符契，古轍正合今時輪。乃知二徐尚鹵莽，詒誤幾輩徒因循。我聞此言神一快，有如枯柳揩馬疥。在昔趨朝陪庶尹，頗究六書醫頑蠢。四海干戈驅迫忙，十年髀肉銷磨盡。却思南閣老祭酒，舊學于我復何有？安得普天净欃槍，歸去閉户注凡將。同治三年八月。

注：曾國藩此詩手稿末云：「同治三年八月作此詩，應子偲尊兄雅屬。七年八月曾國藩書。」

湘鄉相公命刊唐寫本説文殘帙箋異，且許爲題詩，歌以呈謝

〔清〕莫友芝

黟侯贈我唐人寫本書，乃是許君《説文》之斷帙。中唐妙墨無雙經，動色傳看叫神物。本朝樸學一叔重，六籍盡起基乾隆。鍇殘鉉疏競拾補，勤矣區區諸老翁。唯唐明字科，課試必先通。一代義疏家，取携若飧饔。少温謬悠在斥廢，説之碎掇還網籠。爾時此本若到眼，定詡鴻都揖蔡邕。汴京秘藏盡六紙，紙縫增銜紹興璽。自從寶慶落人間，幾閲劫灰换朝市。百八十篆巋尚完，界宅分曹爛仍理。顢頇只作書畫傳，千載何人究端委？邵亭嬾頽藥不悛，奇文入手如笞鞭。燈昏力疾草箋記，整亂鈎沈坐無寐。湘鄉相公治經如治兵，號令罷茶齟齬皆峥嶸。莫府軍閒結習在，刊徐左許時鏗鏗。謂余此卷雖晚出，試數四部官私誰第一？元鈔宋刻總奴隸，爲子性命耽書報良值。子箋好成爲子歌，中有大義數十可不磨。即呼鐫木印萬本，把似海内學者豈在多？感公盛意惜晚莫，悠悠志業餘兩皤。無聞守此當如何！同治癸亥友芝屬草。

唐寫本説文解字木部箋異識語

〔清〕劉毓崧

莫君子偲得米氏友仁鑒定《唐人寫本説文木部》之半，撰《箋異》一卷。據「栝」缺末筆避德宗嫌名，「桓、恒」缺末筆避穆宗諱，定爲中唐人書，其説韙矣。毓崧復就唐代避諱之例，參互推求，知此本寫于元和十五年穆宗登極之歲，尚在改元長慶之前。

蓋新主龍飛，御名謹避，此制由來已久。（《潛研堂集》跋《金石文字記》云：秦漢以後，御名未有不避者，故漢宣帝詔曰：今百姓多上書觸諱，其更諱「詢」。許叔重《説文》于安帝名，亦稱爲「上諱」。即以唐事言之，章懷太子注《後漢書》，于「治」字皆改易。明皇時，楊隆禮改名「崇禮」。曷嘗有生不諱之令乎！）穆宗以是年閏正月丙午即位，已未改「恒州」爲「鎮州」，以避御名。此本「恒」字既缺筆，則必書于是月以後矣。遠廟爲祧，既祧不諱，故《開成石經》遇高宗、中宗、睿宗、元宗廟諱，皆因已祧而不缺筆。此本書「旦」爲「旦」（「案」字反切之下一字，所缺之上一字，當是「烏」字或「於」字），易「基」爲「錤」（「欘」字下云：「齊謂之鎡錤。」本書無「錤」字，《御覽》卷八百二十三引作「基」，疑元本作「基」，因避元宗諱故）。其時，睿宗、元宗俱未祧也。元宗祧于穆宗祔廟之時，睿宗祧于憲宗祔廟之時。憲宗以元和十五年五月庚申葬景陵。既葬，即祔廟；既祔則祧廟不諱。此本「旦」字仍缺筆，則必書于是月以前矣。縱或去京甚遠，聞詔較遲，當亦不出是歲秋間，必不遲至來春長慶紀元之後，則定爲元和寫本，復何疑哉！（或謂肅宗祧于敬宗祔廟之時，而《開成石經》「亨」字仍避，則長慶年間睿宗新祧，「旦」字何妨缺筆。不知唐朝九廟之制：太祖、高祖、太宗三廟不祧，餘六廟則三昭三穆，彼時議禮者，多主兄弟同昭、穆，共爲一世。文宗係敬宗之弟，開成時肅宗雖祧，尚在六世之内，若玄宗至憲宗六世紹承，皆父子相傳，無兄弟相及。穆宗踐阼，則睿宗已在六世之外，廟雖同一，新祧而諱不諱自有區分，未可一概而論矣。）

惟是「虎」字爲太祖諱，「丙」字爲世祖嫌名，「世」字爲太宗諱。此本皆不缺筆（「椃」字「虎聲」。「柙」字下云：「可以盛藏虎兕。」「柄」字「丙聲」。「枼」字「世聲」）。世祖之廟，祧于祔代宗之時，故《開成石經》「丙」字不缺筆。若太祖、太宗皆不祧之廟，故《開成石經》遇「虎」字無不缺筆。（太和三年石刻尉遲汾《狀嵩高靈勝詩》，自注引「《白武通》」云云，《潛研堂金石跋尾》云：即《白虎通》，避唐諱改之也。今按：太和、開成皆文宗年號。太和三年下距開成二年刻《石經》，時不過八年，足證其時「虎」字除經傳缺筆外，餘仍例應避改。）遇「世」字亦無不缺筆。（貞觀時，雖有二名不偏諱之詔，自永徽以後，即單用一字，無不避缺。）而此本竟不缺筆者，蓋古人避諱之法令，由疏而漸密。在前漢，惟時君之名避改最嚴，此外則無畫一之例。故焦氏《易林》作于昭帝之時，書中止避「弗」字，而先朝廟諱不避。至後漢，則嚴近而略遠。故《説文》曾經《表》獻于朝，書中遇東京諸帝之名，則但稱上諱；遇西京諸帝之名，則不復避。雖景帝爲光武所自出，而「啓」字不避。高帝、文帝皆不祧之廟，而「邦」字，「恒」字亦不避。此必因世數已遥，可援親盡不諱之例也。唐時功令雖較漢爲密，而較宋猶疏。（唐時嫌名不盡諱，舊名不必諱。宋時則嫌名之諱愈密，即舊名單字者亦必避矣。）《石經》係奉勅所刻，自必謹嚴。此本非進呈之書，不無闕略，故太祖、太宗論廟制，固屬不祧，而計世數則已在祧廟之外。意者，當時民間傳寫書籍者，因世祖較太祖爲近，高宗、中宗較太宗爲近，三廟既祧，「丙」字、「治」字、「顯」字業已不復避諱，遂于太祖、太宗之諱，亦援親盡不避之例，如後漢時不避高帝、文帝之諱歟？且刻石較之寫書更宜謹嚴，而唐碑亦間有闕略，故貞元時或不避「隆」字（《田府君侁墓志》），廣德時或不避「世」字（《郭汾陽家廟碑》），開元時或不避「丙」字（《金仙長公主碑》係玄宗御筆，尤非臣下所書可比），萬歲登封時或不避「虎」字。（《封祀壇碑》立于武后之朝，碑中書「葉」爲「𦯔」，仍避太宗諱，則非立意不避唐諱也。）夫德宗時，玄宗未祧；玄宗時，世宗未祧；代宗時，太宗世數未遥；武后時，太祖世數更近。其歲月皆先于元和，而大書深刻者亦復失記缺筆。然則當元和時傳寫經籍者，于「虎」字、「世」字偶未缺筆，安在非情事之所有乎？

元和十五年歲在庚子，至今已閲庚子十八，歷年千四十五，而此本巋然獨存，若有神物護持。就中字句之祥略異同，足以校補各本之脱訛，印證諸儒之考訂者，斷非後人所能依託。況「栝」字爲應避之嫌名，雖亦在耳目之前，然究不若「虎」、「世」兩字熟在人口。（昌黎《諱辨》「滸、勢、秉、機」之語，里熟咸知，不待讀史也。）如謂好事者所作贋本，豈有能知「栝」字當缺，轉不知

「虎」字、「世」字當缺，而留此罅隙授人以攻擊之門？閱者不可竟指爲白璧微瑕，遽抑連城之價也。用是援引比例以塞疑竇之端焉。若夫《箋異》之疏通證明，語簡而義核，則留心小學者自能識之，不待縷陳矣。同治甲子中和節，儀徵劉毓崧識。

唐寫本説文解字木部箋異附識

〔清〕張文虎

《唐寫本説文木部》殘袟，於全書不及百分之二，而善處往往出今本外，其傳在鉉、鍇前無疑。金壇段氏注許書，補苴糾正，多與闇合，益知段學精審而此袟可貴。獨山莫子偲氏得此，爲抉摘同異，疏通證明，發前人所未發。湘鄉節相韙之，授工精刊。至寶在人世，不可終揜，宜矣。文虎嘗預校勘，復承節相命紀以詩，意未盡，輒刺其瑣瑣者質莫君：

「榁，從木屋，屋亦聲。」以「榁」形如屋，不專取諧聲。二徐脱「屋亦」，失許意。「牀，安身之坐也。」鉉本「坐者」。《玉篇·牀部》：「身所安也。」與《初學記》、《御覽》引「身之安也」違一字，雖不與《唐本》同，可證不得有「几」，鍇乃誤衍。「梳，理髪者也。」釋義已足，《篇》、《韻》、二徐失「者」字。段以意補「所以」，贅。「枱，江洽切。」《篇》「居業」、「公荅」、「渠業」；《韻》「古沓」、「巨業」，皆一聲。鉉切「胡甲」，非。「楫，讀若驪駕。」鉉有鍇無。段據《玉篇》「杝、楫、榹」連文，謂「清支」合《韻》。「思漬」、「所綆」，固聲相轉。「驪」不同部，又不同聲。嫌迂遠，疑四字當在「枷」

下「工亞切」，乃「椸枷」之「枷」，正合「駕」音。二徐「枷」下失「工亞」，鍇又以「驪駕」不合「榍」音删之，昧爲錯簡也。「栝，一匵也。」今本及《篇》、《韻》皆無「一」。「一匵」無義。《匚部》：「匵，小栝也。」則栝爲大匵，疑有脱畫。「案」音「旦」，失上紐。《廣韻》「於旦」，此當同。「几屬」下「也」，《篇》、《韻》皆有，今本失之。「櫑，從木畾，畾亦聲。」以「櫑」刻雷，形義兼聲。鉉脱「畾」、「亦」，誤。如「楕，他果。」與《廣韻》、《三蒼》合。《玉篇》「敕果」，取類隔。鉉「徒果」，輕重微别。「柷，工用柷，止音爲節。」鉉本「所以止音」。段改「以止作音」，疑「止」即「作」字。古多以「亾」爲「作」。止、亾，形近而譌，不煩增改。「楇」，音「戈，讀若過」。鉉：「乎卧切。」段云「當依《篇》、《韻》『古禾』」，是矣；而删「讀若過」三字，豈忘「過」亦「古禾切」邪？又《篇》、《韻》皆云「車盛膏器」。《唐本》、今本無「車」字，疑傳寫失之。「橃，海中大船也。」《廣韻》引同，二徐脱「也」。「析，從木斤。」會意，非諧聲。鉉「斤」上多「從」，猶可通。鍇作「斤聲」，謬。「柩」多「又逅」，與《篇》、《韻》合。「梡，下短。」《韻》「胡管」同。鉉音「胡本」，疑涉「棞」而誤。「槱」音「酉」。鉉本「余救」。《篇》「余宙」。《韻》兼收上、去。《周禮·大宗伯》「槱燎」。《釋文》：「羊九。」《詩·棫樸》：「槱之。」《釋文》：「弋九。」是古人多讀上聲。「槥」音「息芮」。鉉及《韻》皆「祥歲」。《篇》「爲綴」、「才芮」二切，又音「歲」，與「息芮」合。惟「梏」，鉉及《篇》、《韻》皆紐「沃部」，此切「古屋」獨異；然求之古音，實不背也。同治三年春仲，南汇張文虎附識。

唐寫本説文解字木部箋異跋

〔清〕莫彝孫

使相湘鄉公命家大人撰《唐寫本説文木部箋異》成，男彝孫、繩孫對勘訛字畢。大人覆審一通，命彝孫曰：「是《箋》于『栝』、『校』二字説解，增異遺而未言，偶疏也。『栝，一𠥱也。』二徐無『一』字。張歗山文學《跋》謂本書《匸部》『𠥱』訓『小栝』，則『一𠥱』當爲『大𠥱』，疑有脱畫。補義允矣。唯『校』之訓『木田』，《箋》以『田』爲誤字，謂當從二徐。今細審之，《唐本》是而二徐誤也。刊成不便增改，汝可記吾説于卷尾，以補正之。」

按：「田」，即《周禮·大司馬》「蒐田、苗田、獮田、狩田」之「田」。「木田」者，謂編木爲校，以供田事也。《漢書·成帝紀》：「元延二年冬，大校獵。」師古曰：「校以木相貫穿爲闌校。《校人》職曰：『六廄成校。』則是以遮闌爲義。校獵者，大爲闌校，以遮禽獸而獵取也。」又，《司馬相如傳》：「天子校獵。」師古曰：「校獵者，以木相貫穿，總爲闌校，遮止禽獸而獵取之。」《傳》又曰：「扈縱横行，出乎四校之中。」師古曰：「四校者，闌校之四面也。言其跋扈縱恣而行出于四校之外也。」據小顔三説，正以發明「木田」之義。「欚」爲「大船」，「樔」爲「大巢」，「校」以「大闌」介「欚」、「樔」間，次類相從，知「木田」是許君本文矣。「木」上蓋當有「交」字，其辭乃完，殆由删疊篆者以疑似去之。讀者驟不得其説，反疑「田」爲誤字，而歧異遂生。故「田」字，大徐作「囚」，小徐又作「缶」(今本亦作「囚」,乃誤依大徐改,以《通釋》知之)。證以《易》「荷校、履校」,「木囚」近似,而「校」篆不與「械、杽、桎、梏」相次則非是。「木缶」,鍇謂「以木爲缶,形相連接」,舉韓信「以木罌缶渡軍」爲比,取傅合于「檨、楫、欚、校」之相次。然于古未聞,稍嫌迂曲。自緣形近訛誤,皆不如《唐本》爲長。蓋「校」之爲事,取于「交木」,以爲「閑闌」,其義則教訓、閑習,而比校其能否,學校之義,因之推之。閑馬者亦曰校,則《周禮》「校人」之「校」,有左右十二閑;其軍部有「闌格者亦曰校」。則《中山策》之「五校大夫」注「以五校爲軍營」;《漢書·百官志》之「司隸校尉」、「城門校尉」,《刑法志》之「内增七校」皆是。其以拘罪人亦名「校」,則《易》虞注「校者,以木絞,校即械」是也。至《士昏禮》注之「校爲几足」,《祭統》注之「校爲豆中央直者」,亦皆取「交木貫穿」爲義,凡爲許所未舉者,可引而申之矣。《廣雅·釋木》:「校,椰柴也。」説者謂「田校」、「馬校」,必以柴爲之,故「柴」亦可名「校」。予意此「柴」即今「寨、砦」,音義同。鍇《通釋》所謂師行野次,竪散材爲區落,名曰柴籬者,亦足與「木田」之「校」相發明。同治三年歲次甲子,夏四月既望,男彝孫謹述。

唐寫本説文解字木部箋異跋

〔清〕方宗誠

右《唐寫本説文木部》之半,獨山莫子偲氏爲之《箋異》,湘鄉相國命刊于安慶行營。

夫經訓之昌，至本朝而極。而綜其大要，不越乎通文字形聲。文字形聲莫備于許君書。許君書僅二徐傳本，不免闕誤。自乾隆老輩頗抽掇唐人以上引證爲校讎。此寫本既在二徐前，又資補正數十事，故雖斷簡，劇可寶貴。箋正流傳，以公學人，宜哉！或者乃謂方世多故，切在濟時，儒生誦説，但能如武鄉侯略觀大意，如陶靖節不求甚解，取致用足行吾志得矣，奚以此鏗鏗瑣細不急爲？余則以爲不然。夫孔子處衛亂之時，其論爲政，必先正名。馬氏解「正名」爲「正百事之名」，鄭氏則直謂正字書，且申之曰：「古者曰名，今世曰字。」就鄭説粗觀之，豈不迂遠無當？誠一一按書名求其實際，鄭、馬又詎有異義耶？故「君君、臣臣、父父、子子」，是謂名正；不如是，是謂名不正，推之百事皆然。故名正則臻乎治平，名不正則禍亂生。伊古以來，未有不由此者。

今毛盗亂天下逾十年，賴吾湘鄉公起，運籌決勝，草薙禽獮，漸恢靖我疆土。而經籍斷散，十無一存。莫君適獲此卷于燹餘，乃足冠海内經籍傳本。寶襲精勘，嘗自比于西州漆書、蓬萊石經，其與武鄉、靖節用意自不容彊同。而湘鄉公之喜爲刊行，則大以引正名之端，示定亂拔本塞源之要，亦安得謂瑣細非急務也？同治甲子仲夏，桐城方宗誠跋。

唐寫本説文解字木部箋異識語

〔清〕李祖望

近人得宋元槧本，輒自寶貴，不憚重貲授梓，廣布藝林。謂宋元本之不誤者，可藉以訂今本之誤處，又可藉宋元本之誤處，想見古本，而知宋元本之所由誤。如黄氏丕烈之刊《周禮》、《儀禮》、《國語》、《國策》；胡氏克家之刊《通鑑》、《文選》；洪氏瑩之刊《宋名臣言行録》；吴氏鼒之刊《晏子春秋》、《韓非子》；秦氏恩復之刊《法言》、《鬼谷》、《鶡冠》諸書，皆顧文學廣圻爲校勘訛誤，各訛札記，詳别異同。文學亦得宋本《列女傳》，坿《札記》二卷，精刻傳世。恒謂古人云「誤書思之，更是一適」，因自署著書處曰「思適齋」。凡以見宋元本之可寶貴如是，何況唐代之舊本乎？又唐代之寫本乎？《唐寫本説文解字木部殘本》，後有米元暉跋尾。蓋米氏所見，已僅存六紙。今更歷數百年，首尾字畫雖少缺，而仍然六紙，徑得歸之莫君者，物聚於所好也。莫君博學好古，精通六書，據此殘本，爲之校證。於唐以前所引之《説文》，如《玉篇》、《廣韻》諸書，爲之校證；於唐代所引之《説文》，如孔《疏》、《釋文》諸書，又爲之校證；於二徐手定之《説文》，詳加考訂，成《箋異》一篇，皆博辯精審，實事求是，或有所疑，存以俟考，仍本許君蓋缺之恉。且稔知段氏玉裁、嚴氏可均未見此本，謂所注《説文》，每與闇合，抑知闇合者，學之精也。所謂思之思之，鬼神通之也。夫《説文》傳至唐代，李陽冰習篆書，每意爲改易筆蹟，手自寫訂《説文》，不能墨守許氏原文，唐本之不足信也。唐人著書，間引《説文》，每以《字林》爲《説文》，又唐本之不足信也。孰若此《唐寫本説文木部殘本》，可藉以訂證唐以前之《説文》本，乃唐以後之《説文》本，以知其所不誤，并知其所由誤，有功於《説文》之爲大哉！余嗜讀許氏書，嘗集近人精説許氏書者，爲《小學類编》，刊於咸豐初元。洎粵寇竄擾大江南北，刻雖過半，工亦中輟。今幸海宇清謐，而板尚完好，如莫君此書，亦亟擬彙入，以見古本之傳於今者有如此。同治甲子冬至，江都李祖望識。

唐寫本説文解字木部箋異識語

〔清〕沈棨

《説文》之學，漢以後不甚顯，許書已非原本，南唐二徐氏振興之，又復意爲改竄，甚且羼用俗體，更失許書真面目。今所見皆唐以後之本也，汲古閣毛氏刊北宋大字本，初印甚佳，後復以《繫傳》刓改，反多紕繆。嗣有鮑氏，易大字爲小字本，又取毛氏刓改本校定焉，亦以訛傳訛而已。惟五松園孫氏，仿宋小字本，較善於諸刻，而傳寫脱誤，隨在多有；孫氏則仍而不改，以待後之善讀者。獨山莫君子偲得唐人寫本，則駕宋本而上之，雖係殘帙，取其善於今本者，引而伸焉，搜羅考訂，成《箋異》一篇，厥功勤矣。且摹唐人手寫者於前，其筆迹類鐵綫，類懸鍼，尤當寶貴也！同治乙丑正月人日江都沈棨識。

（以上二則録自臺北「國家圖書館」所藏《獨山莫氏文稿》鈔本）

王錫桐奉和莫友芝《唐寫本説文木部箋異詩》所作次韻詩

硬黄唐本天下無，兵燹何人收遺帙？蝌蚪漆書藏壁間，乃知天工護神物。君來黔山幾萬重，聲稱所至何隆隆。但願從軍學班超，不求治蜀爲文翁。樸學群推虞世南，博古還追叔重通。墨磨盾鼻已有年，獨躭文字忘飧饔。災豕魯魚刊敗鼓，鄭箋毛注收藥籠。夥侯有寶識者稀，爨尾何時逢蔡邕。百八十篆凡六紙，鳳尾諾邊蓋寶璽。一朝争入名人手，珠玉無踵出城市。勢如鶩鴻閑逐隊，鋒如秋鷹細入理。點竄偏旁證異同，貫穿經史窮源委。段嚴符合可不悛，二徐譌誤加鍼鞭。此本壓倒鄉嬛記，曾相見之喜不寐。謂是整亂鈎沉鬥心兵，字裏行間光怪起峥嶸。急付欹劂公諸世，振聾洪鐘聞鏘鏘。李斯籒文不世出，陽冰筆法得其一。莫君箋愈許君文，一字奚翅千金直。賜我一本我當歌，欲與辨難相磋磨。如服參蓍起羸尫，益人神智焉用多。可惜王倪少孤陋，蹉跎日月兩鬢皤，後之學者當如何？

乙丑七月七日承子偲仁兄大人惠《仿唐本説文木部箋異》書，讀之不覺神怡，蓋深拜服，謹次原韻以謝之。即呈斧正。鄉愚弟王錫桐脱稿。

（録自臺北「國家圖書館」藏莫友芝《郘亭父子藏札》）

唐寫本説文解字木部箋異識語

聶樹楷

獨山莫子偲先生《仿唐寫本説文解字木部箋異》一卷，清同治甲子曾文正公刻于安慶軍中。板高工部營造尺六寸二分，廣三寸八分，無别鎸本。適續修通志局刊印《黔南叢書》，安順周藹梧大令人吉工篆法，爲縮摹入《叢書》第三集。較原書板本大小雖殊，而字體則規橅不失。文正刻書時，大亂猶未敉平，故其題辭有「安得普天净欃槍，歸去閉户注凡將」之語。今距其時閲一甲子，世亂尤亟，我輩于欃槍影裏搜逸訂遺，雖未敢希文正之「閉户注凡將」，而「鎸印萬本，把似海内」之旨，庶有合也。民國十四年夏曆甲子季冬下澣婺川聶樹楷識。

（録自民國二十五年貴陽文通書局鉛印《黔南叢書》别集《仿唐寫本説文解字木部箋異》）

【校勘記】

〔一〕《校異》將此《引言》置于書首。

〔二〕《校異》此作：「《説文解字》，僅第六篇《木部》下半百八十八字。」

〔三〕《校異》此句作：「書蹟皆能品，篆體似裕明子《美原神泉詩碑》。」

〔四〕《校異》此句作：「蓋同文宗時人書矣。」

〔五〕「慨然歸我」：《校異》作：「知余所取在書蹟外，懼其仍不免烏焉別淮，且謂歸我勝其自藏，慨然持贈。」

〔六〕《校異》此二句作：「雖甚刺謬，寶猶璆璧。」

〔七〕《校異》此下文字爲：「卷末附米友仁跋，合縫有紹興小璽，知南宋初猶在內府。跋後別紙有寶慶初年俞松莊池題記，知後歸俞壽翁。皆殊不藉輕重，米跋謂『篆書六紙』，今弟二紙中爛而七，猶可依尋。俞記後有戊子歲高佶行書蘇軾《前赤壁賦》，其不倫殆不止續貂狗尾，必離之乃兩美云。」

〔八〕《校異》此下有一段话：「友芝資駑識下，躭好文字，慙于雕蟲，十年奔走，荒不復理。來皖踰兩春，依湘鄉使相幕下，老病不任劇事，使遥領廬陽山長薪米以資朝夕。皖中兵後，文籍賤售，得備經史自娱。飄萍炳燭，餘光幾何？喜獲此卷於全書僅五十有五分之一，而世所未見，不容自私，力疾比勘，匝月而就。極知尟當，差解無所用心，斥以嗜瑣抱殘，玩物喪志，所不辭也。」刻本删除，補後段。

〔九〕此下文字，《校異》在前《引言》之末；在「紙高建初尺」至「可因見唐經紙尺度」之前。

韻學源流

梁光華
饒文誼　點校

點校説明

一、莫友芝所著之《韻學源流》，除手稿本之外，世傳多種校鈔本、排印本。本次校勘，以臺北「國家圖書館」所藏莫友芝手稿本爲底本，以下面四種印本爲參校本：

(1) 民國七年(一九一八)康寶忠鉛印本，簡稱「康本」；

(2) 民國十二年(一九二三)貴陽文通書局楊恩元鉛印本，簡稱「楊本」；

(3) 一九六二年中華書局羅常培點校本，簡稱「羅本」；

(4) 一九八八年貴州人民出版社陳振寰《〈韻學源流〉注評》本，簡稱「陳本」。

二、底本凡避清代帝諱之用字，如元、宏、歷、禺、琰，均相應改回爲玄、弘、曆、顒、琰，缺筆字亦徑予補全，不再出校。

莫友芝《韻學源流》手稿因係草稿本，天頭地脚及行文間涂抹、增補、删改處甚多，所以偶有筆誤衍奪，今予以校勘訂正；以上四個主要參校本對照莫氏手稿本，亦均有衍奪錯誤。本次重加校勘，以期向讀者提供一種比較準确的文本。另將康、楊、羅本之序跋附録於後，以供參考。

目録

韻學源流

音韻之道有三：曰古韻、曰今韻、曰反切。

古韻者，皆造字之本音也。

古無韻書，亦無「韻」字。「韻」字始見于晉陸機《文賦》：「采千載之遺韻。」徐鉉《説文新附》：「『韻，和也。從音，員聲。』裴光遠云：『古與均同。』未知其審。」按：秦漢以上，言音不言韻。《詩序》曰：「情發于聲，聲成文，謂之音。」《箋》云：「聲爲宫商角徵羽也。聲成文者，宫商上下相應也。」是此所謂音，即今之所謂韻〔一〕。魏李登著書，尚名《聲類》，晉呂静仿其法，始名《韻集》。亦「韻」字之出于晉之一徵〔二〕。蓋古唯用「均」。《文選》成公綏《嘯賦》：「音均不恒，曲無定制。」李善注：「均，古韻字。」引《鶡冠子》曰：「五聲不同均，然其可喜一也。」裴説當本于此。而劉勰有「魏武論賦，嫌于積韻」之語，又似建安黄初即有此字，殆勰引魏武語用今字耳。

《晉書·律曆志》云：「凡音聲之體，務在和韻，益則加倍，損則減半。」「和韻」即「和均」也。《宋書·律曆志》云：「後漢至魏，尺度漸長于古四分有餘。杜夔依爲律呂，故致失韻。」失韻即失均也。楊慎曰：「李善注傅毅《舞賦》、繁欽《與魏文帝箋》，并引《樂叶圖徵》曰〔三〕：『聖人往承天以立五均，均者，六律調五聲之均也。』」晉灼《子虚賦注》曰：「文章假借，可以叶均。」《唐書·楊收傳》曰：「夫旋宫以七聲爲均。均，言韻也；猶言一韻一聲也。」

説古韻者，謂其天籟自合，固也。然古者小學教六書，六書之諧聲即韻也。故自《虞廷賡歌》迄三百篇，時更四代而其韻吻合，豈非書同文，保氏之教修耶？孔子贊《易》，其韻始與《詩》微異。屈原作賦，多同《易翼》。可知周末之韻，已自爲一科矣。況更漢晉南北朝以至隋唐，其聲讀轉易，安可窮詰！自沈重《毛詩音義》始爲叶韻之説。見《經典釋文》引。後顔師古注《漢書》，李善注《文選》，并襲用之。後人遂至以叶韻爲隨意轉讀之法，而不復知爲本音矣。陳第《讀詩拙言》曰：「説者謂自五胡亂華，驅中原之人入于江左，而河淮南北，間雜夷言，聲音之變，或自此始。然一郡之内，聲有不同，系乎地者也；百年之中，語有遞轉，系乎時者也。況有文字而後有音讀，由大小篆而八分，由八分而隸，凡幾變矣，音能不變乎？所貴誦詩讀書，尚論其當世之音而已。」知言哉！唐陸德明于《燕燕》詩以「南」韻「心」，有讀「南」作「泥心切」者，陸以爲古人韻緩，不煩改字。其于《召南》「華」字，注云：「古讀華爲敷」，是陸氏固顯言古人音讀，及今韻、古韻之不同矣。雖用徐邈、沈重諸人「合韻」、「取韻」、「協句」之説，而大致就《詩》求音，與後人漫從改讀，名之爲「協」者迥殊。後此韓愈、柳宗元爲詩歌銘贊，時仿用一二古韻，以表異其文章而已。

其作專書以明之者，自宋吴棫始；後來舛戾無根之説，亦自棫開之。棫所著有《毛詩補音》、《楚辭釋音》、《韻補》等書，悉爲古音而作。徐蕆爲《序》曰：「自《補音》之書成，然後《三百篇》始得爲詩。從而考古箴銘誦歌謡諺之類，莫不字順音叶。音韻之正，本諸字之諧聲，有不可易者。如霾〔四〕，當爲陵之切，因以貍得聲；浼〔五〕，當爲美辨切，因以免得聲；有，云九切，而賄、痏、洧、鮪，皆以有得聲，則當爲羽軌切矣。皮，蒲麋切，而波、坡、頗、跛皆以皮得聲〔六〕，則當爲蒲禾切矣。又如服，見于《詩》者十有七，皆當爲蒲北切，而無與房六叶者。友，見于《詩》者十〔七〕，皆當爲羽軌切，而無與云九叶者。以是類推，雖無他書爲證可也。」可謂探源之論。

棫《詩補音》凡十卷，見陳振孫《書録解題》「詩」類，今不存。存者《韻補》五卷，振孫又謂「朱子注《詩》，用棫之説」，則就《集傳》音讀，可見崖略。王質《詩總聞·芣苢篇·聞音》曰：「采，此禮切。有，羽軌切，亦作云九切。《詩》無用云九，與《關雎》『友』同。今從吴氏。」是質書亦多用其音，可以參究。而世謂朱子所據即《韻補》者，非也。考《集傳》，如《行露篇》二「家」字，一音谷，一音各空反；《騶虞篇》二「虞」字，一音牙，一音五紅反；《漢廣篇》「廣」音古曠反，「泳」音于誑反，《緑衣篇》「風」音孚愔反之類，爲《韻補》所遺者，不可殫舉。《兔罝篇》「仇」音渠之反，以與逵叶，《韻補》乃據《韓詩》逵作馗，音渠尤反，以與仇叶，顯相背者亦不一。又《朱子語録》稱棫音務爲蒙，音嚴爲莊，《韻補》有務無嚴；周密《齊東野語》稱朱子用棫之説，以艱音巾，替音天，《韻補》有艱無替。是皆朱子不據《韻補》之明證。蓋棫《詩音》、《楚辭音》〔八〕，皆據本文推求古讀，尚能互相比較，粗得大凡，故朱子有取焉。

《韻補》就《廣韻》二百六部，注「古通某」、「古轉聲通某」、「古通某或轉入某」，而泛取旁搜，無所持擇，所引書五十種中，下逮歐陽修、蘇軾、蘇轍諸作與張商英之僞《三墳》，旁及《黄庭經》、《道藏》諸歌，故參錯冗雜，抵牾百端。其于韻部之上平，注文殷元魂痕通真，桓寒删山通先，下平忽注侵通真，覃談咸銜通删，鹽沾嚴凡通先，上聲又注梗耿静迥拯等六韻通軫，寑亦通軫，感敢琰忝豏檻儼範通銑，去聲又注問焮通震，而願慁恨自爲一部，諫襉通霰，而翰換自爲一部，勘闞通翰，豔㮇斂通霰，陷覽梵通諫，割爲三部，入聲又注勿迄職德緝通質爲一部，曷末黠戛屑薛葉帖業乏通月爲一部，顛倒錯亂，皆亘古所無之臆説。然而華路藍縷之功，不可没也。

是後繼之者，則有程迥之《音式》，以「三聲通用」、「雙聲互轉」爲説，所見較棫差的，今已不傳。元戴侗亦明斯理，其言曰：「經傳『行』皆户郎切，未有協生韻者；『慶』皆去羊切，未有協敬韻者；如『野』之上與切，『下』之後五切，皆古正音，非叶韻。」見所撰《六書故》中。

至明楊慎撰《古音叢目》、《古音獵要》、《古音餘》、《古音附録》四種，又撰《古音略例》、《轉注古音略》，皆猶瑕瑜雜糅。陳第總之，爲《毛詩古音考》、《屈宋古音義》，于是古音之道榛蕪悉闢，蓋十得八九矣〔九〕。慎《叢目》等四書〔一〇〕，雖各爲卷帙，而核其體例，實本一書，特以每得數卷即出問世，故標目各别耳。觀其《獵要》，東冬二韻共標鞠、朋、衆、務、調、夢、窗、誦、雙、明、萌、用、江十三字，與《叢目》東冬所標全複，與《古音餘》東冬所標亦複五字，是其參差互出，即隨手成編，未歸畫一之明證也。其書皆仿吴棫《韻補》之例，以今韻分部，而以古音相協者分隸之。然條理多不精密，如《周易·涣·六四》丘、思韻，《無妄·六三》災、牛韻，《繫辭》易知、簡能韻，以「丘」古音期，「牛」古音尼，「能」古音奴來切也。慎于《叢目》支韻丘字下但注云「《詩》」，牛字下但注云「《楚詞》」，能字下并不注出典。又，《繫》「神而化之，使民宜之。」慎于《叢目》五歌韻内，知「宜」字之爲牛何切，下注云「《易》」，而「化」之爲毁禾切，則但注云「見《楚詞》」。此類皆不求其本，隨意捃摭。又古音皆其本讀，非可隨意諧聲，輾轉分隸。如江韻之江、窗、雙、椌四字，《獵要》皆收入東韻，是也。而《叢目》又以東韻之紅、冬韻之封、龍三字收入江韻。考《易・説卦・傳》「震爲雷爲龍」，虞翻、干寶并作「駹」；《周禮・巾車》「革路龍勒」《注》：「駹也。駹車故書作龍車」；《犬人》「凡幾珥沈辜，用駹可也」《注》：「故書作龍」。則駹本音龍，以在東韻爲本音，不容改龍以叶駹。封與邦通，邦之古音諧丰聲；紅與江通，江之古音諧工聲，亦以冬爲本韻，不得改封、紅以入江也。蓋慎博洽過陳第，而洞曉古音根柢則不及，故蒐輯古書頗該備，而位置失所，節取可也。

其《古音略例》，亦與前四書相輔。其書取《易》、《詩》、《禮記》、《楚詞》、《老》、《莊》、《荀》、《管》諸子有韻之詞標例，若《易例》「日昃之離」，離音羅，與歌、嗟韻；「三歲不覿」，覿音徒谷切，與木、谷韻；「并受其福」，福音偪，與食、汲韻。「吾與爾靡之」，靡音磨，與和韻，頗與古音相合。他如《嘒彼小星》篇，昴舊叶力求切，慎據《史記・天官書》徐邈音昴爲旄。下文裯音調，猶音摇。今考郭璞注《方言》：「裯，丁牢反」，《檀弓》「詠斯猶」，鄭注：「猶當作摇」，則二音實有所據。慎又謂「吴棫于《詩》『棘心夭夭[一一]，母氏劬勞』，勞必叶音僚；『我思肥泉，兹之詠嘆』，嘆必叶他涓切；『出自北門』，門必叶眉貧切；『四牡有驕』，驕必叶音高。不思古韻寬緩，如字讀自可叶，何必勞唇齒，費簡册！」其論亦頗爲得要。至如《老子》「朝甚除，田甚蕪，倉甚虚，服文采，帶利劍，厭飲食，資財有餘，是謂盜夸」，慎據《韓非・解老篇》改「夸」爲「竽」，謂：「竽」方與「餘」叶；柳子厚詩仍押「盜夸」，均誤。今考《説文》：「夸，從大于聲」，則夸之本音不作枯瓜切明矣。故《楚詞・大招》：「朱唇皓齒，嫭以姱只，比德好閑，習以都只」，《集韻》：「姱。或作夸」；又《吴都賦》：「列肆七里[一二]，俠棟陽路[一三]。屯營櫛比，廨署棊布。横塘查下，邑屋隆夸。長干延屬，飛甍舛互[一四]。」是夸與餘爲韻，正得古音，而慎反斥之，殊爲失考。又《易》「晉，晝也；明夷，誅也」，慎謂：古誅字亦有之由切，與晝爲韻，孫奕改誅爲昧[一五]，昧叶音暮，殊誤。今考《周禮・甸祝》「禂牲、禂馬」亦如之，鄭讀「禂」爲「誅」，則慎説似有據。但「晝」字古音讀如注。張衡《西京賦》：「徼道外周，千廬内附。衛尉八屯，警夜巡晝」；又《易林・井之復》，晝與據韻；《井之涣》，晝、故韻；《涣之蠱》，晝、懼韻。則晝古不作陟救切可知，何得舍本音而取誅之别音爲叶？他若《莊子》「竊鈎者誅，竊國者爲諸侯」，慎讀誅爲之由切，而不知侯之古音胡，正與誅爲韻。又《易林》「蜘蛛之務，不如蠶之緰。」慎讀務爲蝥，緰爲鈎。不知緰古音俞，正與務爲韻。蓋其文由掇拾而成，故其説或離或合也。

其《轉注古音略》，則以一字轉數音者爲轉注，引《易·疏》「賁有七音」以發其例，謂「學者知叶韻自叶韻，轉注自轉注，猶知二五而不知十」。其實六書轉注自在訓詁中，別有本義，與叶韻之説渺不相涉，而愼移而一之。趙撝謙《六書本義》言轉注，其説亦同。此自明代一時支誤之説，不足深辨。惟就以言古音，引證頗博，足資考據。而所言轉音，亦多戾，如四江之「釭」字，《説文》「從金，工聲」；「窻」字，《説文》「從穴，悤聲」，則釭讀工，窻讀悤，皆其本音，無所謂轉也。又如二冬「龍」字，引《周禮》「龍勒雜色」，謂「當轉入三江」。不知《玉人》「上公用龍」，鄭司農云：「龍當爲尨」；而《左傳》「狐裘尨茸」，即《詩》之「狐裘蒙戎」，則尨當從龍轉，龍不當作莫江反也。又如蒸韻之「朋」字，愼引《逸詩》：「翹翹車乘，招我以弓；豈不欲往，畏我友朋。」謂「當轉入一東」，不知弓古音肱，有《小戎》、《采綠》、《閟宫》、《九歌》諸條可證。則弓當從朋轉，朋不當讀爲蓬也。蓋昧于古音之本，而欲齊以其末，豈有不失乎？

至陳第繼之撰《毛詩古音考》、《屈宋古音義》，于是古音之道榛蕪悉闢，乃一洗向來轇葛之説，蓋十得八九矣。其《毛詩古音考》大旨以爲古人之音，原與今異，凡今所稱叶韻，皆即古人本音，非隨意改讀，輒轉牽就。如母必讀米，馬必讀姥，京必讀疆，福必讀偪之類，歷考諸篇，悉截然不紊。又《左》、《國》、《易·象》、《楚詞》、秦碑、漢賦，以至上古歌謡箴銘頌贊，往往多與《詩》合，可以互證。于是排比經文，參以群籍，定爲本證、旁證二條：本證者，《詩》自相證，以探古音之源；旁證者，他經所載以及秦漢以下去《風》、《雅》未遠者，以竟古音之委。鈎稽參驗，本末秩然，其用力可謂篤至。雖其中如「素」音爲「蘇」之類，不知古無四聲，不必又分平仄；「家」又音「歌」，「華」又音「和」之類，不知爲漢魏以下之轉韻〔一六〕，不可以通《三百篇》，稍爲未密。然所列四百四十四字〔一七〕，言必有徵，典必探本，視他家執今韻部分，妄以通轉古音者，蓋相去萬萬矣。

其《屈宋古音義》，以《楚詞》去風人未遠，亦古音之遺，乃取屈原《離騷》等二十五篇，去《天問》，又取宋玉《九辯》、《招魂》，益以《高唐》、《神女》、《風》、《好色》四賦，共三十八篇。其中韻與今殊者二百三十四字，各推其本音，與《毛詩古音考》互相發明。惟每字列本證，其旁證則間附字下，不另爲條，體例小異，以前書已明故也。

至國朝，顧炎武因而精之，著《音學五書》及《韻補正》；江永又因炎武書而益精之，撰《古韻標準》，于是古音之道揭日月而行。後有作者，雖更小有密于二家，亦其支流而已。「五書」：一曰《音論》，上卷分三篇：一、《古曰音今曰韻》，二、《韻書之始》，三、《唐宋韻譜異同》。中卷分六篇：一、《古人韻緩不煩改字》，二、《古詩無叶音》，三、《四聲之始》，四、《古人四聲一貫》，五、《入爲閏聲》，六、《近代入聲之誤》。下卷分六篇：一、《六書轉注之解》，二、《先儒兩聲合義之説不盡然》，三、《反切之始》，四、《南北朝反語》，五、《反切之名》，六、《讀若某》，共十五篇，皆引據古人之説以相證驗。中惟所論入聲，變亂舊法，未爲甚確，餘皆元元本本，足以訂俗學之訛，蓋「五書」之綱領也。惟其書成時，舊本《集韻》與別本《廣韻》皆尚未出，故不知唐宋部分之異同，由于陳彭年、丁度；又，唐封演《聞見記》其時亦未刊行，故亦不知唐人官韻定自許敬宗。然全書持論精博，發明古義，則陳第之後，炎武屹爲正宗也〔一八〕。二曰《詩本音》，即主陳第「詩無叶韻」之説，但即本經所用之音互相參考，證以他書，明古音原作是讀，非由遷就，故曰「本音」。每詩皆全列經文，而注其音于句下，與今韻合者，注曰《廣韻》「某部」；與今韻異者，即注曰「古音某」。大抵密于陳第，而疏于江永。故永《古韻標準》駁正此書頗多；然合者十九，不合者十一。南宋以來，隨意叶讀之謬論，至此始一一廓清，厥功甚巨。當以永書輔此書，不能以永書廢此書也。三曰《易音》，即《周易》以求古音，其音往往與《詩》不同，又或往往不韻，故所注凡與《詩》音不同者，皆以爲偶用方音，而不韻者則闕焉。考《春秋·傳》所載繇詞，無不有韻，説者以爲《連山》、《歸藏》之文。然漢儒所傳，不過《周易》，而《史記》載大横之兆，其繇亦然，意卜筮家别有其書，如焦贛《易林》之類，非《易》之本書。而《易》之本書，則如周秦諸子之書，或韻或不韻，本無定體，其韻或雜方音，亦不能盡求其讀。故《彖辭》、《爻辭》，不韻者多，韻者亦間有。《十翼》則韻者固多，而不韻者亦錯出其間，非如《詩三百篇》，協咏歌，被管弦，非韻不可以成章也。炎武于不可韻者，如《乾》之九二、九四，中隔一爻，謂義相承，則韻亦相承之類，未免穿鑿；又如六十四卦《彖辭》，惟四卦有韻，殆出偶合，標以爲例，亦未免附會。然其考核精確者，則于古音亦多有裨，固可存爲旁證焉。四曰《唐韻正》，以古音正唐韻之訛。書首有《凡例》曰：「凡韻中之字，今音與古音同者，即不注；其不同者，乃韻譜相承之誤，則注云古音某，并引經傳之文以證之。其一韻皆同而中有數字之誤，則止就數字注之，一東是也；一韻皆誤，則每字注之，四江是也；同者半，則同者注其略，不同者注其詳，且明其本；一韻而誤并爲一，五支是也；一韻皆同，無誤則不注，一冬二鍾是也。」蓋逐字以求古音，當移出者移而出，當移入者移而入，視他家謬執今韻言古者，但知有字之當入，而不知有字之當出，以至今古糾牽，不可究詰者，其體例特爲明晰，與所作《韻補正》皆爲善本。然《韻補》誤叶古音，可謂之「正」；至《唐韻》而本爲四聲而設，非言古韻之書，聲隨世移，是變非誤，概名曰「正」，于義未協，則亦泥古之偏也。五曰《古音表》，凡分十部：以東冬鍾江爲第一，支脂之微齊佳皆灰咍爲第二，魚虞模侯爲第三，真諄臻文殷元魂痕寒桓删山先仙爲第四，蕭宵豪幽爲第五，歌戈麻爲第六，陽唐爲第七，庚耕清青爲第八，蒸登爲第九，侵覃談鹽添咸銜嚴凡爲第十，皆以平聲爲部首，而三聲隨之。其移入之字與割併之部，即附見其中，考之古法，多相吻合。惟入聲割裂分配，變亂舊部，論者多有異同耳。其《韻補正》，則于吴棫書古音叶讀之舛誤，今韻通用之乖方，各爲別白注之，而得失自見，不悖是非之正，亦不涉門户之爭，最爲持平。

同時毛奇齡不服炎武《五書》之作，特著《古今通韻》以爭之。創爲「五部三聲兩界兩合」之説，不以古音求古音，而執今韻部分以求古音，又不知古人之音亦隨世變，而一概比而合之，故徵引愈博，異同愈出，條例愈多，矛盾愈甚，逞博好勝，幾于無以自解，況欲屈人乎！奇齡又著《易韻》，亦置其無韻之文不論，而論其有韻之文，所言尚有條理。然引證之博，辨析之詳，則奇齡過于炎武；至于通其所可通，而闕其所不可通，則奇齡終不及炎武之詳慎也。

又有柴紹炳撰《古韻通》，以今韻部分立三法以求古韻之通：一曰「全通」，東冬江之類是也；二曰「半通」，元入寒删先，魂痕入真文之類是也；三曰「旁通」，俗所謂叶韻是也。分平、上、去爲十一部，分入聲爲七部。其引據甚繁，考證亦甚辨。然古音難齊以今部，如支部之儀，古音俄；齊部之西，古通先〔一九〕，概曰支與齊通，則抵牾殊甚。又自《風》、《雅》迄晉宋，雜然并編，概歸之古，此讀甫諧，而彼音已礙矣。其旁通之音，淆亂尤甚。

至江永著《古韻標準》，惟以《三百篇》爲主，謂之「詩韻」，而以周秦以下音近古者附之，謂之「補韻」，視諸家界限較明。其韻分平、上、去聲各十三部，入聲八部。東冬鍾江一部；支脂之微齊佳皆灰咍二部，分尤韻字屬焉；魚虞模三部，分麻韻字屬焉；真諄臻文殷魂痕四部，分先韻字屬焉；元寒桓刪山先仙五部；蕭宵肴豪六部；歌戈麻七部，分支韻屬焉；陽唐八部，分庚韻字屬焉；庚耕青清九部；蒸登十部；尤侯幽十一部，分虞蕭宵肴豪五韻字屬焉；侵十二部，分覃談鹽三韻字屬焉；覃談鹽添嚴咸銜凡十三部；入聲屋沃燭覺一部；質術櫛物迄没二部，分屑薛二韻字屬焉；月曷末黠轄屑薛三部；藥鐸四部，分沃覺陌麥昔錫六韻字屬焉；麥昔錫五部；職德六部，分麥韻字屬焉；緝七部，分合葉洽三韻字屬焉；合盍葉帖業洽狎乏八部。每部之首，先列韻目；其一韻歧分兩部者，曰「分某韻」，韻本不通，而有字當入此部者，曰「别收某韻」；四聲異者，曰「别收某聲某韻」，較諸家體例亦最善。自宋以來，論古音者不一家，惟吴棫、楊慎、陳第、顧炎武、毛奇齡、柴紹炳之書最行于世。其學各有所得，而或失于以今韻部分求古韻，或失于以漢魏以下陳隋以前隨時遞變之音均謂之古韻，故拘者至格閡而不通；泛者至叢脞而無緒。永大旨于明取陳第，于國朝而取顧炎武，尚有《六書音均表》、《聲韻考》、《聲類表》。〔二〇〕而復補正其訛闕；吴棫、楊慎、毛奇齡之書，間有駁詰；柴紹炳以下，則自鄶無譏焉；古韻之有條理者，當以是編爲最矣。夫古音非僅爲詩也，經典多同音相借，訓詁多聲近相受，能明之者，其于故言假字，亦豈小補哉！

今韻者，隋唐以來歷代詩家承用之譜也。

蓋原始于李登《聲類》。封演《聞見記》曰：「魏時有李登者，撰《聲類》十卷，凡一萬一千五百二十字，以五聲命字。」《魏書·江式傳》曰：「晉世義陽王典祠令任城吕忱，表上《字林》六卷。」「忱弟静，别放故左校令李登《聲類》之法[二一]，作《韻集》五卷，宫商龣徵羽各爲一篇。」登、静書并見《隋志》，而《韻集》有十卷、六卷兩本，并與五卷異。《隋書·潘徽傳》：「秦孝王俊遣撰集字書。名爲《韻纂》。徽爲叙曰：『《三倉》、《急就》之流，微存章句；《説文》、《字林》之屬，惟别體形；至于尋聲推韻，良爲疑混。末有李登《聲類》、吕静《韻集》，始判清濁，纔分宫羽。』」今按：古人用韻，未有四聲之限。登、静書俱不傳，無從知其部例，然其時猶未聞有四聲之説。閻若璩《尚書古文疏證》曰：「《文心雕龍》：『昔魏武論賦，嫌于積韻，而善于資代。』《晉·律曆志》：『魏武時，河南杜夔精識音韻，爲雅樂郎中令。』二書雖一撰于梁，一撰于唐，要及魏武、杜夔之事，俱有『韻』字。知此學之興，蓋于漢建安中。」理或然也。

至齊梁間，乃興四聲。《南齊書·陸厥傳》曰：「永明末，盛爲文章，吴興沈約、陳郡謝朓、琅邪王融以氣類相推轂。汝南周顒[二二]，善識聲韻。約等文皆用宫商，以平上去入爲四聲，以此制韻，不可增減，世呼爲『永明體』。」《梁書·沈約傳》曰：「撰《四聲譜》，以爲在昔詞人累千載而不寤，而獨得其胸衿，窮其妙旨[二三]，自謂入神之作。高祖雅不好焉。嘗問周捨曰：『何謂四聲？』捨曰：『天子聖哲是也。』然帝竟不遵用。」封演《聞見記》曰：「周顒好爲體語，因此切字皆有紐，紐有平上去入之異。永明中，沈約文詞精拔，盛解音律，遂撰《四聲譜》。」「時王融、劉繪、范雲之徒……慕而扇之。由是遠近文學，轉相祖述，而聲韻之道大行。」顧炎武《音論》曰：「今考江左之文，自梁天監以前，多以去入二聲同用，以後則若有界限，絶不相通。是知四聲之論，起于永明，而定于梁陳之間也。」閻若璩《尚書古文疏證》曰：「韻興于漢建安及齊梁間。韻之變凡有二：前此止論五音，後方有四聲。……不然，有韻而即有四聲，自梁天監上泝建安，且三百有餘載矣，何武帝尚問周捨以何謂四聲哉？」今按：周顒始作四聲，見于《南史》，而《南齊書》顒本傳不載。《隋書·經籍志》有「《四聲》一卷，梁太子少傅沈約撰」。顒無書。梁武帝不解四聲，以問周捨，捨即顒之子。蓋周、沈諸人同時治聲韻，各有創識，議論互出，而約爲尤盛。以四聲之説初起，故武帝不解，猶反切初起[二四]，高貴鄉公不解也。約書，新、舊《唐書》皆不著録，是其書至唐已佚。陸法言叙《切韻》，所述韻書亦不及約，是其書隋時已不行于北方[二五]。今就《廣韻》部分，以《約集》詩賦考之，上下平五十七部之中，以東冬鍾三部通，魚虞模三部通，庚耕清青四部通，蒸部登部各獨用，與今韻分合小殊。此十二部之仄韻亦相應。他如《八詠詩》押葦字入微韻，與《經典釋文》陳謝嶠讀合；梁《大壯舞歌》押震字入真韻，與《漢書·叙傳》合；《早發定山詩》押山字入先韻；《君子有所思行》押軒字入先韻，與梁武帝、江淹詩合；《冠子祝文》押化字入麻韻，與《後漢書·馮衍傳》合，與今韻收字亦頗異。此其于今韻，蓋在或離或合之間。或者謂陸法言《切韻》竊其書，而隱其名，亦未敢定也。《隋志》又有周研《聲韻》、張諒《四聲韻林》、段弘《韻集》、《群玉典韻》〔二六〕、陽休之《韻略》、李概《修續音韻決疑》、《纂韻鈔》、劉善經《四聲指歸》、夏侯詠《四聲韻略》〔二七〕、李概《音譜》、釋静洪《韻英》等十一種，今皆亡。

法言《切韻》，今亦不存，而其大略尚見于《廣韻》所載法言自序，曰：「昔開皇初，有儀同劉臻等八人儀同三司劉臻、外史顔之推、著作郎魏淵、武陽太守盧思道、散騎常侍李若、國子博士蕭該、蜀王諮議參軍辛德源、吏部侍郎薛道衡。同詣法言門宿，論及音韻，以今聲調既自有别，諸家取捨亦復不同。吴楚則時傷輕淺，燕趙則多傷重濁，秦隴則去聲爲入，梁益則平聲似去。又支脂魚虞，共爲一韻；先仙尤侯，俱論是切。欲廣文路，自可清濁皆通；若賞知音，即須輕重有異。吕静《韻集》、夏侯該《韻略》、陽休之《韻略》、周思言《音韻》、李季節《音譜》、杜臺卿《韻略》等，各有乖互。江東取韻，與河北復殊，因論南北是非，古今通塞；欲更捃選精切，除削疏緩，蕭、顔多所決定。魏著作所謂法言曰：『曏來論難，處處盡悉〔二八〕，何不隨口記之？我輩數人，定則定矣！』法言即燭下握筆，略記綱紀，博問英辯，殆得精華。于是更涉餘學，兼從薄宦，十數年間，不遑修集。今返初服，遂取諸家音韻、古今字書，以前所記者定之，爲《切韻》五卷。」封演《聞見記》曰：「隋陸法言《切韻》，凡一萬二千一百五十八字，以爲文楷式。而先仙删山之類分爲别韻，屬文之士共苦其苛細。國初許敬宗等詳議，以其韻窄，奏合而用之。法言所謂，欲廣文路『自可清濁皆通』者也。爾後有孫愐之徒，更以字書中閑字釀于《切韻》，殊不知爲文之匪要，是陸之略也。」按：法言書既不傳，而《廣韻》猶題陸法言撰本，豈《廣韻》二百六韻之目，即法言舊部歟？法言序既舉支脂先仙等爲說，則分部又必不自法言，豈自《聲類》即已有此等部，而四聲既興，又以四聲界之耶？法言又云「諸家有乖互」，豈合諸家之部分，而去取整齊之耶？皆不可考矣。而王應麟《玉海》引《會要》：「天寶十四年，内出御撰《韻英》五卷。」又引《集賢注記》：「上以自古用韻不甚區分，法言《切韻》又未能釐革，乃改撰《韻英》，仍舊爲五卷。舊韻四百三十九，新加一百五十一，合五百八十韻，當作九十。一萬九千一百一十七字，分析至細，廣開文路，兼通用韻。」此所謂「舊韻」，固未知即法言韻否？而其部于二百有六者倍之而强，殊不可解。考《南部新書》：「天寶時，有陳庭堅撰《韻英》十卷。」《注記》所謂「舊韻」，豈即庭堅書歟？抑爲《隋志》所載釋静洪之《韻英》三卷歟？存而不論可也。應麟《困學紀聞》又引鶴山魏氏云：「《唐韻》于二十八刪二十九山之後，繼以三十先三十一僊，今平聲分上下，以一先二僊爲下平之首〔二九〕，不知先字蓋自真字而來。顧炎武《音論》謂《廣韻》上平至二十八山，不知鶴山所見何處多添一韻？」今考夏竦《古文四聲韻》，齊部之後增多栘部，鶴山所見，豈即增多栘部之本耶？且竦書仙第二之後繼以宣第三，上聲獮部後分出選部，入聲術部後分出聿部，凡二百十部。且覃談二部在陽唐之前，蒸登二部居添咸之際，其部序亦異《廣韻》，而與顔元孫之《干禄字書》同。顔祖之推實同法言決定，竦序又自稱本唐《切韻》，豈英公所據，乃法言以來唐人相傳之祖本，而後遞有移併歟？《廣韻》三鍾恭字下注云「陸以恭蜙縱等入冬韻〔三〇〕，非也。」此當是録唐人舊注駁正法言處。固隋唐韻書嚴于辨聲，不徒爲屬文取韻，雖冬鍾同用而煩剖晰及是，亦可見字有移附，豈部分獨無移併歟？

《唐志》有趙氏《韻篇》、陸慈《切韻》、蕭鈞《韻英》、孫愐《唐韻》、武元之《韻銓》、玄宗《韻英》、顔真卿《韻海鏡源》〔三一〕、李舟《切韻》、僧猷智《辨體補修加字切韻》，今并亡。

唯孫愐書本末猶見《廣韻》中。愐前有長孫訥言《箋注陸韻》，其序亦載《廣韻》，而《唐志》不載，當亦孫愐書所本。愐《自序》曰：「陸生《切韻》盛行于世，然隨珠尚纇，虹玉仍瑕，注有差錯，文復漏誤。若無刊正，何以討論？輒罄謏聞，敢補遺闕；兼習諸書，具爲訓解。州縣名號，亦據今時，字體從木從才，著彳著亻，施殳施攴，安爾安禾，并悉具言，庶無紕繆。其有異聞，奇怪傳説，姓氏原由，土地物産，山河草木，鳥獸魚蟲，備載其間。皆引馮據，隨韻編紀。添彼數家，勒成一書，名曰《唐韻》，蓋取《周易》、《周禮》之義也。及案《三蒼》、《爾雅》、《字統》、《字林》、《説文》、《玉篇》、《石經》、《聲韻》、《聲譜》、《九經》、《諸子》、《史》、《漢》、《三國志》、《晉》、《宋》、《後魏》、《周》、《隋》、《陳》、《宋》、《兩齊書》、《本草》、《姓苑》、《風俗通》、《古今注》、賈執《姓氏英賢傳》、王僧孺《百家譜》、《周何潔集》〔三二〕、《文選》諸集、《孝子傳》、《輿地志》，乃武德以來創置，迄開元三十年，并列注中。又有元青子、吉成子者，博通内外，淡泊廣覽。案《搜神記》、《精怪圖》、《山海經》、《博物志》、《四夷傳》、《大荒經》、《南越志》、《西域記》、《西壑傳》、《漢纂藥論》、《證俗方言》、《御覽》、《字府》，及《九經》、《三史》、《諸子》中遺漏要字，訓義解釋，多有不載，必具言之。子細研窮，究其巢穴，澄凝微思，鄭重詳思。輕重斯分，不令混糅，依次編記，而不別番。其一字數訓，則執優而尸之，劣而副之。其有或假，不失原本，以四聲尋繹〔三三〕，冀覽者去疑，宿滯者豁如也。又紐其唇齒喉舌牙，部件而次之；有可紐不可行之，及古體有依約之，并采以爲證，庶無壅而昭其馮。起終五年，精成一部，前後總加四萬二千三百八十三言，仍篆隸《石經》，勒存正體，幸不譏繁。于時天寶十載。」據此，則《廣韻》所載地名、人名、姓氏之繁，當悉本之愐書，故封演謂其「以閒字釀于《切韻》」也〔三四〕。國朝紀容舒著《唐韻考》，以徐鉉《説文》用愐音切，就以參互勾稽，謂其部分亦如《廣韻》，但所收之字不同。有《唐韻》收而《廣韻》不收者，如東部詷寛烘之類。〔三五〕有《唐韻》在此部而《廣韻》在彼部者，如賨字，《廣韻》藏宗切，在冬部，《唐韻》則徂紅切，在東部。瓏字，《廣韻》盧紅切，在東部，《唐韻》則力鍾切，在鍾部之類。有《唐韻》兩部兼收而《廣韻》止存其一者，如虞部庡字，《廣韻》注「又子余切」，與《唐韻》合，而魚部不收之類。有《廣韻》移其部分而失于改其翻切，如諄部麕箘囷頵四字，移入真部，而仍《唐韻》諄部翻切，删部鰥字移入山部，仍用删部翻切之類。有《唐韻》本有重音，而徐鉉只取一音，如規字作居追切，宜在支部〔三六〕，而證以隓字許規切，闕字作去隓切，知規字當有居隨一切之類。于唐韻分合之例與宋韻改併之迹，俱可以得其大凡矣。

《韻海鏡源》、《宋志》所著録僅十六卷，尚不及原書二十分之一，蓋其時亡失已多，後遂無有見之者。而其著書始末，備載《真卿集》之《湖州烏程縣杼山妙喜寺碑》，云「真卿自典校時，即著五代祖隋外史府君與法言所定《切韻》引《説文》、《蒼》、《雅》諸字書，窮其訓解。次以經史子集中兩字以上成句者，廣而編之，故曰『韻海』；以其鏡照源本，無所不見，故曰『鏡源』。天寶末，真卿出守平原，已與郡人渤海封紹、高篔、族弟渾等修之，裁成二百卷；屬安禄山作亂，止其四分之一。及刺撫，州人左輔元、姜如璧等，增而廣之，成五百卷。事物嬰擾，未遑刊削。大曆壬子歲，真卿叨刺于湖，公務之隙，乃與金陵沙門法海、前殿中侍御史李崿、陸羽、國子助教州人褚沖、評事湯清〔三七〕、河泉太祝柳察、長城丞潘述、縣尉裴循、常熟主簿蕭存、嘉興尉陸士修、後進陽遂初、崔弘、楊德元、胡仲、南陽湯涉、顏祭、韋介、左興宗、顏策，李崿、裴循、顏祭當作李萼、裴修、顏粲，見《竹山連句注》。以季夏于州學及放生池日相討論。至冬，徙于兹山東偏，來年春遂終其事。」後又載前同修未畢而各以事去者顏渾、殷左明、劉茂、盧鍔、韋寧、朱弁、周顒、顏暄、沈殷、李莆等十人。《封氏聞見記》云：「天寶末，真卿撰《韻海鏡源》二百卷，未畢，屬蕃寇拔身濟河〔三八〕，遺失五十餘卷。廣德中，重加補葺，更于正經之外，加入子史釋道諸書，撰成三百六十卷。其書于法言《切韻》外，增出一萬四千七百六十一字。先起《説文》爲篆字，次作今文隸字，仍具别體爲證，然後注以諸家字書。解釋既畢，徵《九經》兩字以上，取其句末字，編入本韻，爰及諸書皆仿此。自有聲韻以來，其撰述該備，未有如顏公此書也。大曆二年，入爲刑部尚書，詣銀台門上進之，奉敕宣付密閣。」

李舟《切韻》，唯見于徐鍇《説文解字韻譜後序》〔三九〕，云：「又得李舟所著《切韻》，殊有補益。其間有《説文》不載而見于叙例注義者，知必脱漏，并從編入，疑者則以李氏《切韻》爲正。」鍇書下平有三宣，前人以爲是用李舟。然其《前叙》云：「取叔重所記，以《切韻》次之」，則三宣殆《切韻》舊部未併之遺，鍇用舟書，特以補脱正疑，未必用其部也。

今韻書存之最古者，唯《廣韻》詳略二本及夏竦《古文四聲韻》。竦書論已見前。此略本《廣韻》五卷，前有孫愐《唐韻序》，注文比重修本頗減，朱彝尊作《重修本序》，謂：「明代内府刊版，中涓欲均其字數，取而刪之。」然《永樂大典》引此本皆曰「陸法言《廣韻》」，引重修本皆曰「宋《重修廣韻》」。世尚有麻沙小字一本，與明内府版同，内匡字紐下十三字，皆闕一筆，避太祖諱，其他宋諱則不避。邵長蘅《古今韻略》指爲宋槧。而平聲東字注中，引東不訾事，重修本作「舜七友」〔四〇〕，此本訛作「舜之後」。熊忠《韻會舉要》已引此本，則當爲元刻矣，非明中涓所刪也。又宋人諱殷，故重修本改二十一殷爲欣，此尚作殷，知非作于宋代。且唐人諸集，以殷韻字少，難于成詩，間或附入真諄臻韻，如杜甫《東山草堂詩》、李商隱《五松驛詩》，不一而足。《説文》所載《唐韻》翻切，殷字作「於身切」，欣字作「許巾切」，亦借真韻中字取音，并無一字通「文」。此本注「殷獨用」，重修本始著「欣與文通」，尤確非宋韻之一徵。考《宋志》載「陸法言《廣韻》五卷」，《玉海》引《崇文目》有《唐廣韻》五卷，當即一書，蓋既經唐人增益，故陸書亦兼《廣韻》之名。迨後陳彭年等所定曰「重修」，景德敕牒又稱「舊本注解未備」，明先有此注文簡略之《廣韻》也，彝尊乃以此本在後，非也。

重修本亦五卷，卷首題云：「陸法言撰本，長孫訥言箋注〔四一〕，郭知玄拾遺緒正，更以朱箋三百字；關亮、薛峋、王仁煦〔四二〕、祝尚邱、孫愐、嚴寶文、裴務齊、陳道固增字，更有諸家增字及義理釋訓，悉纂略備載卷中，勒成一部，凡二萬六千一百九十四言，注十九萬一千六百九十二字。」

王應麟《玉海》曰：「景德四年十一月戊寅，崇文院上《校定切韻》五卷，依《九經》例頒行；祥符元年六月五日，改爲《大宋重修廣韻》。三年五月庚子，賜輔臣人一部。」即是書也。舊本不提撰人，以丁度《集韻》考之，知其爲陳彭年、邱雍等奉敕撰。注文雖較舊本爲詳，而冗漫頗甚。如「公」字之下，載姓氏至千餘言，殊乏翦裁。「東」字之下，稱東宫得臣爲齊大夫，亦多紕繆。孫愐《序》稱異聞奇怪等，已極蔓引，彭年等又從而益之，宜爲丁度之所譏也。

此書之先，又有《雍熙廣韻》，王應麟《玉海》曰：「太平興國二年六月，詔太子中舍陳鄂等五人同詳定《玉篇》、《切韻》，太宗于便殿召直史館句中正訪字學，令集凡有聲無文者。翌日，中正上其書，上曰：『朕亦得二十一字，當附其末。』因命中正及吴鉉、楊文舉等，考古今同異，究篆隸根源，補缺刊謬，爲《新定雍熙廣韻》一百卷。端拱二年六月丁丑上之，詔付史館。」是宋有二《廣韻》，不得相混。亦如王應麟《困學紀聞》所謂「隋陸法言爲《切韻》，唐孫愐有《唐韻》，今之《廣韻》，景德祥符重修。今人以三書爲一，或謂《廣韻》爲《唐韻》者，非。」皆不可不知者也。雍熙書今亡。

是後因《重修廣韻》而删增之，則有《景祐集韻》。王應麟《玉海》云：「景祐四年，翰林學士丁度等承詔撰，寶元二年九月書成上之。十一日進呈頒行。《韻例》云：『真宗時，令陳彭年、邱雍因法言韻，就爲刊益。景祐四年，太常博士直史館宋祁、鄭戩建言：『彭年、雍所定，多用舊文，繁略失當。』因詔祁、戩與直講賈昌朝、王洙同修，知制誥丁度、李淑典領，令所撰集，務從該廣，凡字訓悉本許慎《説文》。慎所不載，則引他書爲解。凡古文見經史諸書可辨識者取之，不然則否。字五萬三千五百二十五，新增二萬七千三百三十一字，分十卷，詔名曰『《集韻》』。」自注曰：「或云：『治平四年，司馬光繼纂其職。』」考司馬光《切韻指掌圖序》，稱「仁宗皇帝詔翰林學士丁公度、李公淑增崇韻學，自許叔重數十家總爲《集韻》(四三)。而以賈公昌朝、王公洙爲之屬。治平四年，余得旨繼纂其職，書成上之，有詔頒焉」云云。則此書奉于英宗時，非仁宗時；成于司馬光之手，非盡出于度等也。其書于《廣韻》所注「同用、獨用」，封演稱爲許敬宗定者，改併移易其舊部，則實自此書始。《玉海》云：「昌朝又請修《禮部韻略》，其窄韻凡十有三，聽學者通用之。」《東齋記事》云：「景祐初，以崇政殿説書賈昌朝言，詔度等改定韻窄者十三處，許令附近通用。」是其事也。今以《廣韻》互校，平聲併殷于文，併嚴于鹽添，併凡于咸銜，上聲併隱于吻，去聲併廢于隊代，併焮于問，入聲併迄于物，併業于葉帖，併乏于洽狎，凡得九韻，不足十三。然《廣韻》平聲鹽、添、咸、銜、嚴、凡，與入聲葉、帖、洽、狎、業、乏，皆與本書部分相應，而與《集韻》互易(四四)，惟上聲併儼于琰忝，併范于豏檻，去聲併釅于豔㮇，併梵于陷鑑，皆與本書部分不應，而乃與《集韻》相同，知此四韻亦《集韻》所併，而重刊《廣韻》者誤據《集韻》以校之，遂移其舊第耳。其駁《廣韻》廣陳姓系類譜牒，誠允。至謂「兼載他切，徒釀細文」，因併删其字下之互注，則音義俱别，與義同音異之字難以遽明，殊爲省所不當省。又韻主審音，不主辨體，乃篆籀兼登，雅俗并列，重文複見，有類字書，亦爲繁所不當繁。其于《廣韻》，蓋互有得失，故二書并行不廢。至如一東錬字，本《方言》「錬鏅」字，郭璞音柬，曹憲于《博雅》音錬，而誤讀爲東音，并引《方言》亦誤爲錬。又如《詩》有「鷕雉鳴」，鷕與瀰爲句中韻，又从唯得聲，《釋文》舊音以水反，水訛爲「小」，《廣韻》遂收入小部，改爲「以沼切」。《漢志》汝南郡鮦陽，孟康曰：「鮦音紂紅反。」鮦从同得聲，孟音是也。而《廣韻》收入有部，與紂同音，豈不見「紅反」二字而以爲「音紂」耶？《集韻》一切承之。此類更僕難數，蓋益不足責矣。

宋人考試之書，則有《景德韻略》，又有《景祐禮部韻略》。王應麟《玉海》引《書目》曰：「《韻略》五卷。景德四年龍圖待制戚綸等詳定考試聲韻，綸等以殿中丞邱雍等所定《切韻》同用獨用例及新定條例參定。案：《崇文目》、《雍熙韻略》五卷（四五），略取《切韻》要字，備禮部科試。」又曰：「景德四年十一月戊寅，詔頒行《新定韻略》，送冑監鏤版。先以舉人用韻多異，詔殿中丞邱雍重定《切韻》。陳彭年言『省試未有條格』，命晁迥、崔遵廣等評定（四六），刻于《韻略》之末。祥符四年六月，詳定《諸州發解條例》，附于《韻略》。」至景祐重修，乃名《禮部韻略》。許觀《東齊記事》曰：「景祐四年，詔國子監以翰林學士丁度所修《禮部韻略》頒行，其韻窄者凡十三處，令許附近通用。」王應麟《玉海》曰：「《崇文目》：『《景祐禮部韻略》五卷，丁度等承詔重修。』」又曰：「景祐四年六月丙申，以丁度等所修《韻略》五卷頒行。初，說書賈昌朝言：『《韻略》多無訓釋，疑混聲，重疊字，舉人誤用。』詔度等刊定窄韻十三，許附近通用。混聲重字，具爲解注（四七）。

今按：《景德韻略》與所校定《切韻》同日頒行，獨用同用例不殊。明年，《切韻》改賜新名

《廣韻》，而《廣韻》、《韻略》爲景德祥符間詳略二書。粵三十一年爲景祐四年，更刊修《韻略》，改稱《禮部韻略》；刊修《廣韻》，稱《集韻》。《集韻》成于《禮部韻略》頒行後二年，是爲景祐寶元間詳略二書。獨用同用例，非復《切韻》之舊，次第亦稍有改移，則唐宋用韻沿革之大節目也。《禮部韻》元收九千五百九十字，續降六十三字，補遺六十一字，于本韻後別作一類，見《韻會舉要》。蓋元祐以後，遞有增改。南宋又有《淳熙禮部韻略》之稱，見《玉海》及《貢舉條式》。今官本已不可見，通行者題曰「《附釋文互注禮部韻略》」，凡五卷。其上平聲三十六桓作歡〔四八〕，則南宋重刊所改；觀卷首載郭守正《重修條例》，稱「紹興本尚作桓」，是其證也。《韻略》收字頗狹，如歡韻漏「判」字，添韻漏「尖」字之類，當爲俞文豹《吹劍録》所議，故元祐中博士孫諤、紹興中朝散大夫黄積厚、福州進士黄啓宗、淳熙中吴縣主簿張貴謨、嘉定中嘉定府教授吴桂皆屢請增收。而楊伯嵒亦作《九經補韻》以拾其遺。然每有陳奏，必下國子監看詳，再三審定，而後附刊韻末。其間或有未允者，如黄啓宗所增「躋一作齊」、「鰥一作矜」之類，趙彦衛《雲麓漫鈔》尚駁詰之。蓋既經廷評，又經公論，故較他韻書特爲謹嚴。今行《釋文互注本》，每字之下，皆列官注于前，而其所附互注，則題一「釋」字以别之。首載郭守正《重修序》及《條例》，又冠以余文焴所作《歐陽德隆〈押韻釋疑〉序》及《淳熙文書式》〔四九〕。守正書名《紫雲切韻》〔五〇〕，今尚存。又守正《條例》稱「德隆注『痾僂其栁』之辨，似失之拘」。今此本無此注，則并非一家書而昌其序例也。觀守正《序》，稱「書肆版行，漫者凡幾，一漫則一新，必增數注釋，易一標題」。熊忠《韻會舉要序》云：

「宋省監申明，儒紳論下，《韻略》集注，殆且五十餘家」。然則當日《韻略》非一本矣。

宋人家撰之書，因于《禮部韻》者，今存郭守正《增修校正押韻釋疑》五卷外，尚有毛晃《增修互注禮部韻略》五卷，楊伯喦《九經韻補》一卷[五一]。晃書因《禮韻》字狹，乃蒐采增附，又《禮韻》凡別體字，皆以墨闌圈其四圍，亦往往舛漏，晃并爲釐定；于音義字畫之誤，一一辨證。凡增二千六百五十五字，增圈一千六百九十一字，訂正四百八十五字。其子居正校勘，續拾所遺，復增一千四百二字，各標總數于每卷之末，而每字之下又皆分注。其曰「增入」，曰「今圈」，曰「今正」者，皆晃所加；曰「重增」者，皆居正所加。其辨論考證之語，則各署名以別之。其每字別收重文，用《集韻》例；每字別出重音，用《廣韻》例。然不知古今文字之別，又不知古今聲韻之殊。如東部通字紐下據《漢樂府》增一「桐」字，是以假借爲本文，同紐下據《豳風》增「重」字[五二]，是以省文爲正體；先部先紐下據《漢樂府》增「西」字[五三]，是以古音入律詩；煙紐下據《左傳》杜《注》增「殷」字[五四]，是以借聲爲本讀；皆所謂引漢律斷唐獄者，不古不今，殊難依據。然其用力勤摯，辨正訓詁，考正點畫，亦頗資于小學云。

《押韻釋疑》，紹定庚寅廬陵進士歐陽德隆所撰，景定甲子郭守正增修。守正自號紫雲山民。《永樂大典》所引《紫雲韻》，即此書也。初，德隆以《禮部韻略》有字同義異、義同字異者，與其友易有開因監本各爲互注，以便程試之用。後書肆屢刊竄亂，守正因取德隆書，參以諸本，爲删削增益各十餘條，以成此書。《序例》後載《紹興新制》，次「韻字沿革」，次「前代名姓有無音釋之疑」，次「《韻略》音釋與經史子音釋異同之疑」，次「《韻略》字義與經史子字義異同之疑」，次「經史子訓釋音義異同之疑」，次「本韻字異義異經史子合而一之之疑」，次「兩韻字同義異而無通押明文者」，次「出處連文兩音之疑」，次「押韻經前史後之疑」，次「經史用古字今字之疑」，次「有司去取之疑」，次「世俗相傳之誤」，次「賦家用韻之疑」，次「疑字」，次「字同義異」，次「正誤」，次「俗字」，皆列卷首。其每字之下，先列「監注」，次列「補釋」，次列「他韻他紐互見之字」，詳其音義點畫之同異，而辨其可以重押通用與否；多引當年程試詩賦，某年某人某篇曾押用某字。考官看詳故事以證之。每韻之末，列紹興中黄啓宗、淳熙中張貴謨等奏添之字，或常用之字。而官韻不收者，如帡幪之「幪」諸字，則注曰：「官韻不收，宜知」，考證頗爲詳密。唯德隆原注，與守正所加，不復分别，體例未免混淆耳。今行《釋文附注禮部韻略》，亦載此書序例，而書不相應，蓋後人妄移以補其闕耳。而載《淳熙文書式》數條，列當時避諱之例甚詳，守正書無之。然如「慶元中議弘字殷字，已祧不諱，可押韻不可命題」。「紹興中指揮以威字代桓字，如『齊威』、『魯威』之類，可用不可押」；「丁丑福州補試，士人押齊威字見黜」諸條，又較《淳熙諸式》爲詳備〔五五〕，名曰「釋疑」，可謂不忝其名矣。

《九經補韻》，蓋伯喦因官韻漏略，擬摭《九經》字以補之。《周易》、《尚書》各一字，《毛詩》六字，《周禮》、《禮記》各三十一字，《左傳》五字，《公羊傳》、《孟子》各二字，凡七十九字，各注合添入某韻內，或某字下，又附載音義弗順、喪制所出者八十八字，蓋當時于喪制一條拘忌過甚，如

《檀弓》「何居」之「居」，本爲語詞，亦以爲涉于凶事，不敢入韻，故附載之。然《自序》云：「非敢上于官以求增補」，則并所列應補之字，亦未行用也。

又有江北平水劉淵淳祐十二年《壬子新刊禮部韻略》，增四百三十六字，併通用之韻，改二百六部爲一百七部，今不存。《韻會》曰：「舊韻上平聲二十八韻，下平聲二十九韻，上聲五十五韻，去聲六十韻，入聲三十四韻。近平水劉淵始併通用之類以省重複，上平聲十五韻，下平聲十五韻，上聲三十韻，去聲三十韻，入聲一十七韻。」顧炎武《音論》曰：「《唐韻》分部二百有六，多注同用，宋《景祐》稍廣之，未敢擅改昔人相傳之譜。至平水劉氏師心變古，一切改併，其以證嶝併入徑韻，則又《景祐》之所未許，毛居正之所不議，居正議併東冬等韻。而考之于古，無一合焉者也〔五六〕。

《玉海》載有陳鄂《四庫韻對》九十八卷，范鎮《國朝韻對》三卷，邱雍《篇韻筌蹄》三卷，郟升卿《四聲韻類》二卷、又《聲韻類例》一卷，僧妙華《互注集韻》二十五卷。《宋史》又載《韻詮》十五卷，《韻選》五卷，張孟《押韻》十卷，許冠《韻海》五十卷，釋元冲《五音韻鏡》一卷，《纂注禮部韻略》五卷〔五七〕，今皆亡。

金韓道昭著《五音集韻》十五卷，世稱以等韻顛倒字紐始于元熊忠《韻會舉要》，然是書以三十六母各分四等，排比諸字之先後，已在其前。所收之字，大抵以《廣韻》爲藍本，而增入之字則以《集韻》爲藍本，其總計字數，云：「凡五萬三千五百二十五言，新增二萬七千三百三十言，總數與《集韻》同，增數少一字，殆傳寫偶脱。」又云：「注三十三萬五千八百四十言，新增十四萬四千一百四十八言」，除增多之數，則適與《廣韻》所計注字數合，是其依據二書之明證。今《廣韻》各本，儼移謙、檻之前，釅移陷、鑑之前；獨用同用之注，如通殷于文，通隱于吻，皆因《集韻》頒行後竄改致舛。是書改二百六韻爲百六十，而併忝于琰，併檻于謙，併儼于范，併㮇于豔，併鑑于陷，併釅于梵[五八]，足證《廣韻》原本上去聲末六韻之通爲二[五九]，與平聲入聲不殊。其餘如廢不與隊代通，殷隱焮迄不與文吻問勿通[六〇]，尚仍《唐韻》之舊，未嘗與《集韻》錯互，故賈昌朝議併十三處，犁然可考，尤足訂《重刊廣韻》之訛。其等韻之學，亦深究要渺，雖乖古例，顛倒音紐，而較不知妄作者則有間矣。

元有《韻會舉要》三十卷，《凡例》首題「黄公紹編輯，熊忠舉要」。第一條云：「今以《韻會》補收闕遺，增添注釋」，是雖本之《韻會》，而《韻會》實别爲一書，今已不存，不得指《舉要》爲公紹作也。雖前載劉辰翁《韻會序》，亦如《廣韻》首載陸法言、孫愐《序》耳。自金韓道昭以七音四等三十六母顛倒唐宋之字紐，而韻書一變；南宋劉淵刊《禮部韻》合併通用之部分[六一]，而韻書又一變。忠此書，字紐遵韓氏法，部分從劉氏例，兼二家所變而用之，而韻書舊第至是盡變無遺。其《字母通考》之首，拾李涪之餘論，力排江左吴音，《洪武正韻》之鹵莽，此已胚其兆矣。又其中今韻、古韻漫無分别，如東韻收窗字，先韻收西字之類，雖舊典有徵，而施行頗駭；子注文繁例雜，亦病榛蕪。惟其援引浩博，足資考證，而一字一句必舉所本，尚無後人臆斷僞撰之病耳。

陰時夫、中夫兄弟撰《韻府群玉》，于劉淵一百七部中，又併上聲拯等入迥，凡爲一百六部。夫淵但併其通用之目，未爲大失，惟去聲并證嶝入徑，與《禮部韻略》乖違。至時夫所併，不惟蒸拯證職四聲闕其上去，且聲類隔絶；等韻之學，于此分梗曾二攝，而上自《三百篇》，下迄宋《淳祐》前，無有混而同之者，真無知妄作之甚者。至明而《洪武》蓋肆其波，不可究詰矣。《正韻》洪武時敕修，于八年成，預纂修者爲樂韶鳳、宋濂等〔六二〕，預評定者汪廣洋、劉基等。濂奉敕爲《序》，大旨以沈約爲吴音，一以中原音韻更正其失，併平上去三聲各爲二十二部，入聲爲十部，于是古來相傳之二百六部，併爲七十有六。其注釋一以毛晃《增韻》爲稿本，而稍以他書損益之。蓋歷代韻書至是而變極矣。濂《序》指法言以來之韻爲沈約，大謬。據法言《序》中載同定諸人，則并非吴人，且「江左取韻」諸語，已深斥吴音之失。唐李涪《刊誤》不加深考，横肆譏評，其誣實甚。濂號宿學，不應踵訛至此。蓋明太祖既欲造此更古法，不誣以罪，則改之無名，濂亦阿意舞文耳。李東陽《懷麓堂詩話》曰：「國初顧禄爲《宫詞》，有以爲言者，朝廷欲治之，及觀其詩集，乃用《洪武正韻》，遂釋之。此書初出，亟欲行之故也。」然終明之世，竟不能行于天下，則是非之心，終有所不可奪也。此歷代韻書之始末得失也。今陰氏書世猶通行焉。

反切者，始于徐言疾言；疾言則爲一音，徐言則爲二字，悉本乎人聲之自然也。

漢魏之間，孫炎創爲反語；齊梁之際，王融乃賦雙聲。等韻漸萌，音道斯闡。《顔氏家訓》曰：「鄭玄注《六經》」，高誘解《吕覽》、《淮南》，許慎造《説文》，始有譬況、假借以證音字，而古語與今殊別，其間輕重清濁，猶未可曉，加以內言、外言、急言、徐言、讀若之類，益使人疑。孫叔然創《爾雅音義》，是漢末人獨知反語。至于魏世，此事大行，高貴鄉公不解反語，以爲怪異。自茲厥後，音韻蜂出〔六三〕，各有土風，遞相非笑。共以帝王都邑，參校方俗，考覈古今，爲之折衷。」陸德明《經典釋文叙録》曰：「古人音書，只爲譬況之説，孫炎始爲反語，魏朝以降漸繁。」張守節《史記正義·論例》曰：「先儒音字，比方爲音。至魏秘書孫炎始作反音。」王應麟《玉海》引《崇文目序》曰：「孫炎始作字音，于是有音韻之學。」又曰：「世謂倉頡制字，孫炎作音，沈約撰韻，爲椎輪之始。」按：反語雖孫氏以前未之有，然言辭緩急矢口得聲，三代已具。顧炎武《音論》曰：「宋沈括謂古語已有二聲合爲一字者，如不可爲叵，何不爲盍，如是爲爾，而已爲耳，之乎爲諸。鄭樵謂：慢聲爲二，急聲爲一。慢聲爲『者焉』，急聲爲『旃』；慢聲爲『者歟』，急聲爲『諸』；慢聲爲『而已』，急聲爲『耳』〔六四〕；慢聲爲『之矣』，急聲爲『只』，是也。愚嘗考之經傳，蓋不止此。如《詩·傳》：『茨，蒺藜也』，蒺藜正切茨。《左傳》『鞠窮』是芎窮，鞠窮正切芎。『丁寧，鉦也。』丁寧正切鉦。『守陴』，『陴，城上僻倪。』僻倪正切陴。『則那』，那猶言奈何，奈何正切那。『降聽政』，『降，和同也。』和同正切降。《春秋》『穀邱』，《左傳》作『句瀆之邱』，句瀆正切穀。《公羊傳》：『邾婁後名鄒。』邾婁正切鄒。《禮記·玉藻》：『終葵，椎也。』終葵正切椎。《爾雅》：『禘，大祭也。』大祭正切禘。『不律謂之筆。』不律正切筆。『須，蕵蕪。』蕵蕪正切須。《列子》：『楊朱南之沛。』《莊子》：『陽子居南之沛。』〔六五〕子居正切朱。《方言》：『鼅鼄或謂之蠾蝓。』蠮蝓正切奄。『壻謂之倩』，注：『今俗呼女壻爲卒便。』卒便正切倩。《説文》：『鈴，令丁也。』令丁正切鈴。『鳩，鶻鵃也。』鶻鵃正切鳩。『痤，一曰族累。』徐鉉以爲即《左傳》『蔟蠡』〔六六〕，蔟蠡正切痤。《釋名》：『韠，蔽膝也。』蔽膝正切韠。《拾遺記》：『晉武帝賜張華側理紙。』側理正切紙。《水經注》：『濰水即扶淇之水。』扶淇正切濰。以此推之，反語不始于漢末矣。」又曰：「《左傳·襄十年》：『會吴子壽夢。』注：『壽夢，吴子乘』，十二年《經》書『吴子乘卒』，服虔云：『壽夢，發聲；吴蠻夷，言多發聲，數語共成一言。』按：夢，古音莫登反，壽夢二字合爲乘字。」由顧氏説以求經典，如《國語》之「勃鞮」爲「披」，《檀弓》之「彌牟」爲「木」，《戰國策》「勃蘇」爲「胥」之類，未易悉數矣。

南北朝人作反語，每以兩字顛倒紐之。顧炎武《音論》曰：「南北朝人『雙反』，韻家謂之『正紐倒紐』〔六七〕。史之所載，如晉孝武作『清暑殿』，反清暑爲楚聲，楚聲爲清，聲楚爲暑也。宋袁粲舊名袁愍，反爲愍門」〔六八〕劉悛舊名劉忱，反爲臨雠。齊世祖立舊宫，反曰窮廐。文惠太子立樓曰東田，反爲顛童。梁武帝立同泰寺，開大通門，取反語以協同泰。陳後主名叔寶，反爲少福。北齊劉逖請改元爲武平，謂和士開曰：『武平反爲明輔。』隋文帝謂楊英反爲嬴殃。唐高改元『通乾』，以反語『天窮』停之。又如《水經注》索郎酒反爲桑落。孔氏《志怪》幽婚反爲温休。又有三字反者。吴孫亮初童謡云：『于何相求常子閣』，反語石子堈，常閣爲石，閣常爲堈也。齊武帝永明初，百姓歌曰『陶郎來』，言唐來勞也，陶郎爲唐；郎陶爲勞也。」又有一字以兩偏旁合爲反語，謂之「自反」。《音論》曰「北齊濟南王立爲皇太子，初學反語，于迹字下注云：『自反』。侍者未達其故。太子曰：『迹字足旁亦，豈非自反邪？』以足亦反爲迹也。他如引矢爲矧〔六九〕，女良爲娘，舍予爲舒，手延爲挻，目亡爲盲，目少爲眇，侃言爲諐，欠金爲欽之類，皆自反也。」

反切之名，自南北朝以上皆謂之「反」，孫愐《唐韻》則謂之「切」。蓋當時諱「反」字，如《荀子》「口行相反」，《戰國策》「上堂之民皆反爲趙」，《淮南子》「談語而不稱師，是反也」，《家語》「其强禦足以反是獨立」，今本并作「返」。《梁書·侯景傳》「取台城如反掌」，亦作「返」，皆是後人所改。隋以前不避「反」字，漢器首山宫燈「蒲坂」字作「蒲反」，而《水經》、《説文》「汳」字，唐人亦改作「汴」，《路史》云：「隋煬帝惡其從反，易之。」「飯」字亦或爲「飰」。唐玄度《九經字樣序》曰：「避以反言，但紐四聲定其音旨。」其卷内之字，「蓋」字下云：「公害翻」，代「反」以「翻」；「受」字下云：「平表紐」，代「反」以「紐」，則是反也、翻也、切也、紐也，一也。然張參《五經文字》并不諱「反」，則知凡此之類，必起于大曆以後矣。至有韻窄而反切不可通者，如《廣韻》上聲四十二拯，「拯」字下云：「無韻切，音蒸上聲。」以本音之外，止有丑拯、其拯、色庱三切，而互用則終于莫曉，故變反切而以平聲之字音之，亦古人讀若之意也。

其有專書可明此學者，西域之《婆羅門書》，見《隋志》，曰：「自後漢佛法行中國，得西域胡書，能以十四字貫一切音，文省而義廣，謂之『《婆羅門書》』」。今按：其書唯見于《佛藏》，載《華嚴經》卷後。彼教稱曰「華嚴字母」，凡四十二字。方以智《通雅》所謂「悉曇」，《金剛文殊問》五十字母，《華嚴大般若》用「四十二」者也。又載其一母云：「阿佒翰翁烏爊哀醫因安音諳謳阿」，注云：「十三表閏，兩阿藏因，天在因中，山在安中，四閉爲二」，當依其法熟呼之，取雙聲〔七〇〕，出口較易。而彼書自爲梵音設，唐以前人未嘗據以言反切。至釋神珙撰《四聲五音九弄反紐圖》，以五音五字爲圓圖五，每圖以「正反」、「到反」、「正疊韻」、「傍疊韻」、「正雙聲」、「傍雙聲」、「正疊重道」、「傍疊重道」、「正到雙聲」、「傍到雙聲」明之；又以「真整正隻」、「盈引脛懌」兩四聲爲二方圖，每字以九弄明之。九弄者，反音、正紐、傍紐、雙聲、疊韻、正韻、傍韻、羅文、綺錯也〔七一〕。蓋稍近于十四字之意。而珙《序》則謂「梁沈約創立紐字之圖，皆以平書，碎尋難見。唐陽寧公、南陽釋處忠二公，又撰《元和韻譜》，與文約義，詞理稍繁」。考沈著《四聲》外，不聞有圖；《元和韻譜》今亦不可見，珙既引之，則今《廣韻》卷末有《雙聲疊韻法》一紙，横列「章掌障灼，廳頲聽剔」八字，章字注云：「灼良切，章略切，先雙聲，後疊韻」；章灼、良略是雙聲，灼略、章良是疊韻；正紐入聲爲首，倒紐平聲爲首〔七二〕。雙聲平聲爲首，疊韻入聲爲首。」凡作十條于字下，餘字同。珙云：「平書細碎。」正與此合，其方圓圖皆不離此意，豈所謂「沈圖」即指此耶？當是唐末人、宋人以爲北魏者誤也。其圖今在《玉篇》之末，不知何人所附。圖前又有《五音聲論》云：「東方喉聲，何我剛鄂，訶可康各，西方舌聲，丁的定泥，寧亭聽歷」；南方齒，北方唇，中央牙，皆各附以八字，凡四十字，如宋人之字母者。而與守溫同者，定泥及唇聲邦三字，莫知其凡例。王應麟《玉海》亦歸之神珙。而珙《序》不及之，不知誰作也。

宋人之書，有司馬光之《切韻指掌圖》，以三十六字母管諸字。鄭樵《通志》亦以此法爲《七音略》。方履中《切字釋疑》云：「三十六字母，《崇文總目》曰：『唐守温所撰』。呂介孺曰：『大唐舍利創字母三十，後温首座益以娘床幫滂微奉六母，是温又有所祖也。』」沈括《夢溪筆談》曰：「今反切之法，先類其字，各歸其母，唇音舌音各八，牙音喉音各四，齒音十，半齒半舌音二，凡三十六。分爲五音。如幫字横調之爲五音：幫、當、剛、臧、央是也；幫，宫之清；當，商之清；剛，角之清；臧，徵之清；央，羽之清。縱調之爲四等：幫、滂、傍、茫是也；幫，宫之清；滂，宫之次清；傍，宫之濁；茫，宫之不清不濁。就本音本等調之爲四聲：幫、牓、傍、博是也。幫，宫清之平；牓，宫清之上；傍，宫清之去；博，宫清之入。」又曰：「樂家所用，隨律命之，本無定音，當以濁者爲宫，稍清爲商，最清爲角，清濁不常爲徵、羽。切韻家則定唇、齒、牙、舌、喉爲宫、商、角、徵、羽。其間又有半徵、半商者，如來、日二字是也，皆不論清濁。」鄭樵《七音略内外轉圖》，幫滂并明、非敷奉微，羽；端透定泥、知徹澄娘，徵〔七三〕；見溪群疑，角；精清從心邪、照穿床審禪，商；影曉匣喻，宫；來，半徵；日，半商。晁公武《讀書志》曰：「切韻者，上字爲切，下字爲韻。今其法，類本韻字各歸其母。幫滂并明，非敷奉微，唇音也；端透定泥、知徹澄娘，齒音也；見溪群疑，喉音也；照穿床審禪、精清從心邪，舌音也；曉匣影喻，牙音也；來、日，半齒半舌也。」韓道昭《五音集韻·篇題》：「牙音：見溪群疑；舌頭音：端透定泥；舌上音：知徹澄娘；重脣音：幫滂并明；輕脣音：非敷奉微；齒頭音：精清從心邪；正齒音：照穿床審禪；淺喉音：曉匣影；深喉音：喻；半徵半商音：來、日。」按：數家分配宮徵齒牙，皆小有異同，蓋各以意爲之，而其法則一也。司馬氏書，今從《永樂大典》録出，爲言此法最古之本。其書以三十六字母科別清濁，爲二十圖，首獨韻，次開合韻。每類之中，又以四等字多寡爲次，故高爲獨韻之首，干、官爲開合韻之首。書後舊有《檢例》一卷，元人邵光祖以爲全背圖旨，斷非原書，因別撰《檢圖例》一卷，附于後。考光《自序》，實因《集韻》而成是圖，光祖乃云：「《廣韻》凡二萬五千三百字，其中有《切韻》者三千八百九十，文正公取其三千一百三十[七四]，定爲二十圖，餘七百六十字應檢而不在圖者，則以在圖同母同音之字備用而求其音。」則是據《廣韻》也。然光祖據光之圖以作例，而其例仍與原圖合，所注七百六十字之代字及字母，亦足補原圖所未備，則以光祖例代光例，亦無不可矣。光書反切之法，據景定癸亥董南一《序》云：「遞用則名『音和』；旁求則名『類隔』；同歸一母則爲『雙聲』；同出一韻則爲『疊韻』；同韻而分兩切者謂之『憑切』，同音而分兩韻者謂之『憑韻』；無字則點窠以足之，謂之『寄聲』；韻闕則引鄰以寓之，謂之『寄韻』。」所謂雙聲疊韻諸法，與今世所傳劉鑑《指南》諸門法并同；惟音和、類隔二門，則大相懸絶。《檢例》云：「取同音同母同韻同等，四者皆同，謂之『音和』；取脣重脣輕、舌頭舌上、齒頭正齒三音中清濁同者，謂之『類隔』。是音和統三十六母，類隔統脣舌齒等二十六母也。劉鑑法則，音和專以見溪群疑爲説，而又別立爲一四音和、四一音和兩門；類隔專以端知八母爲說，而又別出輕重、重輕交互，照精、精照互用四門，似乎推而益密。然以兩法互校，實不如原法之簡該也。其《廣韻》類隔今更音和」一條，皆直以本母字出切，同等字取韻取字，于音和之理至爲明瞭。獨其辨來日二母云：「日字與泥娘二字母下字相通」；辨匣喻二字母云：「匣闕三四喻中覓，喻虧一二匣中窮」，即「透切」之法，一名「野馬跳澗」者，其法殊爲牽强。又其法兼疑泥娘明等十母，此獨舉日泥娘匣喻五母，亦爲不備，則是原法之疏，不可以立制者矣。然自有反切以來，唯神珙及《廣韻》後圖粗舉大綱，未縷節目。自光書出，宋人用爲定韻之祖。觀孫奕《示兒編》辨「不」字作「逋骨切」，惟據光說可知。第光《傳家集》中，下至《投壺新格》之類無不具載，不知何以不載此書，豈本附官修《集韻》後歟？今據其書，見等韻之舊譜，其例不過如此；且以見立法之初，實因《集韻》而有是書，非因是書而有《集韻》。凡後來紛紜轇轕，均好異者之所爲也。

元劉鑑有《經史正音切韻指南》一卷，以光書爲粉本，而參用《四聲等子》，增以《格子門法》，于出切行韻取字，乃始分明，學者便之。《等子》不知何人作，錢曾《讀書敏求記》謂「即劉鑑書翻刻易名」，非也。今以二書校之，若《等子》所辨音和類隔，廣通局狹、內外轉攝、振救、正音憑切、寄韻憑切、喻下憑切、日下憑切〔七五〕，及雙聲疊韻之例，雖全具于《指南·門法玉鑰匙》內，然詞義詳略顯晦，迥然不侔。至內攝之通止遇果宕曾流深，外攝之江蟹臻山效假梗咸十六攝圖，雖亦與《指南》同，然《等子》以曾攝作內八，而《指南》作內六，流攝《等子》作內六，而《指南》作內七，深攝《等子》作内七，《指南》作内八，皆小有不同。至以江攝内一附宕内五下，梗攝外七附曾攝内六下，與《指南》之各自爲圖，則爲例迴殊。雖《指南》假攝外六附果攝内四之下，亦閒并二攝；然假攝統歌麻二韻，歌麻本通，故假得附果，若《等子》之以江附宕，則不知江諧東冬，不通陽唐；以梗附曾，則又誤通庚蒸爲一韻。又《等子七音圖》，以幫滂并明、非敷奉微之脣音爲宫，影曉喻匣之喉音爲羽，頗變五音之舊〔七六〕。《指南・五音訣》未嘗以脣爲宫，以喉爲羽，其不得混爲一書明矣。《指南》卷首有後元丙子熊澤民《序》〔七七〕，稱：「古有《四聲等子》，爲流傳之正宗，然而中間分析，尚有未明。關西劉士明著書曰《經史正音切韻指南》。」則鑑之《指南十六攝圖》，乃因此書而格其宕攝附江〔七八〕，曾攝附梗之誤。至于開合二十四攝，内外八轉及廣通侷狹之異，鑑皆略而不言，殆立法之初，已多掛礙糾紛，故姑置之耶！切韻之學，得二書輔司馬氏書，亦可以識其大凡矣。

他若近時戴震作《聲韻考》，力辨反切始魏孫炎，不始神珙。其説良是，至謂「唐以前無字母之説，神珙字母，乃剽竊儒書而托辭出于西域」，則殊不然。十四字自漢明時與佛經同入中國，史有明文，則遠在孫炎前。又《釋藏》譯經字母，自晉僧伽婆羅以下，可考者尚十二家，亦遠在神珙前。蓋反切生于雙聲，雙聲生于字母，此同出于喉吻之自然。華不異梵，梵不異華者也。中國以雙聲取反切，西域以字母統雙聲，此各得于聰明之自悟，華不襲梵，梵不襲華者也。稽其源流，具有端緒，特神珙以前自行于彼教，神珙以後始流入中國之韻書，亦如利瑪竇後，推步測驗參用兩法耳。豈可謂歐羅巴書全剽竊洛下鮮于之舊術哉？戴氏不究其本，徒以珙在元和後，遂據其末而與之爭，欲以求勝于彼教。不知聲音之學，西域實爲專門，儒之勝于釋者别自有在，不必爭之于此也。

明蘭廷秀《韻略易通》併字母爲二十攝，以「東風破早梅，向暖一枝開。冰雪無人見，春從天上來」二十字，變古法以就方音。濮陽淶《韻學大成》亦不用「見溪群疑」等門法，而以「新鮮仁然」等立法，稍增益之爲三十母。李登《書文音義便考私編》竟去「知徹澄娘非」五母，又改「并」母爲「平」母，「定」母爲「廷」母，而平聲則三十一母，仄聲僅二十一母。無名氏《併音連聲字學集要》又删「群疑透床禪知徹娘邪非微匣」十二母，又增入「勤逸嘆」三母，爲二十七母。葉秉敬《韻表》又删「知徹澄娘敷疑」六母，存三十母。吕維祺《音韻日月燈》又錯易三十六母之序。喬中和《元韻譜》又删三十六母爲十九。桑紹良《青郊雜著》、《文韻考衷》等書又以「國開王向德，天乃賚禎昌，仁壽增千歲，苞盤民弗忘」分爲二十母，又衍爲三十六母、七十二母之説。馬氏《等音外集》增四聲爲五聲，曰「平上去入全」，又併三十六母爲「見溪疑端透泥邦滂明精清心照穿審曉影非微來日」二十一母。即字母一端，而諸家如此紛紛〔七九〕，其他之糾繞瞀亂，蓋不可究詰；聽其自生息，亦難與是非矣。至元朱宗文《蒙古字韻》三合、四合之音〔八〇〕；明金尼閣《西佛耳目資》二十字父、五十字母之説，亦資聞見，無與經典〔八一〕。

學者但精求之雙聲疊韻，于徐言疾言中通其意，理明事簡，勿爲煩紆，以求古人之正讀。審今韻之變遷，則古韻、今韻，反切，一以貫之矣。

【校勘記】

〔一〕《詩序》曰至「即今之所謂韻」，原居書眉上端空白處，爲作者後補入。

〔二〕徵，羅本、陳本作「證」。

〔三〕《樂叶圖徵》，原誤作《樂叶圖徵》，據《中國古籍善本書目》改。

〔四〕如霾，羅本作「如霾爲亡皆切」。

〔五〕浼，羅本作「浼爲每罪切」。

〔六〕波、坡、頗、跛，康本作「波、坡、破、頗、跛」。

〔七〕見于《詩》者十，徐藏《序》作「見于《詩》者凡十有一」。段玉裁《詩經韻分十七部表》「友」字用在韻脚處凡十見。莫氏或取段説而改。

〔八〕《楚辭音》：原作「《楚辭》」，依陳本改。按《楚辭音》即《楚辭補音》。

〔九〕「陳第總之」至「蓋十得八九矣」，此段文字各本均奪。

〔一〇〕底本于該頁書眉自注云：「『愼叢』下改作注。」又于後文書眉自注云：「『失乎』上改作注。」據此，今將下文大段改作注文。康本、楊本、陳本固已作注文處理。

〔一一〕天天，二字原奪，據《詩·邶風·凱風》、羅本、陳本補。

〔一二〕列肆，左思《吴都賦》、羅本、陳本作「列寺」。

〔一三〕陽路，原作「楊路」，據左賦改。
〔一四〕飛甍，原作「飛薨」，據左賦改。
〔一五〕奕，原作「弈」，底本字迹先寫作「奕」，後又改作「弈」，當爲莫氏避清代文宗皇帝奕詝名諱，今改回。此爲底本寫成于清文宗一八五〇年元月登基後之一證。
〔一六〕轉韻，康本、楊本、陳本作「轉音」。
〔一七〕四百四十四字，原誤作「四百四十字」，據《四庫提要·毛詩古音考》改。
〔一八〕「惟其書成時」至「炎武屹爲正宗也」一段原居書眉之上，爲作者後補入。
〔一九〕古通先，羅本作「古音先」。
〔二〇〕「尚有」句：此小注原爲「國朝」之上眉批，各本均無，今移補于此。
〔二一〕放，楊本作「倣」，陳本作「仿」。放通倣、仿。
〔二二〕周顒，原作周禹，據《南齊書》改。
〔二三〕獨得其胸衿，《梁書·沈約傳》作「獨得胸衿」。
〔二四〕反切，陳本作「反語」。
〔二五〕隋，原作「隋」，從諸本改。
〔二六〕《群玉典韻》，原作「《群玉韻典》」，據《隋書·經籍志》改。
〔二七〕夏侯詠，原作「夏侯詠」，據《隋書·經籍志》改。
〔二八〕處處畫悉，陸法言《切韻序》、羅本、陳本作「疑處畫悉」。

〔二九〕二僊，原作「二先」，據王應麟《困學紀聞・小學》、康本、楊本改。

〔三〇〕冬韻，原作「東韻」，據《廣韻》三鍾「恭」字注文改。

〔三一〕韻海鏡源，康本、楊本、羅本、陳本作「韻海鏡原」。

〔三二〕《周何潔集》，陳本作「《周河潔集》」。

〔三三〕以四聲尋繹，原作「以四聲尋譯」，據康本、楊本、孫愐《廣韻序》改。

〔三四〕以間字，羅本作「以字書間字」，陳本作「以字書閑字」。

〔三五〕烘，羅本、陳本作「烘」。是。

〔三六〕宜在支部，羅本、陳本作「宜在脂部」。是。

〔三七〕評事湯清，羅本、陳本作「評事湯其清」。

〔三八〕屬蕃寇拔身濟河，康本、羅本作「吐蕃寇，拔身濟河」。

〔三九〕徐鍇《說文解字韻譜後序》，陳本改作「徐鍇（鉉）《說文解字〔篆〕韻譜後序》」。

〔四〇〕舜七友，《四庫提要・廣韻》同，康本、楊本、陳本作「舜七反」。

〔四一〕長孫訥言箋注，羅本、陳本作「長孫訥言箋注，劉臻、顏之推、魏淵、盧思道、李若、蕭該、辛德源、薛道衡八人同撰集」。

〔四二〕王仁煦，羅本、陳本作「王仁昫」。

〔四三〕自許叔重數十家，羅本作「自許叔重而降數十家」，陳本作「自許叔重〔而降凡〕數十家」。

〔四四〕互易，羅本、陳本作「互異」，是。

〔四五〕《雍熙韻略》，《玉海》卷四五作「雍撰《韻略》」，當是。

〔四六〕崔遵廣，康本、楊本作「崔遵度」。是。

〔四七〕原本此下删去一段文字，今附録于此供參考：「元祐五年，太學博士孫諤等言：『韻有一字一義而兩音者，有合用而私相傳爲當避者，有合押而《禮部韻》或不收者，七月九日，附入《韻略》。紹興十四年十二月己丑，知榮州楊樸上《禮韻括遺》。又曰：『元祐五年，博士孫諤陳請添收。紹興十一年，進士黄啓宗隨韻補輯，尚多闕遺。』三十二年，毛晃上《增修互注韻略》，又曰：『《淳熙禮部韻略》五卷。元年，國子監言：前後有增改删削，及多差舛，詔校正刊行。』」

〔四八〕其上平聲三十六桓作歡，陳本作「其上平聲二十六桓作歡」。

〔四九〕余文焴，陳本作「[袁]余文焴」，注曰：「余文焴：當作袁文焴。按，《附釋文互注禮部韻略提要》誤作余文焴，《源流》照鈔，羅本、學林本等未核對原著，皆誤。查今存清初刻本兩種，文煜《序》均題『紹定庚寅中元日辰陽冷官袁文焴謹序。』」是。

〔五〇〕《紫雲切韻》，羅本、陳本作「《紫雲韻》」，是。

〔五一〕《九經韻補》羅本、陳本作《九經補韻》，是。

〔五二〕同紐下，羅本作「同字紐下」；陳本作「同(字)紐下」。

〔五三〕先部先紐下，羅本作「先部先字紐下」；陳本作「先部先(字)紐下」。

〔五四〕煙紐下，羅本作「煙字紐下」；陳本作「煙(字)紐下」。

〔五五〕《淳熙諸式》，康本、楊本、羅本和陳本均作「《淳熙式》」，蓋皆代稱上文之《淳熙文書式》也。

〔五六〕「《韻會》曰」至「無一合焉者也」，原居書眉上端，爲作者後補入。
〔五七〕《纂注禮部韻略》，康本、楊本、羅本、陳本作「《纂禮部韻略》」。
〔五八〕併䶑于梵，原作「併䶑于范」，據楊本、羅本、陳本及《四庫提要·五音集韻》改。
〔五九〕末六韻之通爲二，陳本作「末六韻之通爲二(三)」。
〔六〇〕勿，羅本、陳本作「物」，是。
〔六一〕《禮部韻》，羅本、陳本作「《禮部韻略》」，是。
〔六二〕預纂修者，陳本作「預撰修者」。
〔六三〕音韻蜂出，原作「音韻鏠出」，從羅本改。
〔六四〕耳，康本、楊本作「爾」。
〔六五〕陽子，羅本和陳本作「楊子」，當是。底本從顧炎武《音論》原文。
〔六六〕瘯蠡，羅本、陳本作「瘯蠡」，是。下處同。
〔六七〕正紐倒紐，羅本、顧炎武《音論》作「正紐到紐」，到倒通。
〔六八〕反爲慇門，羅本、陳本作「反爲隕門」，是。
〔六九〕引矢爲矤，楊本、羅本、陳本均作「矢引爲矤」，是。
〔七〇〕取雙聲，康本、楊本、羅本和陳本作「但取雙聲」。
〔七一〕羅文，原脱，從羅本、陳本補。
〔七二〕倒紐，羅本、陳本作「到紐」。

〔七三〕徵，原脱，據鄭樵《通志・七音略》及陳本補。

〔七四〕文正公，原作「文止」，據《切韻指掌圖》附邵光祖《檢例》及陳本改。

〔七五〕日下憑切，羅本、陳本作「日寄憑切」，是。

〔七六〕頗變五音之舊，羅本、陳本作「頗變《玉篇》五音之舊」。

〔七七〕後元丙子，羅本、陳本作「後至元丙子」，是。

〔七八〕格，羅本、陳本作「革」，是。

〔七九〕紛紛，康本、楊本、羅本和陳本作「紛紜」。

〔八〇〕朱宗文，原作「朱文宗」，據《四庫提要・蒙古字韻》改。「《蒙古字韻》三合、四合之音」，羅本、陳本作「《蒙古字韻》二合、三合、四合之音」，是。

〔八一〕「亦資聞見，無與經典」：此莫友芝手稿原文，意爲這些書（元朱文宗《蒙古字韻》、明金尼閣《西儒耳目資》等）也只能增加一些見聞，但不能列入韻學之中。康本、楊本、羅本所改之「無異經典」，陳本所改之「無益經典」，均非莫氏原意。

韻學源流跋

莫子偲《韻學源流》一卷，爲遵義趙幼愚校鈔本。劉申叔入蜀時，幼愚以貽申叔者也。是書海内既無刊本。余所得者，又爲幼愚、申叔所校定，固應以公同好，而不可自秘也。爰爲刊行，以餉海内愛讀之士。

民國七年正月　康寶忠識

（録自民國七年康寶忠鉛印本）

韻學源流跋

余以辛酉春赴京采訪通志局應需書籍，于姚君一蕚處得莫子偲先生《韻學源流》鈔本，亟録一通。又于姚君儷桓處得印本校對，尚無訛字。今在貴陽文通書局印出，以廣流布。夫聲韻之學，在試帖盛行時，人人習之，而迄不知聲韻之源流端委。欲得一論韻之書，首尾賅貫，一目了然者，實自來所無。先生此書博稽載籍，擷其精要，誠藝林之鴻寶也。顧試帖可廢，詩學則決不可廢，亦以其根于天籟之自然，生民性情所寄托。而聲韻者，即順其自然以導之者也。自世運衰微，浪漫一派欲廢聲韻，以便其不學，甚至以聲韻爲枷鎖銬鐐。推其極則衣冠帶佩亦拘束人身之具，必返諸上古裸身而游，穴居野處，然後爲自適矣，可乎，不可乎？先生此書，如萬古之江河，行天之日月，非特習詩學者所應知，抑亦凡識字者所宜讀。其論西域梵音一段，持論平允，尤足以破尊己卑人之陋習。嗚呼！天下惟能驕者能諂，以抑外之時風一變爲媚外，使子偲先生生于今日，不知又當作何感想也？

民國癸亥五月，安順楊恩元謹識

（録自民國十二年貴陽文通書局楊恩元鉛印本）

韻學源流後序

右獨山莫友芝《韻學源流》一卷，儀徵劉先生入蜀時，得此書校鈔本于遵義趙幼愚，而城固康季君以之排印行世者也。考黎庶昌《莫徵君别傳》及張裕釗《莫子偲墓誌銘》，均載《聲韻考略》四卷，而不及此書，意此書或即《考略》之初稿而輾轉傳抄者耳。自李登首創《聲類》，吕静踵作《韻集》，韻學之興，垂一千六百餘年，流别所衍，支葉繁滋，源委不明，何以深察條貫，辨章然否？清人推迹韻學沿革之作，前乎莫氏者，有萬斯同《聲韻源流考》及潘咸《音韻源流》二書。萬書匡廓粗具，罣漏弘多；潘書憑臆杜撰，難資典要。莫氏此書，理明事簡，弗尚煩紆，博瞻或弗逮萬，而糾纏瞀亂之譏，庶幾可免。且書中論《切韻》以來之部居云：「法言書既不傳，而《廣韻》猶題陸法言撰本，豈《廣韻》二百六韻之目，即法言舊部歟？法言《序》既舉支脂先仙等爲説，則分部又必不自法言，豈自《聲類》即已有此等部，而四聲既興，又以四聲界之耶？法言又云諸家有乖互，豈合諸家之部分而去取整齊之耶？」又魏鶴山所見《唐韻》，于二十八删二十九山之後，繼以三十先三十一仙，顧炎武不知鶴山所見何處添多一韻。而莫氏云：「今考夏竦《古文四聲韻》，齊部之後增多栘部，鶴山所見，豈即增多栘部之本耶？且竦書仙第二之後繼以宣第三，上聲獮部後分出選部，入聲術部後分出聿部，凡二百十部。且覃談二部在陽唐之前，蒸登二部居添咸之際，其部序亦異《廣韻》，而與顔元孫之《干禄字書》同；顔祖之推實同法言决定，竦序又自稱本唐《切韻》，豈英公所據乃法言以來唐人相傳之祖本，而後遞有移并歟？」其所致疑，并皆精闢。鄦使子偲得見唐寫本《切韻唐韻殘卷》及王仁煦《刊謬補缺切韻》，則隋唐韻書部次先後，或不待王静安先生考訂，已秩然可觀。惟全書取材，多本《四庫提要》，故論古韻只斷至顧、江而不及戴、段、孔、王諸家；論今韻則以《洪武正韻》與《韻府群玉》并詆，而不重視《中原音韻》以後之音變；論反切則但詳《指掌圖》、《指南》、《四聲等子》三書，而于前此之《韻鏡》、《七音略》，後此之《韻法横直圖》、《字母切韻要法》及明清等韻别派，亦并略而弗陳。凡兹罅漏，均待補苴，猶未可視爲完備之聲韻學史也。然古今聲韻，疑滯孔多，倘欲考鏡源流，究其通變，舉凡周漢古韻之音讀，隋唐韻書之反切，元明語音之蜕化，旁及華梵譯語，東西音標，下至殊域方言，民間謡諺，畢須博采旁求，探賾索隱，斯固非一人暫時之力所能及，豈可責全莫氏耶？康氏印本，亥豕累牘，流傳亦希，兹于講貫餘暇，爲之釐定章句，移付手民，聊供從學者參考云爾。

北平羅常培記於廣州東山寓齋

（録自一九二九年羅常培點校本，參校一九六二年中華書局重印本）

宋元舊本書經眼録（手稿本）

梁光華
梁　茜　點校

點校説明

莫友芝是清代著名目録版本學家。他的幾部目録版本學名著，僅有《宋元舊本書經眼録》一書載入《清史稿·文苑傳·莫友芝傳》内。

莫友芝在世之時，《宋元舊本書經眼録》并没有刊刻面世，而是由其子莫繩孫整理、鈔録其父遺稿成書刊刻行世的。但是，令人遺憾的是，莫繩孫所整理、鈔録的《宋元舊本書經眼録》，僅鈔録其父《宋元舊本書經眼録》手稿百分之十左右的内容，而有百分之九十左右的書稿内容則鈔自其父其他遺稿。今據完好收藏於國家圖書館的莫友芝《宋元舊本書經眼録》手稿點校，以讓讀者一睹莫友芝《宋元舊本書經眼録》的原書原貌。

國家圖書館所藏莫友芝《宋元舊本書經眼録》手稿本，每頁十二行，紅欄紙書寫，共一册。封面署「宋元舊本書經眼録」，無目録。整本手稿均無鈐印，但是在手稿正文第一頁第一行書名「宋元舊本書經眼録」之下，莫友芝手書「郘亭眲叟」之名，確係莫友芝手筆無疑。

莫友芝這本《宋元舊本書經眼録》手稿記載他經眼之宋本、金本、元本、明本刻版書和稿本、寫本、舊鈔本書，可以分爲以下三個部分：

第一部分：從「《儀禮鄭注》淳熙本十七卷」至「宋刊米海嶽《畫史》」；從「宋紹興本《集古文

韻》第三卷」至「《中州集》元刊本」，係莫友芝經眼記録之各類古書六十二種。

第二部分：從「郁氏藏元刊《通鑑考異》十一」至「《建康實録》影宋鈔本二十卷」，係莫友芝到上海經眼記録上海藏書家郁松年（字萬枝，號泰峰）宜稼堂所藏宋本、金本、元本、明本、舊鈔本等三六五種古書。莫友芝《郘亭日記》曰：

晨訪泰峰，觀其所藏宋元舊本書，合百數十部。東南文籍，燹後散失殆盡，而郁氏獨存，亦不易也。（同治四年五月廿二日）

此後十日，莫友芝致信稟報曾國藩説：

友芝此行凡得兩快事，其見郁泰峰宜稼堂所藏宋元精本書數十種，尤爲大快。（見《郘亭信札》）

郁松年藏書後來散盡，莫友芝《宋元舊本書經眼録》手稿將其記録保存，因而極其珍貴。

第三部分：從「恬裕齋藏書目録」至「《國朝文類》七十卷元」，係莫友芝經眼記録常熟瞿秉淵字敬之恬裕齋經史子集四部藏書二四九種。莫友芝《郘亭日記》曰：

常熟今舊藏書家皆散失盡矣。唯昭文罟里村之瞿敬之秉淵家收藏尚富，經亂後所存宋元舊帙尚多。（同治六年五月廿九日）

記瞿氏舊本書於《經眼録》。凡宋本百有五，元本八十，其影宋、影元、校宋、校元若干，尚不在此數，富矣哉！」（同治六年六月初八日）

第四部分從「《讀書敏求記》逸文」至「《集犯諭》一卷」，係莫友芝經眼記録清代初年錢曾《讀書敏求記》逸文古籍圖書十五種。

莫友芝《宋元舊本書經眼録》手稿與後來莫繩孫重編刊刻的《宋元舊本書經眼録》一書差異甚大。刻本删去的大量書目（包括上海郁泰峰宜稼堂藏書和常熟恬裕齋藏書），從今天看來具有一定研究價值，故特將莫友芝手稿本點校出版，以存原貌。

梁光華　梁　茜

二〇一六年三月於黔南民族師範學院

目録

宋元舊本書經眼録

儀禮鄭注淳熙本十七卷

每頁十六行，行十七字。注雙行，行字同。板心上端右并有「淳熙四年刊」五篆字。每卷末悉分記經、注字數(一)。卷一：經一千八百九十八字，注三千六百二字。卷二：經二千五百七十三字，注三千六百三十字。卷三：經七百五十三字，注一千六百八十九字。四卷：經二千六百三十八字，注三千九百三十字。卷五：經六千六百四十五字，注六千九百一十五字。卷六：經三千二百二十三字，注四千六百二十字。卷七：經六千八百九十字，注七千三百八字。卷八：經五千三百四字，注一萬九百六十五字。卷九：經一千七百五十三字，注二千八百七十字。卷十：經八百四十四字，注二千六百三十一字。卷十一：經四千四百二十八字，注五千九百七十八字。卷十二：經三千三百九十六字，注五千四百五十九字。卷十三：經二千五百一十六字，注五千四十七字。卷十四：經二千七十九字，注三千四百四十三字。卷十五：經三千四百五字，注五千五百一十七字。卷十六：經二千九百七十九字，注二千七百八十七字。卷十七：經四千七百九十字，注三千四百五十六字。

一卷首、十七卷尾，并有松雪齋、趙印孟頫、海上醉六經齋藏書之章三印。首又有竹泉珍祕圖籍、畝滄珍藏顧氏二印，末又有梁氏家藏一印。

二卷末又有謏聞齋主人楷書木記，凡百有七字〔二〕。同治甲子署蘇松太道丁禹生日昌獲之上海肆中。乙丑五月三日，客道署借讀，審定爲實事求是齋經籍之冠①。

春秋胡傳汪德輔克寬纂疏三十卷至正本

每頁二十二行，行二十一字。傳皁經一字，大書。纂疏雙行，行字同前，有汪澤民、虞集二序，《凡例》後自記成書始末，于至正六年丙戌二月。後有木記楷字二行云：「建安劉叔簡栞于日新堂。」後有吴國英《跋》，爲至正戊子正月八日，云「劉君將鋟諸梓」，則以是年刻也。同治乙

① 丁日昌藏書樓初名「實事求是齋」，又名「百蘭山館」、「讀五千卷書室」，後名「持静齋」。莫友芝爲丁日昌編著有《持静齋書目》、《持静齋藏書記要》二書。

丑五月見于上海書攤。

宋淳熙三年本皇朝仕學規範四十卷

每頁二十四行，行二十五字。句讀有小圈，并圈發異讀字之四隅。其頁數通八卷爲一起，蓋是元分五册裝。紙墨精絜可愛。張功甫自序刻此書在淳熙丙申四月，此蓋即張氏自刻初印本也。嘉、道時藏嘉興張尗未廷濟家。自三十三至末缺八卷，及《自序》、《卷目》并尗未鈔補。同治乙丑五月客上海，醉墨書肆持售，留觀五日。其卷九、卷十七、卷廿五，首并有【張廷濟印】【張尗未】【尚寶少卿袁氏忠徹印】三印，及袁氏静思齋引《顔氏家訓》六十五楷字長木記。卷八、卷十六、卷廿四、卷卅二尾，并有【楊廉夫】【清儀閣】【張尗未】【廷濟】四印。尗未題其首曰：「淳熙三年丙申原刻初印，係楊鐵崖、袁忠澈舊藏本。乾隆時，武陟令查宣門開所珍貯者。嘉慶時，余從宣翁之子棗庵秀才以銀十餅購得。前缺序目，後缺作文、作詩二類八卷。余與海鹽朱春甫錦，及余次兒慶榮，從宋槧覆刻本影鈔補足，授慶雲珍之。道光二十五年乙巳七月廿日，嘉興竹田里七十八歲老者張廷濟尗未甫。」

宋嘉祐杭州本唐書

每頁二十行，行十九字。其末卷二十二頁，後八行總計云：

《唐書》凡二百二十六篇，總二百五十卷。

二十一《帝紀》，二十篇，一十卷。

十三《志》五十篇，五十六卷。

三《表》十五篇，二十二卷。

《列傳》一百五十篇，一百六十卷。

嘉祐五年六月二十四日進呈。

二十三頁載銜名：編脩官劉羲叟、一行。呂夏卿、一行。宋敏求、二行。王疇、二行。范鎮、三行。刊脩宋祁、三行。歐陽脩、三行。提舉編脩曾公亮，二行。嘉祐五年六月二十六日准中書劄子，奉一行。聖旨下杭州鏤版頒行，三行。校對無爲軍判官將仕郎試祕書省校書郎充國子監直講，一行。其三十四頁缺校對銜名，未完。同治乙丑五月，嘉興馬氏持售于上海，僅尾三卷《逆臣傳》，以湊別一舊本。謂別本爲宋刻，此三卷爲元刻。以余審之，此三卷宋刻，其別本之全乃元、明間刻耳。

別本板心校此高、廣各一指許。每頁二十行，行二十二字。每卷題名但云「歐陽脩奉勅撰」、「宋祁奉勅撰」，而不具官銜，不書「臣」。此三卷則銜臣皆具，且字體方滿，精神故也。別本末附《釋音》二十五卷，今官本亦有之。其《序》一篇不記載否，漫録如左。

《新唐書・釋音・序》廿五卷〔三〕。

「將仕郎、前權書學博士、臣董衝上進：

嘉祐中，仁宗皇帝詔儒臣修《唐書》，其事廣於前。其文粹於舊，學者願觀焉。或字奇而莫能辨，則悵然而中止者有矣。猶之求珠於九重之淵，驪龍寤而當其前，則退縮而不敢進。彼雖至寶，横棄於其側，可得而有之耶？故諸史中，惟《新唐書》能究其終始者尤鮮。臣每讀《晉史》，見何超纂《音義》，竊嘗慕焉。於是歷考聲韻以爲之音，使學者從容而無疑。觀其文章藻繪，體氣渾厚，可以吹波助瀾、揚厲清浮，則愈於得寶之美也。若夫名篇之目，立傳之實，增損出入有異於舊史者，悉見諸因革云。崇寧五年十一月日，臣衝謹序。」《釋音》中第一卷有結銜，并同上。二卷以下俱無。

元至正江浙行中書省官本宋史〔眉批〕《宋史・藝文志》有《播溱州勝兵法》二卷。

每頁二十行，行二十字。其中縫一行，中截大書分卷云：「《宋史目録》△、《宋史本紀》△、《志》△、《列傳》△。上截右旁書通卷云《宋史》△，或△十、△百。左旁計一頁字數。下截卷、頁數之下，右旁云△△寫，左旁云△△刊。」《宋史》以至正五年十月表進，即于六年△月咨浙江等處行中書省，差史官翰林應奉張翥馳驛賚凈稿，前去選匠，依式鏤板，文載目前，是江浙一本爲最初之刻。同治乙丑夏，在上海見嘉興馬氏一本，惜其不完。

元禮部韻略五卷元刊本，丁禹生藏〔四〕

每頁廿六行。五卷末有

大德丙午重刊新本 平水中和軒王宅印

木記。二百六部與陰氏《韻》同。而《唐》、《廣韻》所注「同用」之韻，皆依次而编。于部首字上加▍爲隔，勝于陰《韻》。前載有《貢舉三試程式》，一曰「御名廟諱回避」，二曰「考試程式」，三曰「試期」，四曰「章表迴避字樣」，亦可見當時制度。又有《壬子新增分毫點畫正誤字》五頁。

宋刊米海嶽畫史丁禹生藏。

明葉文莊舊藏。康熙癸巳蔣子範以贈何義門〔五〕。卷尾有義門朱筆題字。子範，名棟，其門人也。首有顧武保咸豐四年題署曰「玔臺」。

郁氏藏

元刻通鑑考異，十二。

宋板禮樂書，二匣。

元韻會舉要，廿四。六號①。又元板匣，卅四號；又元刻一匣，五十三號。

元板輟耕録，十六。

宋板史記，二十四本。

宋板禹貢圖，二匣。

宋咸平板單吳志，乙匣。

宋板世綵堂韓文，四包。

宋板大目録，四包。

宋板九朝編年，四匣。

宋板禮記集説，四匣。

拾園張氏書目，四。

抱經堂叢書，四十八。

三朝北盟會編，抄，卅二本。

歷代職官表，卅六本。

絳雲樓書目。

甘肅通志，六套。

殿板皇朝三通，廿四套。

殿板續三通，二百四十本。

秦板九經，又緜紙一部。

汗筠齋叢書。

周易要義，抄。

① 莫友芝所記書目之下的數字，一般是指卷數、本數或匣數；「某號」是指郁松年宜稼堂書箱號，下同。不再逐一出注。

舊板儀禮圖，二套。　　尚書要義，抄。

上海郁泰峰松年都轉所藏舊本

宋蜀大字本史記集解

〔眉批〕「玄」、「敬」、「殷」、「貞」、「徵」、「讓」、「貆」、「完」、「桓」、「竟」、「慎」不缺。

每頁十八行，行十六字。注行廿一、廿二字不等。初印，紙墨精絜。《本紀》存五、六、八、九、十、十一、十二七卷。《表》存四、五兩卷。《世家》存五至十，及十八至廿四及廿六，十四卷。《傳》三十九、四十及四十七至五十，僅六卷，共二十九卷，每卷有[當湖小重山館胡氏篴江珍藏]。《紀》九卷，又有[吳寬][原博][地山][子孫保之]四印。十一又有[停云][肇錫余以嘉名][芙初女史姚畹真印][勤襄公五女][若蘅]五印。

宋板周益公集　四匣。　　大金集禮　八。

宋板義豐集　一匣。　　切問齋文鈔　十六。

宋板陳氏禮書　一匣。　　五禮通考　緜紙。八十。八號。

舊春秋經傳集解 一匣。
宋板毛詩要義 四匣。又抄六本。
宋板書學會編 一匣。
元板春秋傳纂疏 廿四。
元板蔡氏書傳 五。
舊板五倫書 廿。
宋本列女傳 四。
宋板春秋辨疑 一匣。
宋板東都事略 二匣。
元板東京夢華録 一匣。
宋板儀禮要義 四匣。
南渡録 抄。四。
宋刊隸韻 二套。
元板資治通鑑 十套。
元板地理新書 六。
元板中興資治通鑑 一套。

史漢評林 緜紙。四十八。十一號。
舊五代考異 抄。十。
宋六十名家詞 廿四。
批本史記 舊板。六套。
篆學瑣箸 六。
天禄琳瑯書目 抄。十，十六號。
唐文鑑 十本。
朱文公大全集 卅。
精鈔金石 百八十本，十九號。
廣雅疏義 抄。廿四。
後漢書補遺 八。
佚存叢書 六帙。
新舊唐書合鈔 八十。
續禮記集説 抄。六十四。
漢書地理志補註 抄。四。
廿四史統紀全表 四套。

嘉泰會稽志

元板六書統　連溯源，卌二本。

舊板二程全書　四套。

舊板易林　一套。

舊板春秋屬辭　八。

元板唐文粹　卌二。

焦氏易林　校宋本。六。

元板朱子大全集　一百又九十。

舊禮記集説　二套。

舊尚書正義　四套。

舊事類賦

明影宋刻禮記集説　廿四。

元刻源流至論　十六。

舊真西山集　廿六。

宋板自警編　二套。

舊板宋史　十二匣。

建康實録　抄。廿。廿二號。

春秋公羊何氏釋例　四。

莫氏錦囊　八。

輿地表　抄。六。

太元經　批本。四。又舊本太元經，六。

洋板論語　四。

唐文粹　批校。十六。

宋文鑑　大字本。三十二。

漢書疏證　十二。

後漢書疏證　十二。

漢書疏證人物表　二。并抄。

水經注疏證　二。

高宗純皇聖訓　百五十。

南北史表　五。

音學五書

盛京通志　四十。

宋刻吕氏童訓　一。
宋板三因方　十二。
元板巢氏病源　十四。
元板證類本草　卅。
金板政和本草　廿四。
宋板三國志　八套。
大德本前後漢書　七十六。
宋板啓劄截江網　卅二。
小宋板五經　八。
説文繫傳通釋　舊抄錢遵王家本，一套。
晏元獻類要　抄。十二。
元刻國朝文類　二套。
十行本禮記　卅二。
十行本周禮正義　廿四。
孫緬廣韻　批本。五。
大元典章　抄。廿。
何氏語林　十二。
本草綱目拾遺　抄。廿。
開元占經　抄校。十六。
段玉裁雜著　抄。一。
大唐類要　抄。廿四。
九章蠡測　七。
景祐乾象占驗新書　六。
抄太常因革禮　十六。
抄開元占經　十六。
傳是樓書目〔六〕一。
關尹子　一匣。
吴禮部集　一匣。
抄至元嘉禾志　十。
聞刻舊唐書　四十。
袁氏通鑑提要　一匣。
金華黄先生文集　二匣。

元板宋史全文 十四。
宋板禮記要義 二匣。又一部，二匣。
影宋禮記要義 抄。
宋板禮記 二匣。
元板博古圖 二匣。
舊版佩觿 一匣。
元刻翰林珠玉 一匣。
元板群書類編 一匣。
元板毛詩句解 一匣。
宋板大學衍義 二匣。
宋板秦淮海集 一匣
舊板爾雅翼
元板韻會舉要 一匣。
元板朱子家禮 一匣。
舊板宋忠惠方公文集 一匣。
舊抄樂述可知 四匣。

東萊博議 一匣。
毛詩要義 抄。十二。
大藏一覽 十。
抄古磚録 一。
抄古瓦録 一。
遼金正史綱目。
舊朱子成書 二套。
歷代財賦考 二。
武億金石文字 八。
兩漢詔令 六。
史漢疏證 抄。十六。
南北史類抄 八。
人鏡陽秋 廿四。

舊板劉隨州集 一套。

舊板歐陽文粹 五。

元板通典詳節 二套。

韓非子 校宋。八。

元板唐詩鼓吹 十。

宋板歐陽修文集 二函。

元板李太白集 二函。

元刻劉因集 五。

舊板中州集 六。

元板玉海 二百。

元板隋書 八套。

管子 校。八。

抄元祕書志 四。

元板説文解字補義 十二。又抄本二套。

宋板麗澤論説集 六。

舊元遺山集 十。

張曲江集 六。

唐六典 抄。八。

洋板論語徵 四。

舊易外別傳

舊羅豫章文集 四。

舊晏子春秋 四。

舊五音集韻 廿二。

朝鮮史略 六。

金陵瑣事 四。又八本。

西晉文 十。

通鑑外紀補 十二。

宋板夢溪筆談 六。
宋板咸淳臨安志 六匣。
宋板通鑑釋文 一匣。
宋板琬炎集 二匣。
宋刻文鑑 八套。
舊草廬吴文正集 五十。
宋板東西漢文鑑 二套。
宋板諸臣奏議 八匣。
舊板陸宣公翰苑集 一匣。
元板毛詩音釋 一匣。
宋板方輿勝覽 二匣。
景泰本道園學古録 一匣。
舊道園遺稾 一匣。
影宋三國六朝五代紀年總辨 二套。
元板吕氏春秋 十。
宋板通鑑綱目 十套。

各家書目 抄。八。
館抄算書彙編 十五卷。
乾象通鑑後編 四套。
唐眉山集 一匣。
纂圖互注周禮 十二。
宰輔編年録 十六。
伊犂事略 四套。
五代史志疑 一。
新疆識略 十。
抄大元混一統志 十。
宋元畫人姓氏録 十六。
天真閣全書 十六。
批本漢書 八套。
舊板論學繩尺 二套。
播芳文粹大全 舊抄。三套。
抄中興大事記 一套。

宋板春秋經傳集解 一套。
元板截江綱 四套。
宋板歐公本末 三套。此似年譜。
元板黄氏日鈔 十套。十行本。
宋板二范集 四套。
宋板吕東萊全集 三套。
元板禮記纂言 六套。
宋板五代史記 二套。
元板山堂考索 四匣。
宋板西漢會要 二匣。
舊板清容居士集 二匣。
宋板東漢會要 二匣。
元板史記 四匣。
宋板萬寶詩山 二匣。巾箱。
宋板蜀大字本史記 二套。
元板名臣事略 一匣。

古今姓氏遥華韻 抄。四套。
舊板事林廣記
全唐詩 緜紙。
康熙字典 桃花紙。
歷代紀事年表 緜紙。
佩文韻府并拾遺 桃花紙。
駢字類編 桃花紙。又二部。
聚珍板叢書 十四套。甚完整，中有四庫提要。
殿板十三經註疏 百五十。廿四史 八十二函。
舊板後漢書 八匣。
抄乾象通鑑 二匣。
宋文選 卌二。
地理沿革表 廿。
宋名臣碑傳 二匣。
通鑑補正 六。
黄文節公集 六。

元刻宋史全文 二匣。
宋板吕氏讀書記 一匣。
舊錢塘韋先生文集 二匣。
宋板清明集 二套。
元板歸田類稿 一匣。
宋板劉後邨居士集 二匣。
抄會稽掇英集 一匣。
元板儀禮經傳正續 十套。
元板金陵新志 二套。
元板汲冢周書 四。
舊通鑑前編 二十。
抄張樂全集
局刻玉篇廣韻 九。
宋板柳河東集 十二。
舊楚詞 十。
抄詩經集傳音義會通 十六。

隨軒金石記 四。
唐大詔令 二十。
唐開元禮 十六。
抄回溪史韻 八。
校説文繫傳 十二。
汪板五代史
淮南天文訓補注 三。
明元次山集 四。
明李翺文集 六。
國朝儒林文苑傳 八。
抄漢書地理志稽疑 二。
内閣藏書目録 六。
絳雲樓書目 抄。二。
道藏目録 抄。二。
淡生堂書目 八。
遂初堂書目 二。

批張伯顏刊文選 廿。

影宋儀禮要義 廿四。

元板混一勝覽 二套。

元板文獻通考 十二套。

宋板進取輿地通鑑 一匣。

宋板嚴州圖經 一匣。

宋板中興聖政 六匣。

元板釋氏通鑑 十六。

元板書學正韻 卅六。

宋板花間集 四。

舊司馬温公集 一套。

舊近思録 校。四。

舊韓柳合集 校。十六。

宋板尚書表注 二。

景祐本漢書 六套。

宋板三蘇文粹 四套。

千頃堂書目 十二。

明崇德書院十二子 五。

楝亭書目 三。

纂圖互注五子 二十二。

黄忠端公集 十六。

抄毛詩古訓傳 二套。

乾象新書 四套。

書畫傳習録 八。

剿平三省邪方匪方略 四百十。

柯板史記 卅二。

前後漢書 汲古閣本校。四十八。

抄十七史經説 三十六。

盧龍塞略 十。

孝慈堂書目 二。

退菴金石 八。

音學五書 活字。十二。

舊素問旨要論 二套。
元板羅豫章集 一套。
三國志 顧千里批。十本。
宋版孟東野集
宋板范香溪集
舊元豐類稿 十六。
宋板浣花集 二。
舊王右丞集 五。
影宋抄繪圖爾雅 三。
校淮南子 四。
校玉台新詠 一。
殘宋刻皇宋中興聖政 六套。
宋本史記正義 四套。
宋刻東南進取輿地通鑑 一匣。
元刻翰林珠玉 一匣。
元刻群書類編 一匣。

菉竹堂書目 二。
説文述誼 四。
范太史集 抄。廿四。
明文衡 十二。
戎事類占 十。
漢書地理志補注 四十八本。
洋板唐宋八家 十三。
駢雅訓纂 八。
晞髮集 二。
天主實義 二。
胡刻通鑑 百。又一部。
韋詩考定 六。
南雷文約 四。
通鑑政要 抄。二套。
汪校前後漢書 四十八。
昌黎文集 四函。

元板博古圖 二套。

宋板大學衍義 二套。

宋刻嚴州圖經 一匣。

宋槧纂圖五經禮記 二套。

宋板朱子家禮

浦城遺書 四十八。

會典簡明録 八。

姓氏全編 抄。六十本。

集韻類篇 緜紙，曹刻。

宋板外臺祕要 密行，好。

〔眉批〕宋約六十七種，元約六十許，影宋不計〔七〕。

宋本毛詩要義二十卷宜稼堂郁氏藏

魏了翁撰。首爲《譜序》一卷，經依箋編。二十卷中又分子卷十有七，凡三十八卷。每頁十八行，行十八字。每卷各以一、二、三條爲題目，低一格書。亦有一條而有二題目者，其第二題目標之眉上，又有當條所掇未盡之義，亦於眉上書之。每卷首有「棟亭曹氏藏書」「長白敷槎氏堇齋昌齡圖書印」二印。卷尾有桐鄉沈炳垣手讀書記一印。《譜序》卷首又有永超氏一印。卷一下之首有吳印可驥一印。

宋魏隺山先生，於理宗嘉熙元年丁酉，以權工部侍郎忤時相，謫靖州，取《九經注疏》删繁去蕪，爲《要義》百六十三卷。《宋史·藝文志》分載其書。當時陳、晁兩家著録可稱浩博，亦不及載，則知此書已不可多見矣。《欽定四庫全書》只載《周易》、《儀禮》，尚是全帙。《尚書》、《春秋》皆非完本。近揚州阮氏復得《尚書》三卷，即《四庫》所闕之卷。又《禮記》三十一卷，首闕《曲禮》上、下兩卷，其餘四經竟無從咨訪矣。壬辰仲春，篴江聟不惜重值，購得宋槧《毛詩要義》，首尾完整，觸手如新，爲曹楝亭舊藏本。首列《目録》，次《譜序》，次《詩要義》二十卷。其一、二、五、六、十二至十七等卷，分上、下子目，四卷及十八、十九卷，分上、中、下子目，其餘均作一卷。總、子目并序計三十八卷。展讀之下，古香可掬，真希世之祕笈也。其體裁與《周易》等相同。有與疏本連文，而《要義》取一、二則者。列其次目於眉上，不復分裂原文，隸標目之，尤爲簡當。《傳》、《箋》遺辭博奥，孔氏因劉炫等書爲《正義》，於地理、名物靡不旁搜曲引，以資考核，故其《疏》較他經爲密。隺山復擷其要領，以《經》及《傳》、《箋》爲綱，以《正義》爲目，有條不紊，易於記誦，洵治經者不可少之書。隺山所輯尚是當時善本，必與今通行之本大有不同，異日再爲細校一過，始無遺憾。郡城金氏藏有宋槧《禮記》首兩卷，即阮氏所缺之帙，當訪求之。從此《易》、

《書》、《詩》、二《禮》，五經皆成完書，真大快事也。篋江席豐履厚，而不以他好縈心，惟古人祕笈搜訪不遺餘力，是可尚已。今擬將付梨棗，公諸同好，使數百年古籍晦而復顯，其有功於藝林豈淺鮮哉！因爲識此。錢天樹。

魏崔山先生《毛詩要義》三十八卷，爲文淵閣箸録所未及，道光間儀徵相國採進遺書，亦未之見。上海郁泰峰氏乃蒐獲曹楝亭舊弆宋槧本于嘉興士家，海内更無第二本，遂卓爲宜稼堂數十宋槧之冠。友芝同治乙丑五月來滬上，珍重假讀，心神開曠，百慮盡消，斷推此游第一快事。友芝夙有詳校《毛詩疏》，于乾、嘉諸老所舉中外舊本異同，一一甄録，唯未及《要義》本，他日再爲滬游，必挾以來，更乞與細讎一通，乃不虚此眼福也。獨山莫友芝。

宋世綵堂韓昌黎集五十一卷

相傳明東雅堂徐氏翻刊廖氏世綵堂韓文，一仍舊式，而不箸其從來。今觀此本，信然。每頁中縫下截悉有「世綵堂」字，徐氏悉以「東雅」字易之。《傳目》後有［世綵廖氏刻梓家塾］篆字木印，徐氏各卷尾亦仿之。此初印本，紙墨精好，字體在歐、褚間，徐本猶未能畢肖也。卷中有［汪印士鐘］

閬源真賞 少谿主人 項氏萬卷堂圖籍印 田耕堂藏 泰峰審定 郁印松年。

宋巾箱本萬寶詩山三十八卷

每卷題首云「選編省監新奇萬寶詩山卷之幾，書林葉氏廣勤堂新栞」①。悉取宋代省監所試五言六韻詩分類編録，如今坊間袖珍《試律大觀》之比。每卷約五十頁，頁三十行，行二十三字。六行一詩，約四百六七十首，合三十八卷，計之約詩萬六千餘首。宋人帖體亦收羅殆盡矣。其板廣五寸許，高三寸半，細行密字，寫刻亦精，惜不載作者姓名，遂無資于考核，徒成兔園册子而已。首唯有 田耕堂藏 一印，知藏書家所不尚，然《四庫》未箸録，不能不以爲祕函也。

《萬寶詩山敘》：天下之寶多矣，夫有天下者以道德爲寶，有國家者以政事爲寶。文學之士所寶經書，豪富之家所寶珠玉。仁親以爲寶，惟善以爲寶，不貪以爲寶，此仁人賢士之寶也。若夫吟

---

① 莫友芝此記《萬寶詩山》爲「宋巾箱本」，又云此書爲「書林葉氏廣勤堂新栞」，前後抵牾，恐有誤。宋代没有「書林葉氏廣勤堂」，到元末明初才有著名的三峰葉日增廣勤堂書坊。

詠風月，繪畫烟雲，摛章摘句，以詩賦爲寶，此亦皆本夫性情之正，而達于政事之體也。蓋詩自虞廷賡歌，以至周、召《雅》、《頌》之什，皆古聖賢制作以淑人心而垂教法，雖閭巷俚俗之謡，聖人亦有取焉。《三百篇》以降，作者非一。宋以詞賦科取士，故有省監之詩，而文人才子業于是者，未免淘金揀玉，以用其心。詞語之華，篇章之粹，真希世之寶也。書林三峯葉景達氏，掇拾類聚，綉梓以傳于世，目之曰「萬寶詩山」，俾後學者有所矜式，其用心亦弘矣。梓成，携以示余，因屬余叙。余惟夫子有言曰：「小子何莫學夫《詩》？《詩》可以興，可以觀，至于事父事君，多識鳥獸草木之名。」則士君子誠意正心之要，進德修業之方，與夫薦郊廟，格神人，以鳴國家之盛者，皆由詩而致。務學之士，其可忽諸？余不敏，特以此敘其槩云。〇〇〇雍作噩歲重九日，莆陽余性初叙。

宋刻東南進取輿地通鑑三十卷

宋孝節先生趙善譽撰，取三國至梁、陳東南攻守事，事爲之圖，圖後附以地理考及本事始末，蓋爲南渡後圖金而作，是當日極有用書也。文淵閣未及著録，蓋逸已久矣。每頁廿六行，行十九字，上海郁氏宜稼堂所藏。卷首有 太華山人 汪士鐘印 三十五峰園主人 从龍私印 劍光閣 黄丕烈印 蕘圃 東吴宋克

冒鸞

九印。而《百宋一廛賦》不之及。《自序》云：善譽聞險要視乎地，攻與守屬諸人。古今之地，未始殊絶，而或得或失者，人事之不侔也。自三國以迄于陳，南北攻守之變備矣，其事可類而覽也，□其地不可不考而圖也。覽古之事，以考今之地，□爲有用之學哉。難之者曰：古尋陽本治江北，而今在江南，自温嶠始徙也。古當塗本以塗山爲邑，而今在姑熟，晉成帝遷之也。是郡邑之不常，未易以今究也。古駱谷道，自盩厔南通漢中，今塞矣。唐武德間所開，非必漢、魏之舊也。古巢河水，北流合於肥河，今堙矣。吴、魏舟師之所由，不可見也。是川陸之不常，未易以今論也。若此之類，不勝殫舉。則此書欲以有用，無乃幾于無用也。吁！杜征南預，以晉之郡國，而釋春秋之地名，顔祕監師古，以唐之州、縣而注漢、秦之疆域，其曰未詳者，不害爲闕疑，而二書遂瞭然于千載，而以古今之難窮爲諉，而不盡其心哉？故因《通鑑》編年，參之正史，以類南北之武事；即地理之書，考之今日，以究攻守之所在。既載其事以論之，又爲圖于前以便稽覽，雖曰昔人遺迹不無湮滅，而古今地志亦或踈略，然尋文□圖，可考者十常八九，其所未究，則闕之，以俟博□，於史學不爲無補也。唐太宗有言曰：「以古爲鑒，可知興替。」而光武系隆炎漢，廓清六合，實有感于披輿地圖之日。則是書之有用，將不止爲觀史之助焉。趙善譽謹序。

〔眉批〕黄蕘圃庚午夏跋謂此爲無錫故家物。主人姓顧，係涇陽先生八世孫。此書尚是涇陽先生從都中寄歸者。

又跋云：《東南進取輿地通鑑》，自來藏書家惟傳是樓著録，然止云二十卷一本，亦不詳刻抄字樣，則徐氏之書非即是本矣。此書名目，在宋已非一定，檢《宋史·藝文志·史鈔類》云：趙善譽《讀史輿地考》六十三卷，一名《輿地通鑑》。陳氏《書録解題》云：《南北攻守類考》，監奏進院趙善譽撰進，以三國、六朝攻守之變，鑒古事以考今地，每事爲之圖，亦作六十三卷。兹所存者殆一半差弱，《序》全《目》佚，三十卷後，割補之痕宛然。三國、六朝之總圖總論具存，其每事爲一圖，至晉而止。書之殘毁僅存者，正賴此宋刻祖本，豈非天壤間奇物乎？復翁記。

宋本儀禮要義

行款與《毛詩》同，亦郁氏宜稼堂藏。闕首六卷，自卷之七《士相見禮》始，每册首有「汪印士鐘」「閬源真賞」二印。其首六卷則鈔補。

宋本禮記要義三十一卷

行款與《儀禮》同，亦郁氏宜稼堂藏。闕首二卷。儀徵相國進此書亦闕《曲禮》上、下兩卷也。卷首有［新安汪氏］［啟淑信印］二印。

卷中有夾片云：予讀《儀禮》「燕禮記」、「聘禮記」，兩有「賓爲苟敬」。《禮記・郊特牲》注：「苟作尊。」知俗本之誤。山井鼎據足利本亦作「苟」字，然兩存之，無所取舍。是未援《儀禮》以正也。己巳秋，得宋雕本《禮記要義》，《郊特牲》注與足利本同。凡此本之與俗本異者，必與足利同矣。且讀經有疑義，能旁通博引，折衷于至當，往往若符節。然羣經轉刻，紕繆益多，乃歎此等書固天壤間之鴻寶，不僅以宋槧而珍重者也。書共三十三卷，失去一之二卷，不能無餘憾云。拜五經齋主人錫壽識。［□庭］。

宋景祐本漢書顏注

每頁二十行，行大字十九，小字二十、二十九不等。中有南宋及元元統、大德、延祐所補刻者。刻本存三分之二，其一分則國初曹倦圃所補。上海郁氏宜稼堂收穫黄蕘圃士禮居舊藏。蓋即顧千里《百宋一廛賦》所謂《漢書》，特善，清祕，留將是日景祐戞乎弗亡者。然蕘圃注不言其闕卷。抄補此又別一本也。前有八紙草記鈔補何卷及補刻何葉，乃蕘圃手迹。卷中有

陳延恩觀
鑑儒
倉公
辛楣
張蓉鏡印
姚氏畹真
芙初女史
蕘圃
曹溶鑑藏
張蓉鏡
芙川氏
小琅嬛福墬張氏藏
小琅嬛福墬祕笈
伯純

自得耕者
國瑞家藏
虞山張蓉鏡鑒定宋刻善本
得一日閒爲我福
張氏藏
程恩澤印
詩思清人骨

諸印。題籤又有

杜瓊

印。

《漢書》宋景祐刊本，烜赫于絳雲樓，六丁取之矣。《西清古鑑》所收，聞亦景祐本，天府之儲，無由見也。向時張月霄藏有元統、大德補修本，欲借未果，而已星散，深以歎惋！此本亦有補刊，未知與月霄本何似？然原刻存者尚十七八，以校别本，甚有差殊。擬仿盧抱經先生《群經拾補》之例，爲《校勘記》，以永其傳。僅盡首函，思借全書足成之，芙川諾我否？道光十七年徂暑之月，揮汗識此。武進李兆洛。

昔黄蕘翁所藏北宋板景祐《前漢書》兩部，其一部歸于汪觀察閬源，其次即是本也。内中雖有元、明板配入，然大德、正統本，皆從景祐本出，不礙爲一家眷屬。其鈔補亦從善本影寫，以成全璧。也是翁裒集宋板各種《史記》，令作一書，題爲「百衲史記」，冠于《敏求記·史部》之首，是則宜稱爲「百衲漢書」，可與也是翁之《史記》并爲藝林佳話也。丁酉十月，芙川寓平得觀，因題。

夢廬錢天樹。

宋本資治通鑑目録三十卷

陳本于《自序》後更出結銜，開卷即知其謬。又每年歲陽歲名之末，復以甲子、乙丑注之，亦疑其不然。此本《自序》後即接書年、國、卷，每年下亦不注甲子、乙丑，且結銜一行密字，敕乃提行，可見温公元式。上海郁氏宜稼堂藏此，以爲宋本。驗第一卷結銜字多差誤，蓋翻雕者偶爾失校，其爲宋、爲元皆不可知，然足以洗明人移刻之陋，亦劇可寶貴矣。此本第一卷三十八頁，第二卷四十六頁。陳本鬆展之，一卷五十八頁，二卷六十五頁，亦多費紙墨，絶無勝處。此本凡書一事，下空一格。陳本于空格皆填一圈，然誤聯二事爲一者不少，且多增減錯誤，并當以此本正之。湘鄉相國嘗以胡果泉仿刻元本《通鑑》無目録爲闕典，思得善本，刊傳以惠學者，此足以稱之矣。當爲一言借影付雕也。每卷首有「宋本」「曾在春星閣」「汪士鐘曾讀」三印，竟不知來自誰氏。

元本説文解字補義　卷〔八〕

元包　撰〔九〕。卷首有「愛日精廬藏書」「集賢閣天水郡氏收藏」二印。蓋即昭文張金吾舊藏，《愛日精廬藏書志》論之甚詳。今歸上海郁氏宜稼堂。

元刻金陵新志十五卷

至正癸未張鉉撰。本鉉書。文淵閣箸録。此本郁氏宜稼堂藏。板多漫漶。

元至元刻本玉海二百卷附刻諸種俱備

行款與今通行本同，特板心稍大。字體秀勁，近趙吴興。首有胡助、李桓、阿殷圖埜堂、王介四序，及至正三年慶元路刊行文牒，及薛元德《後序》。又有伯厚之孫厚孫《識語》，在伯厚《題跋》後，謂其先祖且謂未脱稿，難以示學者，故藏于家云云。浙東都事年公始建議板行，今元帥資德公既至，即命刊布。又刊《詩考》、《詩地理考》、《漢藝文志考》、《通鑑地理通釋》、《集解踐祚篇》、《補注急就篇》、《王會篇》、《漢制考》、《小學紺珠》、《姓氏篇》、《六經天文編》、《康成易注》、《通監答問》諸書。厚孫等承命校勘唯謹，而董役者弗爲脩改，遺誤具在，觀者審焉。至元六年庚辰四月一日。卷首有 張寬德宏之印 張任文房之印 玉峰張氏世恩堂圖書 徐氏家藏 曾在汪閬源家 郁印松年 泰峰 七印。

建康實録影宋鈔本二十卷

每頁二十二行，行大字二十，小字三十三、三十四不等。二十卷尾附記云：「江寧府嘉祐三年十一月開造《建康實録》，并案《三國志》、《東》、《西晉書》并《南》、《北史》校勘，至嘉祐四年五月畢工。凡二十卷，總二十五萬七千五百七十七字，計一十策。」後頁前半列張庖民、錢公瑾、曾伉、熊本、趙真卿五人校正銜名，及通判軍府彭仲荀、知軍府事梅摯銜名。後半又載紹興十八年十一月荆湖北路安撫使司重别雕印，韓軫、高楫、王廓、張允之、万俟虛、趙遜、周方平、劉長、王瑋九人銜。此所據鈔者，紹興本也。抄字尚不劣，蓋明末國初時物，僅卷首「郁泰峰己亥年所收書」一印。其抄自何年何人，不可考矣。

宋紹興本集古文韻第三卷

每頁十六行，行大字九，約可容小字十八。蓋夏英公《古文四聲韻》五卷之一。紹興乙丑年僧寶達刻于齊安，而開禧元年後印本。黄伯思《東觀餘論》云：「政和六年冬，以夏鄭公《集古韻》及宗室克繼所廣本。二書參寫，并益以三代鐘鼎彝器款識，及周鼓秦碑、古文印章、碑首，并諸字書有合古者益之，以備遺忘。」云云。是宋人《古文纂韻》有三，今唯英公集者有新安汪啟淑刊本，趙、黄二本則皆無傳。《宋史經籍志》及《玉海》謂宗室趙善繼，與于汴京《石經》之役者，嘗進《古文纂韻》一書，當與伯思所指克繼爲一人，或「一」字誤記也。知此本爲紹興刻、開禧印者。全祖望……謂曾借鈔天一閣夏英公《古篆韻》〔一〇〕，據晉陵許端夫《序》，蓋紹興乙丑浮屠寶達重刻于齊安郡學，許爲郡守，因《序》之。寶達者，劉景文之孫，精于古文篆，親爲摹寫，其亦南嶽夢英一流矣。至北宋本當有前序，而今失之。按：此本僅《上聲》一卷，其有許《序》及有前序否，不可知。而紙背大半是開禧元年黃州諸官致黃州教授書狀，宋黃州猶稱齊安郡，此板在郡學，學官以書狀紙背印書，事理之常。故知爲紹興刻、開禧印也。吾衍《學古編》云：「夏竦《古文四聲韻》五卷，前有《序》并全銜者好，別有僧翻本，不可用。」此書板多，而好者極不易得，所謂僧翻本，蓋即此本。全氏謂其精于摹寫，而吾氏謂不可用，以今行汪刊本校之，小有損益異同，而夏氏所用二百十部《切韻》，其部次與唐顔氏《干禄字書》合者，乃移改同《廣韻》、《集韻》，則斥其不可用者，誠非苛論也。徒以宋刻宋印，且紙背諸狀足見爾時交際儀式，故取備一種耳。是書紹興乙丑刊，開禧乙丑印，而余後十一乙丑同治四年之夏收諸上海市中，抑何巧合乃爾！物之顯晦，豈亦有數耶？紙背狀中首尾結銜，一曰朝散郎權知黃州軍州事王可大，一曰秉義郎新添差黃州兵馬監押趙善覬，一曰訓武郎黃州兵馬都監兼在城巡檢徐靄，一曰迪功郎黃岡縣尉巡捉私茶鹽礬銅錢私鑄鐵錢兼催綱陸工程，一曰朝奉郎行户部員外郎吴獵，一曰武略郎添差淮南西路蔣領張□，一曰學諭章準，一曰學生教諭李起□，一曰學生直學徐灝，一曰升大，失其官及姓，凡十人。其本官結銜則云從事郎黃州州學教授吕。

古人文移案牘用紙皆精好，事後尚可他用，蘇子美監進奏院以鬻故紙公錢祀神宴客得罪，可見宋世故紙未嘗輕棄，今官文書紙率軟薄不耐久。

素問六氣玄珠密語舊鈔本十六卷

唐王冰撰。書中自題曰「啟玄子述」，即唐時注《素問》之王冰也。《宋史藝文志》載王冰《素問六脈玄珠密語》一卷，當即此書，而「氣」譌「脈」耳。「一卷」亦有誤。《道藏》目録及焦竑《經籍志》載此書并云「十七卷」。此鈔當闕一卷也。其書專論五運六氣，因六十甲子直歲反復言之，蓋以天時運轉明醫法。

孫淵如手校太白陰經

寶山蔣劍人敔復所藏。乙丑閏五月朔日，在上海借觀。校今行叢書刻本，可補正者甚多。《校正太白陰經序》：唐李筌《太白陰經》八卷，舊存篋中。首闕《天無陰陽》、《地無險阻》二篇，又無《諸營陳圖》，文字亦多脱落。頃以明茅元儀所刊《武備志》中引李筌書校補，又檢《通典》、《太平御覽》互加勘定。第八卷《雜占》，疑即《宋藝文志》所稱《占五行星度吉凶訣》一卷，但《中興書目》及鄭樵《藝文畧》俱稱「十卷」，《唐》、《宋志》同。此則合《雜占》止八卷，或後人合併之，似無闕佚矣。李筌官荆南節度副使，其名姓、官位，僅見《集仙傳》及《神仙感遇傳》。世所傳

《陰符經》，或言筌得之驪山老母，《神仙感遇傳》亦謂筌入山訪道，不知所終。是其人生平好怪，故無政迹見于正史。此書有《祭毗沙門天王文》，亦是唐時陋習，筌所增入。然其書議論純正，鑒人、相馬、攻守之具，古法猶存。《東都事略·燕達傳》，達採諸葛亮、李靖意，成五陳法，授之以教戰士，即此諸陳法也。後附《藥方》、《占訣》，皆非筌所能臆撰者，實勝于《陰符經》，故與杜佑所引文往往符合。兵家各書亡佚甚多，《周禮注》所引《孫子》萃車之陳，《傳注》所引《太公陰符》，今皆不可得，此即有用之學，刊以俟後人補訂焉。嘉慶五年正月廿一日，孫星衍序于吕蒙城舟次。

宋寶祐四年會天曆一卷

據宋本過録，寶山蔣敀復所藏。卷首行題云：「大宋寶祐四年丙辰歲《會天萬年具注曆》。」其歲德刑等，及九宫，及月九宫德刑等。曰吉凶星、宜忌、建除、納音、直宿、七十二候、日出入晝夜時刻，所注與今《時憲》同。又每日必書人神所在于細注下，惟按節載卦氣，如立春坎六四，雨水坎九五，及二月大夫隨卿晉公解之類，爲今所無。末載筭造官五人結銜云：「寶章正充同知筭造兼主管文德殿鐘鼓院判執禮，靈臺郎充同知筭造楊旂，靈臺郎兼主管測驗渾儀刻漏所相師堯，撫授保章正充同知算造譚玉，靈臺郎判太史局批點曆書鄧宗文。」

後有朱彝尊、錢大昕嘉慶八年皋月、李鋭十九年七月、沈欽裴二十年六月、蔡復午二十五年涂月、陳杰、金望欣并道光二十二年九月七人跋，敢復收此書又自爲跋。同治四年四月。　蔡蘭甫云：「京房卦氣，郎顗父子得其學最精，乾象全用此法，大衍推六日七分，取四正卦以定二十四氣、七十二候，宋時蓋猶仍之。五百年來，卦氣久置不用，而今《憲書》尚總列六候于每月之前，此特李氏《月令》之僅存者爾。定朔之説，始于劉焯，李淳風始用之，經朔兩大無兩小，三大兩小，皆定朔也。《會天書》四、五月皆小，九、十、十一月皆大，是用定朔也。晝夜分一在春分前五日，一在秋分前一日，長短至皆在夏至、冬至前十七日，是不但二十三氣，并冬至亦不依定氣矣。」陳静菴云：「其平氣定朔、七十二候、六十卦氣，及滅没芽事，蓋悉仍其本朝之舊。唯其晝六十刻、夜四十刻，在夏至前六十日〔二〕，晝六十刻、夜四十刻，在冬至前十七日，則不可解。」金嵎谷云：「此所注晝極長，六十刻，前距五十九刻十五日，後距五十九刻三十四日；極短四十刻，前距四十一刻十四日，後距四十一刻三十四日。太陽有此前後不齊之行度乎？蓋鈔胥之誤。」蔣劍人云：「李四香謂朱《跋》歲在丙辰元日立春，百年罕遇。蓋竹垞不明推步，誤信田家諺耳。」余按史家言，顓頊高陽氏作曆，以丙辰孟春正月朔旦立春，五星會于天曆，營室立元，此宋寶祐四年《會天曆》亦歲在丙辰正月朔旦立春，曆名《會天》，正取此也。

殘宋本輿地廣記

上海市中出，即黄蕘圃據刻之本。

烈文 宋本 汪印士鐘 閬源真賞

此殘宋本歐陽忞《輿地廣記》，自第十八卷起，至第三十八卷止，爲予亡友顧抱沖藏書也。初抱沖得諸華陽橋顧聽玉家，余未及借讀。適爲周香嚴携去，香嚴告余曰：「此本與家藏抄本行款同，故得以知其移易卷弟之迹；而抄本似又從别本宋刻傳録，不及殘本之精。」余識其言不忘。既而抱沖作古，從其家借出，見其根題曰：宋板《輿地廣記》廿一卷，以元亨利貞爲次，于兩浙路上一册有「宋本」圖記，一有「季振宜臧書」圖記，一知延令《宋板書目》有《廣地》。《廣地》廿一卷即此本也。蓋是本移易卷弟在滄葦收藏時已然。幸有抄本可證，得以復其舊觀。爰命工重爲改裝。自十八卷後悉排編無誤。十八卷缺前三頁，三十八卷缺後幾葉，皆向來如此，闕疑可也。册數分四爲五，皆以每路之可分者爲定。書根字迹未敢滅去，俾延令《目》中所云有可考等爾。

嘉慶庚申歲春二月，黃丕烈書於士禮居。蕘圃

元刻詩集傳附録纂疏二十卷詩序辨説附録纂疏一卷 新安胡一桂撰。

此書《四庫全書》未箸録。

每頁廿二行，每行大字二十，小字雙行則二十四。前有泰定第四祼彊圉單閼歲長至穀旦乙丑從事郎、邵武路總管府經歷致仕盱江揭祐民從年父《序》，云：書于建東陽翠巖劉氏家塾，謂胡氏撰集大成，殁身乃已。後十餘年，得劉氏君佐，迺朱子故友劉用之後人，不忍以用朱子之學者堙鬱不售，亟鋟諸梓。一有《十五國都地理圖》一紙，附録《纂疏姓氏》二紙、《語録輯要》五頁。後有篆文爲二行木記云：「泰定丁卯仲冬，翠巖精舍新刊。」《詩傳》綱領七頁，篇目後有行書七行木記云：「文場取士，詩以《朱子集傳》爲主，明經也。新安胡氏編入《附録纂疏》，羽翼《朱傳》也。增以浚儀王内翰韓、魯、齊三家《詩》，考求無遺也。今以《詩考》謹鋟諸梓，附于《集傳》之後，合而行之。學《詩》之士潛心披玩，蜚英聲于場屋間者，當自此得之。時泰定丁卯日長至，後學建安劉君佐謹識。」同治丙寅六月在上海，宜興周濂珂淮清持以相示，有守甓齋藏書 計光炘印 曦白父

【新安汪氏】并朱【敢淑信印】白【秀水計光炘曦白氏】白【計光炘印】【曦伯所臧】【匏如珍臧書籍私印】【泠音閣】并朱【古射襄城計光炘曦伯之章】白【計曦伯家珍藏】【聞川計氏曦伯所臧】白諸印。據其木記，尚附有王伯厚《詩考》，而此失之。

文苑英華纂要四卷 宋刻本

宋高似孫纂。甲卷九十八頁，乙卷九十七頁，丙卷八十二頁，丁卷七十頁。前有似孫《序》，後有元趙文《序》。上海市出，板稍漫漶，蓋元明間印者。每卷首有印曰（宋本）朱曰【元勛】朱又曰【汪旱齋藏書】朱【民部尚書郎】朱【汪士鐘印】，蓋汪閬源舊藏。每半頁十行，行十七字。其鈔撮不分類，但按卷次摘句、摘段録之。〔眉批〕此書《藏書志》有之，謂是元刻。《天禄琳瑯》乃以爲周益公著，殆誤。

文苑英華

孝宗皇帝閲《文苑英華》，周益公直玉堂夜宣對。上謂祕閣本太舛錯，再三命精讎十卷以進。一日侍公酒，公以無佳本爲言，因白架中有此書，間嘗用諸集是正，頗改定十之二三。公驚喜曰：「《英華》本世所無，況集耶？」迺盡笈去，復以讎整者畀予研訂，書奏御，不爲無分毫助也。後以本傳之廬陵手書寄來，急讀一遍，因取其可必用者，僅爲帙四；又以奉公復答曰：「書千卷，鮮克展盡，顧乃獵之精、舉之確耶？不減小洪公史語也。」初予官越，洪公方在郡，日日陪棣華堂書研，頗及史語。公曰：「不過觀書寓筆，示不苟於觀耳。」予曰：「類書帙多字繁，非惟不能盡記，蓋亦未嘗盡見，古人是以有撮取之功，然迺切於自用，非爲他人設也。」洪公擊節曰：「此正余意，鈔亦出是歟？」冶使史公來訪越墅，因從容硯寮，見鈔本曰：「鈎玄摘奇，便於後學者也。」書成，索甚力。第二書報已栞。第三書寄栞本令作鈔序，迺誦益公、洪公語以謝好雅。嘉定十六年三月七日，高似孫續古識。

文苑英華後序

（眉批）此《序》係摹寫草書補者。

予少讀《文苑英華》，困於浩瀚，不能盡究。後得鄉先生高公手抄《文苑纂要》四集，計八十四卷，復又撰十卷《卞澄考異》，凡古今名賢諸作有一聯一句至奇至妙者，必博采無遺。予讀之神馳心醉，奇哉是書也。世道不古，詩書之道廢，挾兔園册者非惟莫之見，恐莫之聞。文運天開，車書混同，聖天子下詔求經明行修之士〔一二〕，試六經、古賦、詔、誥、章、表以觀其所學，試時務策以觀其所能。士之懷才抱器者，莫不爲之鳶飛魚躍，崇儒重道之風，古之《菁莪》，不是過矣。習科目者熟精於此書，鏖戰文場，寸晷之下，能使朱衣人暗點頭，則題雁塔，綰銅章，特拾芥耳。《文苑》一書，當必遇賞音。余老不能文，姑述其略，以贅高先生手抄之後云。延祐甲寅冬後一日，青山趙迖序。

梁江文通文集十卷目録一卷宋本

〔眉批〕《讀書敏求記》：「《江文通集》八卷，元僧宏濟所録者。末卷《中山楚辭》後多歌詞二首，流俗行本所無。行間脱誤字，咸可考正。」

梁江淹撰。第一、二卷《賦》，三、四卷《詩》，五卷《傳》、《書》、《奏》、《記》、《牋》、《表》，六卷爲始安王、建平王《章》、《表》、《教》、《啓》、《行狀》，七卷《敕爲朝賢作書》及《尚書符》、《慰勞雍州文》、爲蕭驃騎諸《表》、《啓》、《教》，八九卷爲蕭太尉、太傅、齊公、齊王《表》、《啟》、《章》，自受禪後諸《詔》，第十卷《誄》、《誌》、《祭》、《呪》諸文及《頌》、《讚》、《雜言》、《騷辭》，終以《自序》一篇，有云「未嘗著書，唯集十卷」，豈即所自定耶？其編次極有條理。《四庫》著録本四卷，特據明人鈔集者，猶未見此本也。前後無序跋，不知何時所刊。卷中「鏡」、「敬」等字缺筆，〔眉批〕貞匡恒殷玄。

亦姑謂之宋本。每半頁十行，行十八字。卷及五卷有印曰：虚堂，丙寅六月上海市出者。又見一《陸士衡集》，與此本行字數與板式大小皆相似，惟宋諱字不缺筆，乃明正德己卯六月，都太僕穆以宋慶元中華亭縣齋刊本與吴士陸元大重刊者，知文通此集即是宋刻，意宋時必有魏晉六朝名集彙刻之本，故兩集式樣若一耳。

韋蘇州集十卷 明翻宋本

半頁十行，行十八字。卷第一：古賦一；雜擬二十；燕集。卷第二：寄贈上。卷第三：寄贈下。卷第四：送別。卷第五：酬答，至《酬閻員外涉》止。逢偶，《長安遇馮著》起八首。卷第六：懷思，至《追懷》止；行旅，至《山行雨歸》止；感嘆卷第七：登眺，《登重玄寺閣》止；遊覽。卷第八：雜興。卷第九：歌行上。卷第十：歌行下。

道園學古録五十卷 元刻本，上海瞿氏

每半頁十三行，行二十四字。絶似《柳文音義》。

宛陵先生文集六十卷元刻本

宋梅聖俞撰。半頁十行，行十九字。有「葉氏菉竹堂藏書」朱、「九華山人」白、「繡佛齋」白。

明板六家文選初印緜紙

板心甚大。半頁十一行，行大十八字，小則行二十六字。《天禄琳瑯》亦載此種。

宋刻百川學海上海瞿氏

左圭禹錫編刻之。百種。每半頁十四行，行二十八字。

宋刻揮麈前録四卷上海瞿氏

王明清仲言撰。其《序》在第四卷末，結云：「淳熙乙巳中元日朝請大夫主管台州崇道觀汝陰王明清書。」題曰「王知府自跋」。《跋》前爲李垕復仲言書，題曰「李賢良簡」。又前爲臨汝郭九德《跋》，又前爲沙隨程迥《跋》，又前爲仲言乾道丙戌冬長至成書自識三行。紙墨頗佳。每半頁十一行，行二十字。每條第二行後皆低一字。首有「汪印士鐘」「三十五峯園主人」「秋浦」「憲奎」四印，末有「平陽汪氏臧書印」一印。

續博物志上海瞿氏

結銜云：「前都官員外郎隴西李石撰」。其中于「本朝」、「祖宗」等俱提行，蓋猶宋式，特非初印耳。半頁十一行，行廿三字。惜紙朽，已裱裝過。

列子張汪元刻本，瞿

每半頁十二行，(行)二十六字。蓋亦元人彙刻六子本之一，有「愛日精廬藏書」朱、「季振宜印」朱、「滄葦」朱、「廣鈞平子」白、「吾生甲申」朱數印。

管子無注。半頁十行，行廿一字。似元明間刻

事文類聚元刻。每半頁十四行，行廿八字

禮記纂言元刻本，瞿

元吴澄撰。其篇目、次序多所更定。不録《大學》、《中庸》、《投壺》、《奔喪》及《冠義》、《昏

義》、《鄉飲酒義》、《射義》、《燕義》、《聘義》十篇，而《曲禮》、《檀弓》、《雜記》之上、下皆合爲一篇，于是鄭《注》之四十九篇者僅有三十六篇。每半頁十行，行二十字。經文分節頂格寫，注文雙行低一字，行僅十九字。

陳氏禮書一百五十卷宋刊本

宋陳祥道撰。首載建中靖國元年正月禮部差楷書畫工人鈔祥道《禮書》牒，并及陳暘《樂書》，次祥道《進書表》，《序》中參有《樂書序》一紙，無前半，蓋當時二書并刻也。肆中有《樂書》與此相似，半頁十三行，行廿一字。

禮經會元四卷元刊本

結銜云：「宋龍圖閣學士光禄大夫、贈開府儀同三司、南陽郡開國公、食邑二千一百户、食實封一百户、謚文康葉時著。」作一行。首載至正二十六年丙午臨海陳基《序》，及至正乙巳中秋江浙行省右丞兼同知行樞密院事海陵潘元明仲遠《序》，次《竹埜先生傳》，《傳》尾有至正二十五年八月六世孫江浙等處儒學副提舉葉廣居《識》，蓋元明從廣居得本所重刻也。每半頁十一行，行二十四字。篇中具刻點抹，蓋仍宋刻之舊。今通志堂刊本乃盡去之，非也。卷目有葛鼒之印白一印，卷一有孫星衍印白一印。

龍龕手鑑四卷影鈔本，瞿

遼釋行均撰。其卷題云：「龍龕手鑑平聲卷第一。」釋行均，字廣濟。集首載統和十五年丁酉七月燕臺憫忠寺僧沙門智光《序》。遼聖宗統和丁酉，當宋太宗至道三年。其所據影之本甚大，蓋似明刻金人《五音集韻》、《篇海》。每半頁十行，行容大字十八，容小字雙行可三十六；其當摺縫上角多缺字。

考古圖十卷元大德本

〔眉批〕不知有《續圖》五卷、《釋言》五卷否。

宋呂大臨撰。首載元祐七年呂大臨《考古圖記》，次載大德己亥古迂陳才子謹題，及茶陵陳翼子翼俌識。後又有記八行，謂宋儒正字吕與叔先圖古器物并録其銘篆，彙爲十卷云云。其所記之人及年月，蓋在後頁失之。其每卷題後并署「默齋羅更翁考訂」，則陳子謹題所謂「汲郡吕公彙諸大家所藏『尊』、『卣』、『敦』、『盂』之屬，繪爲鉅編，兵後多磨滅，吾弟翼俌又廣吕公好古素志，屬羅兄更翁臨本，且更翁刻以傳世，并採諸老《辨證》附左方」，是不盡吕氏原本矣。前有〔鹿巖山人〕一印，卷首有二卣主人廿一歲小像，嚴可均題。篆書。像後有倪稻孫題云：「學有獲，得古人之面目。利長年，惟不足，以吉金而石樂。」二卣不知即稻孫否。

棠陰比事

宋萬桂榮撰。有道光末金陵朱緒曾在嘉興仿宋大本。

明刊農書二十二卷凡農桑通訣六卷穀譜四卷農器圖譜十二卷

元王禎撰。每卷題「集之一」、「集之二」於目。集之一附説云：「古之文字皆用竹帛，逮後漢始紙，爲疏乃成卷軸，以其可以舒卷也。至五代後漢明宗長興二年〔三〕，詔九經版行於世，俱作集册，今宜改卷爲集。」首載嘉靖庚寅臨清閻閎《序》。蓋山東巡撫邵錫、布政使顧應祥始刊，而左布政使李绯成之。半頁十一行，行二十二字，板心頗大。此書明萬曆末鄧渼刊本，删併爲十卷。《四庫》本亦二十二卷，乃依《永樂大典》本，約用王氏元卷第重編，以聚珍板印行，恐亦未能悉還其舊，惜未見此本耳。

元刊困學紀聞二十卷

宋王應麟撰。前載牟應龍、袁桷二序。蓋即桷《序》所謂馬速忽、孫楫濟川所刊本。半頁十行，行十八字。此種又于坊間見一本。

野客叢書三十卷坿録一卷 仿宋刻本，瞿

宋長洲王楙撰。小序有【香竹山房藏本】朱【宗橚】白【詠川】朱【古鹽張氏】白四印。目録有【松下藏書】【緑蓑青笠郙尻】二印，目尾有「長洲吴曜書黄周賢等刻」十字雙行，每卷尾皆然。卷一有【漁書竹堂】白

李印兆洛白 中耆白事白三印，半頁十行，行二十字。

朝野僉載十卷據宋本寫

唐張鷟撰。《四庫》著録六卷，此乃十卷，未審其同異。半頁九行，行十八字。目首有笠澤 曹炎之印 彬侯并朱三印。

西溪叢語二卷明嘉靖本，鶴鳴館刻

宋姚寬撰。張紹仁、吴翌鳳遞藏，丹黄殆遍。

西山真文忠公讀書記宋刻本，瞿

每半頁九行，行大十六字，雙行小字二十四。寫刻精好不苟，宋本之善者。惜僅有《甲記》

三十七卷，卷端有季振宜印朱大、季振宜讀書朱、季振宜印朱小、滄葦朱數印。

南宋館閣録十卷續録十卷寫本

宋陳騤撰。此據《四庫》本寫者，字頗圓潤。

元祕書志十一卷寫本〔一四〕

元承務郎祕書監著作郎王士點、承事郎祕書監著作佐郎商企翁編次。此寫甚工，半頁九行，行十六字。蓋據元本過録。

席上輔談二卷舊寫本

元俞琰玉吾著〔一五〕。鈔字近趙書。

識遺十卷舊寫本

宋羅璧子蒼撰。

靜齋至正直記四卷舊寫本，鮑氏藏

元闕里外史行素居士著。明平陵史繼裴相之父校。知不足齋鮑以文藏書朱

金石三例

雅雨本有評，甚佳。華亭嘯園沈氏圖書 沈慈之印并朱

樂府詩集元刻本

郭茂倩編。絳雲樓舊藏。半頁十一行，行二十字。

滋溪文稿三十卷寫本

元蘇天爵伯修撰。

滹南遺老集四十五卷續附一卷寫本

金王若虛撰〔一六〕。文珍樓鈔藏之本，寫頗工。

鉅鹿東觀集十卷寫本

宋魏野仲先撰。

河南先生文集二十七卷寫本

宋尹洙撰。有簽校可取。

梧溪集七卷寫本

元王逢撰。行書鈔，密行，尚可。

蘇學士文集校本

宋蘇舜欽撰。以舊鈔本校宋犖刻本之失。

極玄集汲古閣舊鈔本

唐姚合纂。

雲臺編明刻本

唐鄭谷撰。嚴嵩《序》後有康熙辛卯何義門題字。葉氏藏書

埤雅二十卷元明間重刊宋本

宋陸佃撰。結銜云：「中大夫、守尚書左丞、上柱國、吴郡開國公、賜紫金魚袋。」其子宰宣和七年《序》，結銜云：「男朝請郎、直祕閣、權發遣淮南路計度轉運副使公事、借紫金魚袋。」半頁十二行，行二十三字。天運庚□八月，京口張存性中《序》重刻緣起云：「《埤雅》書成，授其子宰，始序以傳之，時宣和七年矣。其後五世孫壑由祕閣修撰來知贛州，再用刻于郡庠。歷世既久，悉燬于兵燹，人罕得聞。會奉議大夫、江西按察司僉事、古閩林公瑜字子潤巡按贛上，訪于耆民黄維，得是書，欲與四方學者共。太守陳大本克承公意，乃命鳩工刻之。其中缺簡甚多，欲求别本無得者，復有待于後之博雅君子，不敢以私智補之。」歸印世昌

爾雅新義　卷〔一七〕寫本

宋陸佃撰。此書《四庫》未著録。

禮經本義十七卷 寫本

國朝梁溪蔡德晉敬齋輯。以十七篇分《嘉》、《賓》、《軍》、《凶》、《吉》爲次，《軍》仍缺。凡十六卷，第十七卷則《逸禮》諸篇，而自爲輯注。其本經僅十六卷者，無《喪服》一篇也。

周易集解 明嘉靖刻本

明宗室朱睦㮮灌父所刊。有嘉靖丁巳冬刻書序及上海潘恩《序》。半頁八行，行十八字。注皆低一格，大書甚醒目。朱《序》謂刻自宋季，希有存者。予得之李中麓，復用校梓以傳。鼎祚，資州人，仕唐爲祕閣學士，以經學稱于時，嘗進《平胡論》，預察胡人叛亡日時，無毫髮爽，象數精深蓋如此。及閲《唐列傳》與《蜀志》，俱不見其人，豈遺之耶？抑别有所載耶？朱《序》。

三國志注 元刻本，瞿

半頁十行，行十九字。注廿二三字不等。惜補換過半。

漢書注　本 瞿

半頁十行，行廿三字。刻印清整，以朱墨録徐亮直、何義門兩家評校于上下端。

續宋編年資治通鑑十八卷 舊本，滬市乃徐此珊舊藏

宋李燾進。《四庫》著在《存目》。此刊半頁十五行，行二十四字。寫刻整滿，是宋、元密行善者。卷目之末有「雲衢張氏」「鼎新刊行」二木記。

淯化本前後漢書滬市

末有「淯化五年□月奉旨校刊」字，售者以爲北宋本；細核之，蓋明時翻刻者，其避諱皆不及南宋，固北宋子本也。半頁十行，前每行大十九字，小廿七字；後行大十九字，小廿五字。亦并有多少差參者。四邊極粗。

源流至論四集四十卷宋刻本，滬市

每半頁十五行，行二十五字。《前集》《後集》《續集》，林駉撰(一八)。《别集》，黄履翁撰。

長春真人西游記二卷寫本，瞿

元李志常撰。記其師邱處機西遊事，于山川、風土、飲食、衣服、百果、草木、禽蟲之别，皆資考證。《研經室外集》始著録。

中州集元刊本，滬肆

半頁十五行，行廿八字。印亦中等。

恬裕齋藏書目録

昭文罟里村瞿敬之秉淵部曹家所藏

經部

周易十卷宋刊

王、韓注〔一九〕。分卷與《釋文》、《石經》、相臺本合。

周易注疏十三卷宋

分卷與《書録解題》合。山井鼎《考文》引宋亦作十三卷。

周易兼義九卷略例一卷音義一卷宋

此宋人改疏卷從傳之本，而又改《泰傳》第二爲《需》，《噬嗑傳》第三爲《隨》，而注本、《正義》

本舊式皆失矣。

程朱二先生周易傳義十卷元刊

張先生校正楊寶學易傳二十卷宋

即楊萬里《易傳》初本。其門人張敬之顯父校正。

朱文公易説二十二卷宋

朱鑑編。

周易象義十二卷宋

丁易東撰〔三〇〕。《四庫》本、《彖》《象傳》《九卦》及《繫》上皆有闕注，此皆全。

婺本點校重言重意互注尚書十三卷宋〔二一〕

《孔傳》附《釋文》。《釋文》下即入《重言》、《重意》、《互注》等，皆標以陰文。婺本者，岳氏《……沿革例》所引有婺州舊本〔二二〕。

附釋音尚書注疏二十卷宋

即世所稱十行本。

尚書注疏二十卷金刊

篇題同十行本。《説命中》「惟天聰明」節注疏，各本脱。山井鼎據古本宋板正誤補闕，載之考文。此本與之合。

杏溪傅氏禹貢集解二卷宋

傅寅。即傅是樓本。通志堂刻所據。

重刊明本書集傳附音釋六卷元

題「朱子訂定，蔡氏集傳，鄱陽鄒季友音釋」。「明本」者，宋之明州本。明州，今寧波府也。

尚書要義二十卷舊鈔

明人精鈔，無闕卷。

書集傳十二卷或問二卷宋

陳大猷撰。《宋史·藝文志》不載，惟見葉氏《菉竹堂書目》及西亭王孫《萬卷樓書目》。通志堂蒐訪不獲，僅刻《或問》二卷。今傳本絶稀。此猶完好如新，洵秘笈也。《四庫》未録《集傳》〔一三〕。

尚書通考十卷元

黄鎮成撰。字蹟清整，是天曆間舊刻。

毛詩二十卷宋

南宋巾箱本。分卷與《唐石經》同。「匡」、「殷」、「桓」、「覯」、「慎」省筆，「敢」不省，孝宗時刻也。

詩集傳二十卷校宋本

吳門袁廷壽藏此宋本。此即其所校録。

詩集傳殘本一卷宋

《集傳》今皆八卷。《宋志》云二十卷。此僅《文王之什》，稱卷十六，與《宋志》合，猶朱子舊第也。

呂氏家塾讀詩記三十二卷宋

前朱子、後尤袤序，俱題「淳熙壬寅九月」，爲邱宗卿刻本。

毛詩要義鈔

卷一《詁》、《傳》不脱「傳」字。《關雎傳》「雎鳩之有别」，不誤「關雎」，與岳本同。

叢桂毛詩集解二十一卷舊鈔

廬陵段昌武武子集。其所引説，曹曰尤詳。《困學紀聞》引曹氏説四條，《宋志》有曹粹中

《放齋詩説》三十卷，蓋即其書。胡氏《纂疏》間引之。朱氏《經義考》謂爲未見〔二四〕于此可窺梗概。

詩集傳附録纂疏二十卷 元

四庫未收〔二五〕。

周禮注殘本六卷 宋

存一、三、五、六、十、十一，缺六卷。小字本。

纂圖互注周禮十二卷 宋

其經、注勝通行注疏本，與宋巾箱本同。

周禮句解十二卷宋

題「魯齋朱申、周翰」。麻沙，宋末刻。

周禮補亡六卷元

元丘葵承俞廷椿、王與之之説，雜取「五官」，以補《冬官》，與二家間有出入。

儀禮圖十七卷儀禮旁通圖一卷元

楊復撰。昭武謝子祥刻。

儀禮要義五十卷影宋鈔

卷第悉依賈疏原本。今傳景德單疏本，多闕佚，分卷幾不可知。覈此猶可考見。

禮記殘本五卷宋

鄭注。後有楷書墨圖記云：「婺州義烏酥溪蔣宅崇知齋刊」，即《石經考文提要》所謂南宋巾箱本也。

禮記二十卷宋

南宋附《釋文》本，闕卷一至四。黄復翁收得南宋巾箱本足之。

禮記單注殘本一册宋

僅《投壺》、《儒行》二篇，當是南宋書林刊。

禮記釋文四卷宋

淯熙四年撫州公使庫本，附二十卷注本後者。

禮書一百五十卷元

陳祥道。是書元祐刻本，久佚。今世流傳厪有是本。

儀禮經傳通解集傳集註殘本十一卷宋

存《家禮》五卷，《邦國禮》二卷，《王朝禮》四卷。

纂圖集注文公家禮十卷宋

題「門人秦溪楊復附註」。

春秋經傳集解三十卷宋

卷末「淳熙柔兆涒灘中夏初吉閩山阮仲猷種德堂刊」(二六)。乃宋孝宗淳熙三年丙申也。

春秋經傳集解二十三卷宋

此宋槧小字不全本。高宗上諸帝諱皆省筆,而「慎」字不闕,蓋南渡時初刻也。

附釋音春秋左傳注疏六十卷宋

南宋時刻。即阮氏所稱《注疏》中六十卷本之最善者也。

附釋音春秋左傳註疏三十卷宋,明修

宋刻明修,板心有「正德年」字。

春秋公羊經傳解詁十二卷宋

《序》後有余氏題識云：「紹熙辛亥孟冬朔日，建安余仁仲敬書。」阮氏《校勘記》稱：「鄂州官書經注本最爲精美。今考此本，足參訂鄂本者頗多。」

監本附音春秋公羊註疏二十八卷宋

首載景德二年六月日中書門下牒；後有結銜四行：「工部侍郎參知政事馮、兵部侍郎參知政事王、兵部侍郎平章事寇、吏部侍郎平章事畢。」

春秋穀梁傳殘本六卷宋

存《宣公》以後六卷，前後闕六卷。卷末曰「余仁仲校正」。

監本附音春秋穀梁傳注疏二十卷宋

何氏煌謂宋南雍本，是也。

春秋名號歸一圖二卷宋

馮繼先。

古文左傳十二卷鈔本 〔眉批〕此絶可疑。

王應麟撰。是書諸家書目俱未箸録。吴中惠氏有鈔本。其輯《左傳補注》，皆本之。

春秋諸傳會通二十四卷元

廬陵進士李廉輯。

春秋屬辭十五卷春秋左傳補註十卷春秋師説三卷元

新安趙汸。

孝經一卷影宋鈔

唐玄宗御注。從相臺岳氏本影寫。

論語一卷元

專刻聖經白文，有句讀、切音，足正俗讀之譌。

論語鄭氏注二卷鈔本

鄭氏原書十卷，見《唐藝文志》，《宋志》不載，則亡于五代時。此本出深寧叟搜輯，亦未見諸家書目。乾隆時江寧嚴用晦從秦中王端毅家録得，遂有傳本。

論語集解義疏十卷日本刊本

魏何晏集解，梁皇侃義疏，日本根遜志校正。其國寬延庚午春正月刻成。

大學章句一卷附大學或問二卷中庸章句一卷附中庸或問二卷

論語集註十卷孟子集註十四卷宋

經文字句有與通行本不同處，俱與《唐石經》合。其註之異于今本者，足資訂證。此朱子晚年定本。

論語集成二十卷宋

不箸纂輯姓氏。次行陰文題諸儒集成之書曰：《朱子集註》、《朱子集義》、《朱子或問》、《朱子語録》、《南軒張氏註》、《黄氏通釋》、《蔡氏集疏》、《趙氏纂疏》。案：宋吴真子有《四書集成》，此本殆即其書僅存者與？

四書通二十六卷元

胡炳文。書中註與今通行本有異文、異句，爲朱子晚年定本與？祐本《四書》合。

聖宋皇祐新樂圖記影宋鈔

阮逸、胡瑗奉聖旨撰。

樂書二百卷元

至治重刻。陳暘。

爾雅三卷元

郭璞注。《釋音》附每卷後。郭注中某音某音者，完然無缺，與嘉靖間吴元恭翻刻宋本同。

爾雅新義影宋鈔

陸佃。經文尚是北宋相傳本，較今行本爲善。

急就篇四卷舊鈔

顔注單行本。

説文解字繫傳殘本十一卷宋

「慎」字減筆，是孝宗以後刻。

玉篇三十卷元

顧野王。

新集古文四聲韻五卷宋

舊爲雁里草堂沈氏藏。

切韻指掌圖一卷影宋抄

末有温公四世從孫跋云：「刻於紹定庚寅。」此即《竹汀日記》所謂毛鈔宋本者也。

押韻釋疑五卷宋

歐陽德隆撰。嘉熙己亥四明余天任刻。

韻補五卷元

吴棫《韻補》始刻於嘉禾，明人已云罕見。此本行款字畫猶有宋人舊式，當是元書肆本。

龍龕手鑑四卷宋

遼釋行均字廣濟集，統和十五年丁酉燕臺憫忠寺沙門智光字法炬序。丁酉當宋至道三年。

史部

正史

史記集解一百三十卷宋

「敬」、「鏡」、「殷」、「匡」、「恒」、「貞」、「徵」字省筆，「頊」字不省，神宗以前刊本也。此與震澤王氏本及今本異者。如《殷本紀》「有炮格之法」，不作「炮烙」。《秦始皇本紀》「至於萬世」，不作「千萬世」。此類不可枚舉。舊爲傳是樓藏。

史記殘本十四卷宋

集解。

史記殘本七十六卷元

三家注。存《本紀》四至六；《表》一至四、七至十；《書》一至八；《世家》八至十二；《列傳》二十九至七十。其《十二諸侯年表》有墨圖記云：「安成郡彭寅翁鼎新刊行」。

漢書一百二十卷宋

明監本多脱譌。以此本校之，如《王侯表上》「畢梁侯」譌作「卑梁」。「永始三年光禄勳韓勳爲右將軍」，脱「韓勳」二字。《古今人表》杞東樓公原在第五，譌列第六。此類不可枚舉。錢宫詹云景祐本即此。

太平新刊漢書一百卷元

是書刊于大德乙巳十有二月。目後有太平儒學教授曲阜孔文聲跋。其書出自景祐本，譌謬尚少。

後漢書一百二十卷宋

是書各本多譌脱，如《郭泰傳》云：「初，泰至南州」以下七十四字，儳入正文。此本作「章懷注」。足徵其善。

後漢書一百二十卷元

題款與宋刊同。《志》三十卷，題「劉昭注補」，猶出自景祐本。謬譌亦少。

晉書一百三十卷音義三卷宋

此宋刻十行本。何超《音義》，宏農楊齊宣正衡序。宋志作齊宣撰者誤。

隋書殘本三卷宋

僅存八十三至八十五。末三卷後有天聖二年勅。

隋書八十五卷元

至順間瑞州路學刊。

南史八十卷元

大德丙午年刊。

北史一百卷元

大德間刊。

舊唐書殘本六十一卷宋

「愼」、「敢」不闕，蓋刻在高宗時。又校勘有紹興府教授朱倬名。考倬忤秦檜，出爲教授，是在紹興初年也。

唐書二百五十五卷元

此元刻十行本。

五代史記七十五卷宋

舊爲汲古閣藏。

五代史記七十五卷元

元時宗文書院刊。

宋史四百九十六卷明刊

絳雲樓舊藏。

遼史一百十六卷元

元刊十行本。

金史一百三十五卷元

大德間杭州路刊本。

編年

漢紀三十卷影宋鈔

從紹興錢塘刻本影寫。

資治通鑑二百九十四卷宋

題「司馬光奉敕編集」。同修者：劉攽、劉恕、范祖禹。檢閲文字者：司馬康。元豐八年九月十七日，准尚書省劄子奉聖旨重行校定。元祐元年十月四日，奉聖旨下杭州鏤板。紹興二年七月初一日刊板。紹興三年十二月二十日畢工。書中「敢」、「慎」、「郭」字有闕筆，疑出寧宗時修板印行。

資治通鑑二百九十四卷元

胡注。此元興文書院刻。舊爲文文肅公及嚴思菴藏本，皆有題識。

呂大著點校標抹增節備註資治通鑑殘本七十九卷宋

麻沙本。諸前書目不載，惟見《千頃堂書目》。

通鑑釋例一卷舊鈔

有乾道丙戌司馬伋後跋。

資治通鑑釋文三十卷影宋鈔

乾隆間吴中出宋刻本，此從之。

通鑑釋文辨誤十二卷元

胡三省。

歷代紀年十卷宋

宋晁公邁撰。刊于紹熙壬子。

續資治通鑑長編一百八卷影宋鈔

海寧吴氏藏。中有槎客校字。

資治通鑑綱目五十九卷宋

武夷詹光祖重刊于月崖書堂。建安宋慈惠甫校勘。張月霄謂惠甫即編「提刑洗冤集録」者，爲淳祐間人，遂定爲淳祐本。

通鑑綱目五十九卷元

舊爲楊五川萬卷樓藏。

續宋中興編年資治通鑑十五卷元

劉時舉。

中興兩朝編年綱目十八卷影宋鈔

不著撰人。藏書家俱未著録，惟見《文淵閣書目》。

續編兩朝綱目備要十六卷影宋鈔

亦不著撰人。諸家書目皆未載。世所傳者，出《永樂大典》。此猶原本也。

通鑑續編廿四卷元

陳桱。明成化間詔商輅等續修《綱目》，雖有删定，即襲用之。

紀事本末

通鑑紀事本末四十二卷宋

是書初刻于淯熙乙未，爲嚴陵小字本。此大字本，乃趙節齋刻于寶祐五年。

蜀鑑十卷舊鈔本

不題撰人。李文子《序》。世亦謂李文子作。此影寫宋本爲吴方山藏，較明初蜀本爲勝。

汲冢周書十卷元

晉孔晁注。此書在宋有李文簡、陳正卿藏本。東徐丁黼校刊于嘉定十五年。元至正甲午，四明黄玠復《序》而刻之，即此本。

古史六十卷宋

蘇轍。「桓」字減筆，蓋南宋時刊。

通志二百卷元

三山郡庠刊。

蜀漢本末三卷元

趙居信集録。至正乙丑刊。

雜史

戰國策校注十卷元

吴師道。至正二十五年平江路刊。

五代史補五卷舊鈔

陶岳。卷末有「野竹齋藏本」五字。

詔令奏議

西漢詔令十二卷東漢詔令十一卷宋

林虙編西漢，樓昉續編東漢。此紹定本也。

注陸宣公奏議十五卷元

宋郎曄注。至正甲午仲夏刊。

國朝諸臣奏議一百五十卷宋

趙汝愚編。蜀中有刻本，旋兵燬。淳祐間，忠定孫必愿出家藏稿本，重刻之，即是本也。

傳記類

東家雜記二卷宋

首列紹興甲寅三月辛亥四十七代孫孔傳序。首列《杏壇圖》等，與《敏求記》所載悉合，即遵王所見本也。

孔氏祖庭廣記十二卷蒙古刊本

題「五十一代孫元措謹續編」。書成于金正大四年丁亥，蒙古壬寅年重刻。

晏子春秋八卷影元鈔

即全椒吴氏刊本底稿。

鄂國金陀粹編二十八卷續編三十卷元

此書舊有嘉禾刻本，歲久脱壞。至正二十三年朱元祐求得其本，重刊于西湖書院。

新刊名臣碑傳琬琰之集影宋鈔

杜大珪編。苕溪嚴氏從宋本傳録。

重刊宋南渡十將傳十卷元

不題撰人。曹倦圃藏書。

國朝名臣事略十五卷元

蘇天爵輯。後有「元統乙亥余志安刊於勤有書堂」一條。案：元統止癸酉、甲戌，無「乙亥」，誤記耳。

史　鈔

十七史詳節二百七十三卷元

世傳爲呂成公輯録。而公弟監倉子約所撰《年譜》不載。其誤始于建陽劉宏毅刻本，概題爲「東萊先生某史詳節」。且《漢書》中雜引胡致堂《讀史管見》語。致堂猶子大壯跋《管見》，書成于嘉定十一年。成公安得預見而採之？其非公作明矣。此刻仿南宋巾箱本。

漢雋十卷宋

宋林鉞撰。《自序》不作「越」，可證延祐庚申袁桷刻本之誤。此嘉定間趙氏原刻。

載　記

吴越春秋十卷元

卷末有「大德十年歲在丙午三月音註，越六月書成刊板，十二月畢工」二行。

十六國春秋略十六卷舊鈔

馮巳蒼以朱筆校過。

東國史略六卷舊鈔

不著撰人。乃朝鮮人紀其國之事，萬曆間趙常清得其本，録傳中國，遂有其書。

地理

三輔黄圖一卷校宋

《隋》、《唐志》皆作一卷，明刻析而六，非舊第矣。此毛斧季校本。宫殿。

大平寰宇記二百卷舊鈔

此秀水朱氏所藏殘本，後以傳是樓本補之，尚缺七卷。蓋世無完本矣。總志。

吴郡志十五卷宋

范成大。前有紹定二年趙汝談序。

金陵新志十五卷元

張鉉輯。至正三年成，明年刊。都會郡縣。

水經注四十卷舊鈔

明鈔本。河渠。

北邊備對鈔本

程大昌。成于紹興三年。邊防。

會稽三賦三卷宋

王十朋。此《三賦》不載《忠文集》中。雜記。

政　書

通典二百卷宋

「貞」、「徵」、「殷」、「敬」、「恒」、「桓」、「完」字損筆，而「構」字不缺，尚是北宋刻。

文獻通考三百四十八卷元

初刻于泰定元年，至正五年，江浙儒學提舉余謙重刊。

大唐開元禮一百五十卷鈔

蕭嵩等奉敕撰。中有朱筆詳校。不著何人。

太常因革禮一百卷鈔

題「歐陽修等奉勅編」。案：宋時禮書，有《開寶通禮》、《禮閣新編》，已佚。此書傳本亦尟。《四庫書目》未載。近有好古之士訪求抄藏，已闕卷五十一至六十七，共十二卷。安所得滄熙刻本而補足之？

政和御製冠禮十卷五禮新儀二百二十卷鈔

鄭居中等奉勅撰。首載局官累上諸劄，徽宗疊降御筆指麾，歷七載而後成書。北宋典章略備于是編。

大金集禮四十卷鈔

不著撰人。《千頃堂書目》謂金章宗明昌六年，禮部尚書張暐所進。上典禮。

補漢兵志一卷影宋鈔

錢文子。

律十二卷音義一卷影宋鈔

律文不題名。《音義》題「孫奭等撰」。案：隋文帝開皇初，定新律十二門，唐亦因之。此十二卷，每門爲一卷，即《唐律》本文也。法令。

目録

祕書省續編到四庫闕書二卷鈔

舊題「紹興年改定」。案：此書見《直齋書目》及《玉海》。經籍。

金石録三十卷校宋本

顧澗薲校定。

籀史一卷鈔

宋翟耆年撰。曹倦翁藏。上金石。

史評

致堂讀史管見三十卷宋

胡寅撰。嘉定十一年刊。

子部

儒家

孔氏家語十卷影宋鈔

王肅注。完善無譌，足以訂正毛刻。

纂圖互注荀子二十卷元

楊倞注。元人翻刻宋書，肆本。

説苑二十卷元

舊藏昭邑馮氏。

纂圖互註楊子法言十卷元

李軌解，唐柳宗元註。宋宋咸、吴祕、司馬光增註。《纂圖互注》乃元時書肆依宋監本刻梓，卷首宋咸題名上冠以「聖宋」，猶仍其舊也。

中説十卷宋

阮逸註。較元刻釋音本爲勝。

張子語録三卷後録二卷宋

卷末有「後學天台吴堅刊於福建漕治」二行。「敦」字有闕筆，光宗以後刻也。

龜山先生語録四卷後録二卷宋

題款與《張子語録》同。

朱子成書十卷元

題「廬陵後學黄瑞節附録」。案：瑞節，字觀樂，元時以薦授泰和州學正，未赴。輯朱子書在《四書》外者十種，曰《太極圖説》、《通書》、《正蒙》、《西銘》諸解及《易啟蒙》、《家禮校正》、《律呂新書》、《皇極經世指要》、《參同契解》、《校正陰符經》，每種爲一卷。至元年刻。

麗澤論説集録十卷宋

此呂成公門人集録其師《經説》、《史説》、《雜説》，弟祖儉裒輯成編。子喬年刻。

黄氏日抄九十七卷元

此書刻于宋時。元至正間孫禮之重刊。

兵家

六韜六卷影宋鈔

昭邑錢孝修鈔本。

武經七書影宋鈔

是書爲宋時合刻。據《宋史》謂：「何博士去非爲武學教諭，校兵法七書。」是出何氏手校定也。

直説素書一卷元

是書乃黄石公遺言，與《三略》異。其注未題名。案：注作于至正十四年，稱廣陵寡學王氏注。

神機制敵太白陰經十卷舊鈔

此本較《四庫》著録少《宴娱》、《音樂》二篇，而篇首《總序》及《天地無陰陽》篇不闕，猶存十卷之舊，爲可貴云。

火龍萬勝神藥圖一卷 鈔

不著撰人。言火攻之具甚詳。舊爲趙文毅手寫。

法　家

管子二十四卷 宋

房玄齡注。首列楊忱《序》，作于大宋甲申九月。按：甲申爲隆興二年，孝宗初立時也。大約刻在其時。趙文毅公刻本即從此出。

鄧析子二卷 宋

不題名。卷末有朱文方印曰「世美堂印」。

商子五卷舊鈔

此昭邑馮知十所録，以宋本校過。《漢志》稱《商君》，《隋志》始稱《商子》。

農家

齊民要術十卷校宋

昭邑陳子準以宋板殘本校正。

醫家

新刊補注釋文黄帝内經素問十二卷元

題「啓元子次注。」至元己卯古林書屋刻。

新刊黄帝靈樞十二卷元

此與《素問》同時刻。

劉涓之鬼遺方五卷宋

齊龔慶宣編。有永明元年《自序》，其述涓之得書之由，在晉末用兵丹陽時，涉神異。全書無宋諱，疑出五代宋初所刻。《敏求記》曰：「此書極爲奇祕，收藏家罕見。」然錢所藏是宋鈔。此則古刻，尤足珍也。

孫真人備急千金要方三十卷元

今行皆《道藏》，合《翼方》之本，此亦罕見。

廣成先生玉函經一卷宋

杜光庭撰。板刻不工，殆宋末麻沙本。

經史證類大觀本草三十一卷附刻本草衍義二十卷金刊

宋唐慎微撰。金貞祐二年所刊。

洪氏集驗方五卷宋

不題名。後有乾道庚寅十二月十日番陽洪遵跋。

衛生家寶産科備要八卷宋

宋朱端章編。卷末《自記》云：「長樂朱端章以所藏諸家産科經驗方編成八卷，刻板南康郡齋。淳熙甲辰歲十二月初十日。」

天文算法

周髀算經二卷音義一卷附術數記遺一卷舊鈔

趙君卿注。甄鸞重述。李淳風釋。李籍音義。徐岳記遺。

乾象通鑑一百卷舊鈔

宋李季撰。世鮮傳本，此書向藏昭邑錢氏。

五曹算經影宋抄

《四庫》本鈔自《永樂大典》，此猶出自宋槧。卷末有「祕書省」三字。

緝古算經一卷影宋抄

與《五曹》同時刻者。卷末，校定上進督刊諸人結銜姓氏皆同。

太玄集注舊鈔，術數

題涑水司馬光撰。此書久無刊本，舊爲唐伯虎藏書。

潛虛一卷附潛虛發微論一卷影宋鈔

司馬光撰。張敦實發微。上數學。

唐開元占經一百二十卷舊鈔

唐瞿曇悉達撰。占候。

地理新書十五卷影金本

王洙奉勅删修。此本刊于金明昌間。影寫甚精。相宅相墓。

易林四卷校宋本

明刊本。以絳雲樓宋本校。

新刊圖解玉靈聚義占卜龜經四卷元

王洙撰。占卜。

五行精紀三十三卷鈔

宋廖中撰。

三歷撮要一卷宋

此書舊藏邑中張氏。陰陽五行。

藝術

宣和博古圖三十卷元

宋王黼撰。至大中刻本。

雜家

吕氏春秋二十六卷元

高誘注。至正間刊。

淮南鴻烈解二十一卷校宋

顧澗薲校定。

續顏氏家訓殘本三卷宋

晁氏《讀書志》題「董正功撰」。《直齋書録》題「李正公」。此一本卷首已闕，未詳孰是。雜學。

白虎通德論元

大德九年劉平父刻。

容齋續筆十六卷宋

紹熙刻本。

困學紀聞二十卷元

泰定二年，弟子袁清容序而刻於慶元路學。上雜考。

論衡三十卷元

至元間宋文瓚重刻。

風俗通義十卷元

大德丁未刻。

愧郯録十五卷宋

相臺岳珂有自序。上雜説。

類書類

北堂書鈔一百六十卷舊鈔〔二七〕

世行明本改失原書面目。此猶舊傳真本，即王厚齋所云趙安仁家之本。

新刊監本册府元龜殘本九卷宋

舊爲宋内府、明内府藏，繼藏汲古毛氏。

山堂先生群書考索前集六十六卷後集六十五卷續集五十六卷別集二十五卷元

宋章如愚撰。延祐庚申刊。

玉海二百卷附詞學指南四卷元

元至元六年刊。當時修改未竟，逮至正十二年校正誤漏六萬，遂爲完書。

小説類

桯史殘本七卷宋

岳珂。雜事。

山海經十八卷校宋

郭氏傳。從士禮居黄氏校宋本臨。異聞。

道家

老子道德經四卷宋

河上公章句。建安虞氏刊。「慎」字有減筆，當在孝宗後刻。

莊子口義十卷元

林希逸。

集部

楚辭

楚辭八卷宋

朱子集註。字句與《文選》所録有互異處。

離騷一卷宋

錢杲之集傳。毛子晉舊藏。

别集

陶淵明集八卷宋

宋曾集刊于紹熙壬子，去《五孝傳》以下《四八目》雜著，具詳曾氏《自題》中。

分類補注李太白詩二十五卷元

宋楊齊賢集註，元蕭士贇補註。成于至元辛卯，旋即刊行。

杜工部草堂詩箋殘本二十六卷宋〔二八〕

嘉興魯訔編次。

新刊校定集注杜詩三十六卷宋

宋郭知達編集。《直齋書録》謂：「福清曾噩刻板五羊漕司，最爲善本。」即此書也。

劉文房集殘本六卷宋

劉長卿。

陸宣公集二十二卷明刊本

錢求赤藏，以宋本校過。

朱文公校昌黎先生文集四十卷外集十卷遺文一卷元

晦菴考異。留耕音釋。

五百家註音辨唐柳先生文集殘本十一卷宋

魏仲舉編。舊藏吴中文氏。

劉夢得文集殘本四卷宋

款式與《文房集》同。

皇甫持正集六卷舊抄

以錢遵王本校過。

李文公集十八卷明

成化間校刊。

歌詩編四卷 金

李賀。此本與宋本俱同，惟少《集外詩》一卷。

白氏文集七十一卷 宋

不題名。此紹興初年刊。

孫可之文集十卷 明

正德間震澤王氏刊。顧澗薲以宋本校過。

甲乙集十卷 宋

羅隱。

范文正公集二十卷別集四卷元

天曆戊辰改元重刊。

古靈先生文集二十五卷宋

陳襄。紹興三十一年四世從孫輝重刻。

清獻公文集十六卷宋

趙忭。景定元年陳仁玉刻。

司馬太師溫國文正公傳家集八十卷明

司馬光。

南豐類稿五十卷明

成化壬辰刊。

曾南豐先生文粹十卷明

不著編輯姓氏，惟題「盱江張光啟校」。

文潞公文集四十卷明

嘉靖間平陽守王濟刻。

濂溪集六卷明

正德間刻。

歐陽文忠公集一百五十三卷明

天順間陳宗重刊。

欒全先生文集四十卷舊鈔

書中「慎」字注「御名」，蓋從宋本過録。

范忠宣公集二十卷元

范純仁。

嘉祐集十五卷校宋

蘇洵。

臨川先生文集一百卷宋

紹興間刻。

集注東坡詩前集殘本四卷宋

舊不題名，此南宋麻沙本也。

東坡全集一百十五卷元

宋時杭州刊本。此從之翻雕。

欒城集殘本二十一卷宋

「敦」字不缺筆，當爲光宗前刻。

豫章黄先生文集九十七卷明

嘉靖時刻。

豫章先生遺文十二卷影宋鈔

較《豫章文集》中《别集》，字句有異同。

后山詩註十二卷宋

天社任淵。書中「筐」、「恒」、「樹」、「桓」字省筆，字句有勝于官刻本者。

增廣箋註簡齋詩集三十卷無住詞一卷宋

竹坡胡穉仲孺箋。字句互異處，足以訂正官本甚多。

豫章羅先生文集十七卷元

羅從彦。至正乙巳秋，沙陽豫章書院刊。

晦菴先生文集一百卷宋

考成化本黄仲昭跋云：「《晦菴朱先生文集》，閩、浙舊皆有刻本。」此浙本也。夫世寶宋本，雖殘編猶珍同拱璧，況百卷巨帙，首尾完具，則也是翁所稱「驚人祕祕」〔三九〕，當無踰此矣。〔眉批〕

下「祕」字恐誤

東萊吕太史文集十五卷别集十六卷外集五卷文集附録三卷拾遺一卷麗澤論説集録十卷宋

「貞」、「桓」、「敦」、「廓」字闕筆，寧宗時刻本。

象山先生文集二十八卷外集四卷元

象山十世孫和刊。

誠齋集一百三十三卷影宋

舊涫熙刻本今不傳，此出端平刻本。

松雪齋文集十卷外集一卷元

趙孟頫。

魯齋遺書六卷元

大德刻本，較明刻少譌字。

静修先生文集二十二卷舊鈔

至順間有刻本，宋蔚如從之影寫。

馬石田文集十五卷元

馬祖常。至元五年刻。

揭文安集十卷舊鈔

此出楊文貞家藏本。

淵穎吴先生集十二卷元

至正十二年刻。

黄文獻公集二十三卷元

此集在元刻本有二：一爲《金華集》，刻時文獻猶在；一爲是本，公殁後五年，金華令胡惟信所刊。

雁門集八卷元

至正間刊。

滋溪文藁三十卷舊鈔

蘇天爵撰。刊本久絶。是本以閣本參校，允爲善本。

總　集

文選六十卷 宋

題「梁昭明太子撰」，次行題「唐李善注」，次二行題「唐五臣呂延濟……注」。舊傳趙松雪、王弇州所藏宋本，今入内府，外間不可得見。是本同出一板，固自可珍。

中興間氣集二卷 校宋

何義門以蔣文肅所藏舊鈔宋本校。

古文苑二十一卷 宋

嘉熙丙申刻，淳祐丙申修。

西漢文類殘本五卷宋

宋陶叔獻編。原本四十卷，今存卷三十六至末。末有「紹興十年四月臨安府彫印」一行。

文粹一百卷元

明刻已改行款，是猶仍宋舊。

樂府詩集一百卷元

毛子晉以宋本校過。

三蘇先生文粹殘本十一卷宋

原書七十卷，此僅存老泉文。

新雕聖宋文海五卷宋

宋江鈿編。原書一百二十卷，今存卷四至卷九。是書《文鑑》底本。

皇朝文鑑一百五十卷舊鈔

題「吕祖謙奉聖旨銓次」。崑山葉文莊公從端平刻舉傳録，足正明刻本之脱誤。

文鑑殘本六卷宋

端平初元新安刻本，存卷十八至二十三。

文章正宗二十四卷宋

「桓」、「完」、「樹」字減筆。板刻清朗。《天禄琳瑯書目》所謂「寬行大字，用筆整肅者也」。

東漢文鑑二十卷元

宋陳鑑編。至正間刻。

中州集十卷元

此仁宗延祐二年再刻本。

國朝文類七十卷元

至正十二年，杭州路西湖書院所刻大字本。

讀書敏求記逸文①

周易十卷

北宋刻本。經、傳一之六，王弼注。《繫傳》七之八，《説卦》、《序卦》、《雜卦》九，韓康伯注。《略例》十，邢璹注。卷首有貞元伯雅二圖記，知是鳳洲先生藏書也。

王弼周易略例一卷

北宋槧本。鏤板朴雅，洵足動人。

① 《讀書敏求記》的作者錢曾（一六二九——一七〇一），字遵王，自號也是翁，常熟人，係清初錢謙益之族孫。莫友芝此所録《讀書敏求記逸文》，是莫氏從《述古堂書目題詞》錢曾手稿中摘録而成。莫氏《持静齋藏書記要》卷下記曰：「《述古堂書目題詞》一册，國朝錢曾手稿，蓋即其《讀書敏求記》未編類之初本也，有可補趙、阮兩刻之遺者十許條。」

京氏易傳三卷

京氏易傳，陸績注。予藏舊鈔本四種，其一書法甚佳。

關氏易傳一卷

關朗易傳，天水趙蕤注。秦西巖取楊五川、陳抱沖兩先生善本對録者爲第一。

尚書孔氏傳十三卷

婺州義烏酥谿蔣定崇知齋本。

毛詩鄭氏箋二十卷

南宋刻本。首載《毛詩舉要圖》。

成伯璵毛詩指説一卷

分《興述》、《解説》、《傳授》、《文體》四篇，亦約略指説之，無異聞特解也。乾道壬辰，建安熊克題於後。

周禮鄭氏注十二卷

建安余仁仲校刊本。

禮記鄭氏注二十卷

建安余仁仲校刊本。

春秋經傳集解三十卷〔三〇〕

〔眉批〕此條阮刻有：惟改「牧翁」爲「魚山」。

南宋刻本。首列《二十國年表》，音義視他本較詳。《初學集》載牧翁所跋宋版《左傳》，其跋語所云，在在處處應有神物護持，良不虛也。墨蹟如新，古香馣薆。逐本前後頁，每條注某本作字某，應從某本是正。此等書勿論其全不全，譬諸藏古玩家，收得柴窰殘器半片，便奉爲天球拱璧，而況鎮庫典籍乎？《經傳》十四至三十卷已歸天上，《圖説》二卷、《經傳》一至十三卷尚存人間，幸爲予得之。覆視

春秋穀梁傳范寧集解十二卷

建安余仁仲校刊於萬卷堂。

聖宋皇祐新樂圖記三卷

于志頒降歲月下，分録一切。仿皇祐五年十月初二日奉聖旨開板印造原本廿二字滅去。

至元辨僞録五卷

元憲宗時，道家出一書曰《老君化胡成佛經》及《八十一化圖》，鏤板流布，毁經滅教，國師福祐奏聞。上命僧、道二家面相辨析，黄冠辭屈，遂令焚僞經。僧、道衆獨留《老子》、《道德》兩篇。至元二年，大都路道者山雲峰寺沙門祥邁，奉勑撰《辨僞録》，破斥八十一化之妄談。釋教由兹再振。此法運升降之一大關也。今之釋子有志續慧命者，宜番雕之，垂良導於永久，俾護法者有觀焉。

三氏星經二卷

商石申氏紅星、天鏡；魏巫咸氏黄星、地鏡；齊甘德氏黑星、人鏡，諸星即以三色圖之爲記。流俗本星象混淆，不復界以紅、黄、黑色，且十存其二，非完書也。

昭示奸黨三録三卷

天啓乙丑，牧翁削籍南還，托錦衣胡芝山於内閣典籍抄《昭示奸黨三録》三卷。是時逆奄用命，標題有「奸黨」二字，繕寫者揺手咋舌；早晚出入閣門，將鈔書夾置袴襠中而出。丁卯四月始卒業。鈔寄之難如此。予嘗見叢書堂所藏止寥寥數葉，此則三厚本。聖祖御製序，特敕刑部條列亂臣情辭曉示中外者。不知三百年來何以失傳？牧翁據此考定《開國功臣事略》，今《事略》稿本已同絳雲餘燼蕩爲刧灰矣。此獨留天壤間。予奉之爲拱璧，以俟秉筆者採擇焉。

御製紀非録一卷

《紀非録》，洪武二十年春二月十六日聖祖御製。前列歷代藩王爲惡者，後著秦、周、齊、譚、魯及靖江累惡不悛事狀甚詳。祝允明録一條入《九朝野記》中。此則内府本也。

集犯諭一卷

《集犯諭》，録吏民之罪。聖祖命翰林編修吴沈爲之序。蓋欲警戒將來，非徒齊之以刑也。

【校勘記】

〔一〕莫友芝《持静齋藏書記要》卷上云：「《儀禮注》十七卷，漢鄭康成撰。每卷末分計經、注字數，宋本經史常有此例。每頁板心上端并有『淳熙四年刊』五篆字。」可以參看。莫繩孫刊刻《宋元舊本書經眼録》删去其父手稿經、注字數。

〔二〕莫友芝手稿此下原有：「引温公讀過書，終身如新，益以戒珍弆語。」後用墨筆勾删。

〔三〕莫繩孫《宋元舊本書經眼録》均無「廿五卷」三字。

〔四〕莫友芝爲丁禹生藏書所作《持静齋藏書記要》卷之上，記此書爲：「《元新刊禮部韻略》五卷，金王文郁撰。……又有《壬子新增分毫點畫正誤字》五頁，則刊成後六年所增。《四庫》未收。」

〔五〕「康熙」，原作「庚熙」，莫氏筆誤。莫友芝《持静齋藏書記要》卷之上曰：「《米海嶽畫史》一卷，宋米芾撰。首有葉氏藏書印，蓋菉竹堂故物。末朱書：『康熙癸巳蔣生子範所贈。』」

〔六〕「傳是樓」，原誤爲「傳是傳」，徑改。

〔七〕實爲宋本六十八種，元本書六十種，影宋本、舊鈔本等書二百二十五種，共計三百五十三種。

〔八〕〔九〕元人包希魯撰有《説文解字補義》十二卷，此兩處空格當爲「十二」和「希魯」。

〔一〇〕莫友芝手稿「全祖望」之下，「謂」之上空格無字。莫繩孫《宋元舊本書經眼録》手稿和刻本補書名爲「《古文韻題詞》」。又，此句之下，莫友芝手稿原有「但見于晁子止《讀書志》，後此著録家皆無有，以爲亡矣。范氏天一閣有之，乃借抄」諸句，後又用墨筆勾删。

〔一一〕此「前六十日」，當係「前十六日」之誤。

〔一二〕「聖天子下詔」：「子」原誤作「下」，徑改。

〔一三〕「五代後漢明宗」，按五代後漢無明宗，「後漢」恐係「後唐」之誤。

〔一四〕此書名脱一「監」字，當爲「《秘書監志》」。莫友芝《郘亭知見傳本書目・史部十二職官類》：「《秘書監志》十一卷，元王士點、商企翁同撰。郘亭有舊抄本。」此爲抱經樓遺書。

〔一五〕「元」原作「宋」。按，莫友芝《郘亭知見傳本書目・經部》：「《周易集説》：元俞琰撰。……《自序》稱自至元甲申始作《易解》，至皇慶癸丑成書。蓋元人也。《四庫》題宋人，誤。」故據改。

〔一六〕「金」，原作「宋」，按邵懿辰《增訂四庫簡明目録標注・集部五》：「《滹南遺老集》四十五卷，金王若虚撰。」故據改。

〔一七〕「卷」上原空一格。按莫友芝《郘亭知見傳本書目・經部十》：「《爾雅新義》十卷，宋陸佃撰。……《四庫》未收。阮氏進。」

〔一八〕「林駉撰」：原作「凌駉」。莫友芝《郘亭知見傳本書目・子部十一類書類》：「《源流至論前集》十卷《後集》十卷《續集》十卷《别集》十卷，宋林駉撰，《别集》黄履翁撰，宋嘉祐丁酉刊本。」據改。

〔一九〕此「王、韓注」,以莫友芝《郘亭知見傳本書目·經部一》「《周易注》十卷」箋記釋之:「魏王弼注。《繫辭》以下,韓康伯注。」傅增湘增補曰:「海虞瞿氏鐵琴銅劍樓藏南宋初建本。……此爲傳世《周易》王弼注最佳之本。」

〔二〇〕「丁易東撰」:原脱「易」。莫友芝《郘亭知見傳本書目·經部一》「《周易象義》,宋丁易東撰。」據補。

〔二一〕傅增湘《藏園訂補郘亭知見傳本書目·經部二》注是書:「題孔安國傳。宋巾箱本,半葉十行,行二十字,注雙行同,細黑口,四周單闌。常熟瞿氏鐵琴銅劍樓藏。」

〔二二〕此「岳氏《……沿革例》」一書全稱爲:《九經三傳沿革例》。

〔二三〕莫友芝《郘亭知見傳本書目·經部二》「《尚書集傳或問》二卷」:「宋陳大猷撰。通志堂本。昭文張氏有舊抄。陳氏《尚書東齋集傳》十二卷,宋刊本,禾中胡氏有之。《四庫》未見。」傅增湘補注曰:「海虞瞿氏藏,號稱宋本,然此固僅存孤本,正不必侈言宋本以取重也。」

〔二四〕「朱氏《經義考》」上原衍「經」字,已删。

〔二五〕莫友芝《郘亭知見傳本書目·經部三》「《詩集傳附録纂疏》二十卷」:「元胡一桂撰。《四庫》未著録。」

〔二六〕「種德堂」:「堂」字原脱,據《鐵琴銅劍樓書目》補。

〔二七〕莫友芝《郘亭日記》同治六年六月初五日記云:「細閲瞿氏《書目》,中有《北堂書鈔》、《乾象通鑑》,極罕見。」

〔二八〕莫友芝《郘亭知見傳本書目·集部·别集類一》:「《草堂詩箋》五十卷,近湘潭袁芳瑛得宋刊殘本,自廿三卷至五十卷,係汲古閣毛表所藏,聞其後又獲前半,宋殘本合之以全。」可與此合觀。

〔二九〕核之黄仲昭《跋》,下「秘」字爲「笈」字之誤。

〔三〇〕此條題解莫友芝寫罷勾删,因其内容詳細完整,故予保留。

宋元舊本書經眼録

（莫繩孫重編本）

梁光華
梁　茜　點校

點校説明

清末至今流通的莫友芝《宋元舊本書經眼録》，實爲其子莫繩孫重編本（以下簡稱「重編本」），最初刊刻於光緒年間。重編本與莫友芝手稿《宋元舊本書經眼録》（以下簡稱「手稿本」）差異甚大。比如手稿本中上海郁松年藏書目録、常熟瞿紹基恬裕齋（後更名爲鐵琴銅劍樓）藏書目録等大量内容爲重編本所無。莫繩孫祇是撮取了手稿本中的部分内容，再搜羅莫友芝自同治乙丑訖己巳五年間游蘇浙時爲所見之書撰寫的書目題跋，編爲三卷，另集莫友芝所藏書之書衣（即書之封面）筆識和碑帖題語爲附録二卷。因重編本的内容和編排與原稿本迥異，祇是襲用了「宋元舊本書經眼録」這個書名，實際可視作兩本書，兩者都有各自不可替代的價值，故將莫繩孫重編本一併收入《莫友芝全集》中。本書以國家圖書館藏莫繩孫重編本的原鈔本爲底本點校，附録卷二以光緒本爲底本點校，參校以《持静齋藏書記要》、《持静齋書目》等。

梁光華　梁　茜

二〇一六年四月於黔南師範學院

目録

卷第一 宋槧凡四十七種

卷第二上 金元槧凡三十三種

卷第二下 明板凡十七種

卷第三　稿本影鈔本寫本凡三十六種

附録書衣筆記一卷〔六〕

右宋、金、元、明、槧本暨舊鈔本、稿本書，凡百卌三種，悉同治乙丑迄己巳五歲中，先君游蘇、浙所見者，或解題，或考其本善劣，或僅記每葉行字數目，或并録其序跋及經藏家跋語、印記，皆經眼時隨筆志之，以備檢察，非有意撰述，故體例詳略時有出入，亦未及類次，罕覯者偶于目上作圓圈別之。今年春，姑丈黎蒪齋先生來金陵，謂足備目録家之一，亟欲携去吴門壽梓。繩孫約依《天禄琳瑯書目》例，謹類次之，釐爲三卷。其附録一卷，則鈔輯先君行篋書面筆識也。先君目録書，尚有考訂金石若干則，《知見傳本書目》若干卷，待編次繕清稿續寄云。

同治十二年癸酉閏六月既望，第二男繩孫謹記于江寧旅舍〔七〕。

【校勘記】

〔一〕此列「樂書」，正文已删，且注云：「此已見《知見書目中》。」

〔二〕正文朱筆删去「宋湖北提舉茶鹽司小字本」，改作「漢書百卷宋湖北提舉茶鹽司小字本」。

〔三〕正文書名作「漢書大字殘本鷺洲書院刊」。

〔四〕正文書名爲「新刊名臣碑傳琬琰集一百七卷宋本」。

〔五〕此《指南録》從第二卷「《東萊吕太史文集并外集》」之下上移至此，且繩孫有朱筆注云：「此係宋本，應置前卷《山谷外集》下。」

〔六〕莫繩孫朱筆删去「書衣筆記」書名，張文虎於天頭注云：「似宜徑稱『書衣筆記』，免與末附録三條相混。否或統稱

『附録』，不別立『書衣筆記』名目亦可。虎。其實附卷目録後既有跋語，則此其『附録一卷』云云十七字可省。又。」

〔七〕莫繩孫刻本《宋元舊本書經眼録》跋爲：「右宋、金、元、明槧暨舊鈔本、稿本書，凡百三十種，悉同治乙丑迄己巳數歲中，先君客游所見者。或解題，或考其槧鈔善劣，或僅記每葉行字數目，或并録其序跋及經藏家跋語、印記，皆經眼時隨筆志之，以備循覽。今年春，姑夫黎蓴齋先生自吴門來金陵，謂足備目録家之一，亟欲壽梓。繩孫謹次爲三卷，更集他書衣及碑帖題語爲二卷附焉。吾家影山草堂僻在黔南，舊藏粗備，尤多先人手澤，遭亂後散佚略盡，不可復得。今卷中僅存一二先君少時所校也，念之泫然。同治癸酉七月丁未朔，第二男繩孫謹志于江寧旅舍。」與稿本稍異，可資參考。

宋元舊本書經眼録卷第一

毛詩要義二十卷宋本

魏了翁撰。首爲《譜序》一卷。經依箋編，二十卷中又分子卷十有七，凡三十八卷。每頁十八行，行十八字。每卷各以一二三條爲題目，低一格書。亦有一條而有二題目者，其第二題目標之眉上。又有當條所掇未盡之義，亦於眉上書之。每卷首有棟亭曹氏藏書 長白敷槎氏堇齋昌齡圖書印二印。卷尾有桐鄉沈炳垣手讀書記一印。《譜序》卷首又有永超氏一印。卷一下之首有吴印可驥一印。宋魏寉山先生於理宗嘉熙元年丁酉，以權工部侍郎忤時相，謫靖州，取《九經注疏》删繁去蕪，爲《要義》百六十三卷。《宋史·藝文志》分載其書。當時陳、晁兩家著録可稱浩博，亦不及載，則知此書已不可多見矣。《欽定四庫全書》只載《周易》、《儀禮》尚是全帙，《尚書》、《春秋》皆非完本。近揚州阮氏復得《尚書》三卷，即《四庫》所闕之卷。又《禮記》三十一卷，首闕《曲禮》上、下兩卷。其餘四經，竟無從咨訪矣。壬辰仲春，篴江聳不惜重值，購得宋槧《毛詩要義》，首尾完整，觸手如新，爲曹楝亭舊藏本。首列《目録》，次《譜序》，次《詩要義》二十卷。其一、二、五、六、十二至十七等卷，分上、下子目。四卷及十八、十九卷，分上、中、下子目。其餘均作一卷。總、子目并序計三十八卷。展讀之下，古香可掬，真希世之秘笈也。其體裁與《周易》等相同。有與《疏》本連文，而《要義》取一、二則者，列其次目於眉上，不復分裂原文，隸標目之，尤爲簡當。《傳》、《箋》遺辭博奥，孔氏因劉炫等書爲《正義》，於地理名物靡不旁搜曲引以資考核，故其《疏》較他經爲密。隺山復擷其要領，以《經》及《傳》、《箋》爲綱，以《正義》爲目，有條不紊，易於記誦，洵治經者不可少之書。隺山所輯尚是當時善本，必與今通行之本大有不同。異日再爲細校一過，始無遺憾。郡城金氏藏有宋槧《禮記》首兩卷，即阮氏所缺之帙，當訪求之。從此《易》、《書》、《詩》、二《禮》五經皆成完書，真大快事也。篴江席豐履厚，而不以他好縈心，惟古人祕笈，搜訪不遺餘力，是可尚已。今擬將付梨棗，公諸同好，使數百年古籍晦而復顯，其有功於藝林，豈淺鮮哉！因爲識此。錢天樹〔二〕。

魏隺山先生《毛詩要義》三十八卷，爲文淵閣著録所未及，道光間，儀徵相國採進遺書，亦未之見。上海郁泰峰氏乃蒐獲曹楝亭舊弆宋槧本于嘉興士家，海内更無第二本，遂卓爲宜稼堂數十宋槧之冠。友芝同治乙丑五月來滬上，珍重假讀，心神開曠，百慮盡消，斷推此游第一快事！

友芝夙有詳校《毛詩疏》，于乾嘉諸老所舉中外舊本異同，一一甄録，唯未及《要義》本。他日再爲滬游，必挾以來，更乞與細讎一通，乃不虛此眼福也。獨山莫友芝〔二〕。

儀禮鄭注十七卷 宋淳熙本

每頁十六行，行十七字。注雙行，行字同。板心上端右并有「淳熙四年刊」五篆字。每卷末悉分記經、注字數。卷一經二千八百九十八字，注三千六百二字。卷二經二千五百七十三字，注三千六百三十字。卷三經七百五十三字，注一千六百八十九字。卷四經二千六百三十八字，注三千九百三十字。卷五經六千六百四十五字，注六千九百一十五字。卷六經三千二百二十三字，注四千六百二十字。卷七經六千八百九十字，注七千三百八字。卷八經五千三百四字，注一萬九百六十五字。卷九經一千七百五十三字，注二千八百七十字。卷十經八百四十四字，注二千六百三十一字。卷十一經四千四百二十八字，注五千九百七十八字。卷十二經三千三百九十六字，注五千四百五十九字。卷十三經二千五百一十六字，注五千四十七字。卷十四經二千七十九字，注三千四百四十三字。卷十五經三千四百五字，注五千五百一十七字。卷十六經二千九百七十九字，注二千七百八十七字。卷十七經四千七百九十字，注三千四百五十六字〔三〕。一卷首，十七卷尾，并有「松雪齋」「趙印孟頫」「海上醉六經齋藏書之章」三印；首又有「竹泉珍秘圖籍」「敦淳珍藏顧氏」二印；末又有梁氏家藏一印。二卷末又有「謏聞齋主人」楷書木記，凡百有七字。同治甲子，署蘇松太道丁禹生日昌獲之上海肆中。乙丑五月三日，客道署借讀，審定爲實事求是齋經籍之冠〔四〕。

儀禮要義 宋本

行款與《毛詩》同，亦郁氏宜稼堂藏。闕首六卷，自卷之七《士相見禮》始，每册首有汪印士鐘、閬源真賞二印。其首六卷則鈔補。

禮記要義三十一卷 宋本

行款與《儀禮》同，亦郁氏宜稼堂藏。闕首二卷。儀徵相國進此書，亦闕《曲禮》上、下兩卷也。卷首有新安汪氏、啓淑信印二印。卷中有夾片云：「予讀《儀禮》燕，《禮記》聘，《禮記》兩有賓爲苟敬。《禮記・郊特牲》注：苟作尊，知俗本之誤〔五〕。山井鼎據足利本亦非苟字。然兩存之，無所取捨。是未援《儀禮》以正也。己巳秋，得宋雕本《禮記要義》，「郊特牲」注與足利本同。凡此本之與俗本異者，必與足利同矣。且讀經有疑義，能旁通博引，折衷于至當，往往若合符節〔六〕。然群經轉刻，紕繆益多，乃嘆此等書固天壤間之鴻寶，不僅以宋槧而珍重者也。書共三十三卷，失去一之二卷，不能無遺憾云。拜五經齋主人錫壽識〔七〕。

陳氏禮書一百五十卷宋刊本〔八〕

宋陳祥道撰。首載建中靖國元年正月禮部差楷書畫工人鈔祥道《禮書》牒，并及陳暘《樂書》。次祥道《進書表序》，中參有《樂書序》一紙，無前半，蓋當時二書并刻也。肆中有《樂書》與此相似。半頁十三行，行廿一字。

春秋經傳集解三十卷宋巾箱本

每半頁十一行，行大二十字，小二十一字。每卷書題云「京本點校重言重意《春秋經傳集解》某公△第△」，亦有一二處題于「重意」下多「互註」二字者。核卷中當句下標記有「重言」、「重意」、「互注」、「似句」四件，不能盡見書題也。經傳并句讀發四聲而不及註。註下附陸氏「音義」。核字體，似南宋元初刻。舊藏者鈐以「趙宋本」印，亦無確據。勘紙有「徵明」小印。丁卯十月至滬，肆賈以相視，驗卷端印，知經藏汪士鐘、徐渭仁家。印本尚是中上，惜僅後半部耳。

「徐紫珊印」「汪厚垒藏書」「汪士鐘讀書」并朱，「子有父」白。

春秋經傳集解三十卷 宋淳熙小字本

每半頁十行，行大十八字，小二十二字。板心高今營造尺五寸弱。第三十卷後有楷書八行木記，云：「僅依監本寫作大字，附以釋文，三復校正刊行。如履通衢，了亡窒礙處，誠可嘉矣。兼列圖表于卷首。迹夫唐虞三代之本末源流，雖千歲之久，豁然如一日矣。其明經之指南歟！以是衍傳，願垂清鑒。淳熙柔兆涒灘中夏初吉，閩山阮仲猷種德堂刊。」蓋閩阮氏種德堂書肆所刊，較巾箱本縱橫稍濶寸許。其謂依監本寫作大字，知臨安舊有巾箱監本，因而小拓之也。戊辰春杪，蘇肆持售。首有瑞南朱文印。

九經直音十五卷 宋本

宋廬陵孫奕撰。今四庫收海寧查氏藏本。九經者，《孝經》、《論語》、《孟子》、《毛詩》、《尚書》、《周易》、《禮記》、《周禮》、《春秋》也。不用反切，直取同音字旁注其下；無同音字，則以同四聲字紐之，如唐人《九經字樣》之例。半頁十三行，行二十二三字不等。巾箱本大小如今秦氏覆宋《九經》。此音蓋即刊附《九經》後者也。今《四庫》收奕著述，有《示兒編》。《提要》謂其字季昭，號履齋。寧宗時嘗官侍從。其歷官無考。《四庫》又收明州本宋人《排字九經直音》二卷，爲元至元丁亥書隱堂刊者，按之即是奕書。《提要》謂所音皆據《經典釋文》而兼採宋儒。于《釋文》一字數音者，皆并存之。亦時有半從半違之失。而大致能決擇是非。陸無音者，亦頗有補苴。其于宋儒，《詩》、《中庸》、《語》、《孟》用朱子；《易》兼用程朱，他及胡瑗、司馬光。《禮》多守方慤注，亦兼存鄭義。又條舉其音字若干事，爲糾論逾千言。又謂《九經》前後失次，證以奕書，無不悉合。紀、陸諸公未見此本，遂謂纂人無考。乃今得之，真大快事。其卷數懸殊者，此十五卷本，百一頁。若爲二卷，卷亦止五十頁，未爲甚大。坊間合併，且逸其名，非宋刻僅存，亦烏從識之哉！同治己巳二月，查生燕緒持來視其師張廉卿，廉卿寓余許，因更留觀數日，爲考論歸之。孫氏《示兒編》中有《經説》五卷、《字説》五卷于字音、字訓辯别異同，多資考證，蓋南宋積學之士。故此《直音》一書，在宋人經音中最爲善本。其纂刊無序例年月。其序《示兒編》在開禧元年，則大率寧宗時也。既望戊午。

四書集註 宋本

每半頁七行，行十五字。經、註皆有句讀，《註》及《序》有□抹。其文字異今本處，與元和吴氏所言宋本大同，蓋即其所據也。《序》後及每卷末皆附《音考》，於名物制度亦有補益，不知何人所爲。《音考》字形稍狹而活，蓋本書係用舊本翻雕，所附《音考》則當在用以取士時，稱淳熙本則未確。項氏舊藏，後歸蔣氏，今歸錢塘丁氏。卷中有 萬卷堂印 朱 項氏少谿主人子信筥周家藏 白 鴻城蔣懷堂珍藏 朱 袁又愷藏書 朱 吴越錢氏鑒藏書畫 朱 芥青 朱 顧曾壽 白 拳石山房 朱 項氏世家 白 彦沖 朱 泳之私印 白 我生之初歲在庚辰 朱 梁叡子 朱〔九〕。

蔣氏跋云：「曾王父諱升瀛，號步蟾，一字懷堂，又號采若，南宋希魯公之二十世孫。世居吴淞之鄧巷村。公自幼勵志讀書，性冲粹。好施與。早歲有聲黌序，旋貢成均，栽培弟姪輩成立者頗衆。日以書史自娱，當代名公咸樂與交。後遷入城蕭家巷，辟鏡古齋，藏書多宋槧本。郡守鼇石蘇公重刊《魏公譚訓》，稱『壽松堂蔣氏宋本校刊』者，即公所藏也。淳熙《四書》，江南相傳僅二部，一藏藝芸書舍汪氏，一即此部。惜逸《公孫丑》二卷。余嘗以爲憾，因遍訪收藏家，於咸豐己未借虞山瞿氏本影鈔，得成完璧。瞿本蓋即汪氏所藏者。此書在余家傳至余兒芥青，凡五世。敬謹什襲，不敢忘先人遺意。庚申之變，轉展遷徙，家之所有，蕩焉泯焉。唯祖遺書籍，命芥兒好爲護持，所在輒隨，因得免於浩劫。是芥兒實有功於是書。今余幸還故土，而芥兒遽化。睹物觸情，能毋於邑？且余未有嗣，則此書將來又誰爲之護持耶？噫！余雖以不克承先貽後爲憾，而物無常主，但得珍藏家金匱玉函守之弗失，余亦可無負于此書也。巳丙寅仲夏下浣，培澤敬識。」

張子韶孟子傳二十九卷宋本

宋張九成撰。八册，每册有「汪士鐘閬源印」，則其舊藏也。每卷書題云「張狀元《孟子傳》卷第幾」，結銜云：「皇朝太師崇國文忠公鹽官張九成子韶」，爲理宗寶慶初所贈謚，則寶慶以後刊也。半頁十四行，行二十五字。每頁左端綫外皆有篇名標記，末缺《盡心》上、下二篇。《四庫總目》載此書亦二十九卷，亦謂原本佚此二篇，豈《庫》本即從此出耶？丁卯初冬寓蘇城，有持售者〔一〇〕，俞蔭甫山長遺以相示。薄緜紙印，尚無一筆漫闕，惜上下端朽補耳。《天禄琳琊》載九成此書影宋鈔本亦二十九卷，蓋即從此本出。《史志》張氏《孟子傳》三十六卷，趙希弁〔一一〕《讀書附志》亦云三十六卷，則所缺者七卷也。

大廣益會玉篇

此本校今張、曹兩刊，多偏旁篆書八頁，蓋南宋書肆所意增。其用心良善，唯部目本以領所從諸字，而一、王，乃用弌、丢者不少，則何以訓乎？録如左。

《玉篇總目》偏旁篆書之法：自書契造於伏羲，而文字之耑始見。鳥□□□□□文字之形始立。其後也，曰大篆，曰小篆，曰□□□□□，皆仿古法而爲之變易者也。世之知書者，皆□□□□謂字學者矣。然所曉者，訓讀楷書而□□□□□□徒見其勾畫之委蛇，而不知字之偏旁有定□□□□。偏旁之有定體，則觸類而長，辨章析記，若綉工之觀畫耳，豈特施於文字哉？此予於《玉篇總目》五百四十一字，必引篆書偏旁以冠之也。博雅君子，幸毋□□□□。

一、弌；上、丄；示、示；二、二；三、三；王、王；玉、玉；珏、珏；土、土；垚、垚凡七頁餘四行二字，以盡五百四十二部。末綴楷書一行云：「右字之音切已具總目，此不重載。」

集古文韻第三卷宋紹興本

每頁十六行，行大字九，約可容小字十八。蓋夏英公《古文四聲韻》五卷之一。紹興乙丑年僧寶達刻于齊安，而開禧元年後印本。黄伯思《東觀餘論》云「政和六年冬，以夏鄭公《集古韻》及宗室克繼所廣本二書參寫，并益以三代鐘鼎彝器款識，及周鼓秦碑古文，印章、碑首，并諸字書有合古者益之，以備遺忘」云云。是宋人《古文篆韻》有三，今唯英公集者有新安汪啓淑刊本，趙黄二本則皆無傳。《宋史·經籍志》及《玉海》謂宗室趙善繼與于汴京《石經》之役者，嘗進《古文篆韻》一書。當與伯思所指克繼爲一人，或一字誤記也。知此本爲紹興刻開禧印者。全祖望□□□謂曾借鈔天一閣夏英公《古篆韻》，據晉陵許端夫《序》，蓋紹興乙丑浮屠寶達重刻于齊安郡學，許爲郡守，因序之。寶達者，劉景文之孫，精于古文篆，親爲摹寫，其亦南嶽夢英一流矣。至北宋本，當有前序，而今失之。按此本僅《上聲》一卷，其有許《序》及有《前序》否不可知，而紙背大半是開禧元年黄州諸官致黄州教授書狀。宋黄州猶稱齊安郡。此板在郡學，學官以書狀紙背印書，事理之常，故知爲紹興刻，開禧印也。吾衍《學古編》云：「夏竦《古文四聲韻》五卷，前有《序》并全銜者好；別有僧翻本不可用。」此書板多，而好者極不易得。所謂僧翻本，蓋即此本。全氏謂其精于摹寫，而吾氏謂不可用。以今行汪刊本校之，小有損益異同。而夏氏所用二百十部《切韻》，其部次與唐顔氏《干禄字書》合者，乃移改同《廣韻》、《集韻》。則斥其不可用者，誠非苛論也。徒以宋刻宋印，且紙背諸狀足見爾時交際儀式，故取備一種耳。是書紹興乙丑刊，開禧乙丑印。而余後十一乙丑，同治四年之夏收諸上海市中，抑何巧合乃爾。物之顯晦，豈亦有數耶？紙背狀中首尾結銜，一曰「朝散郎權知黄州軍州事王可大」，一曰「秉義郎新添差黄州兵馬監押趙善覬」，一曰「訓武郎黄州兵馬都監兼在城巡檢徐靄」，一曰「廸功郎黄岡縣尉巡捉私茶鹽礬銅錢私鑄鐵錢兼催綱陸工程」，一曰「朝奉郎行户部員外郎吴獵」，一曰「武略郎添差淮南西路將領張□」，一曰「學諭章準」，一曰「學生教諭李起□」，一曰「學生直學徐灝」，一曰「升大」，失其官及姓，凡十人。其本官結銜則云「從事郎黄州州學教授吕」。

古人文移案牘用紙皆精好，事後尚可他用。蘇子美監進奏院，以鬻故紙公錢祀神宴客得罪，可見宋世故紙未嘗輕棄。今官文書紙率輕薄不耐久。

史記集解 宋蜀大字本，上海郁泰峰松年都轉藏〔一二〕

玄、敬、殷、貞、徵、讓、貆、完、桓、竟，缺；慎，不缺。每頁十八行，行十六字。注行廿一、廿二字不等。初印，紙墨精絜。《本紀》存五、六、八、九、十、十一、十二，七卷。《表》存四、五兩卷。《世家》存五至十，及十八至廿四，及廿六，十四卷。《傳》三十九、四十，及四十七至五十，僅六卷。共二十九卷。每卷有「當湖小重山館胡氏篴江珍藏」。《紀》九卷又有「吴寬」「泉」「地山」「子孫保之」四印，十一又有「停云」「肇錫余以嘉名」「芙初女史姚畹真印」「勤襄公五女」「若衡」五印(一三)。

漢書一百卷 宋景祐本

影鈔補者，《目録》、《帝紀》一上下、《表》七上下、《傳》三十二至三十四上數卷。其實爲景祐原刊，合得七十餘卷。餘者以元人覆本補之。其中元統大德修補之頁，黄蕘圃悉記其目于卷端。抄補數卷，則本自曹倦圃。蕘圃有此書，爲倪雲林凝香閣舊藏者，見《百宋一廛賦注》。後歸汪閬源。此其次也。卷中有「眉公」、「鑑儒」、「曹溶鑒藏」、「虞山張蓉鏡鑒定」、「宋刻善本」、「姚氏婉貞」、「芙初女史」諸印。首有李申耆識云：《漢書》宋景祐刊本，烜赫於絳雲樓，六丁取之矣。《西清古鑑》所收亦景祐本。天府之儲，無由見也。向時張月霄藏有元統、大德補修本，欲借未果；而已星散，深以嘆惋。此本亦有補刊，未知與月霄本何似？然原刻存者尚十七八，以校别本甚有差殊。擬仿盧抱經先生《羣書拾補》之例爲校勘記，以永其傳。僅盡首函，思借全書足成之，芙川諾我否？道光十七年徂暑之月，揮汗識此。武進李兆洛。後歸張氏、郁氏，今歸豐順丁氏(一四)。

漢書百卷宋湖北提舉茶鹽司小字本

半頁十四行，廿七字或廿六、廿八、廿九字不等。注行三十四字，或三十三、三十五字不等。板高今七寸弱。其避諱至「慎」字止，蓋孝宗時刊。《遂初堂書目》有湖北本《前漢書》，當即此本。以校明汪文盛本，時有互勝互脱字，而足正汪誤者多。汪本自八《表》下每附劉氏説，而此本皆不附。同治己巳秋，吴門市出，汪士鐘舊藏。又有「陳道復」印，則僞作也。

漢書大字殘本鷺洲書院刊

半頁八行，行正文十六字。注文雙行二十一字。每卷末皆記二行云：「右將監本、杭本、越本及三劉、宋祁諸本參校，其有同異，并附於古注之下。」又有正文若干字，注文若干字，一行或二行在卷題後。始刊于南宋末，畢工于元至正間。其卷末記甲子可考。字較景祐本尤爽目。惜僅《景十三王傳》、《司馬相如》兩卷。鷺洲，乃吉安府城東贛江中長數里之白鷺洲。宋淳祐間知吉州江萬里建書院其上，以教俊秀。歐陽守道爲之記。徐俯師川詩云「金陵與廬陵，俱有白鷺洲。相望萬里江，中同一水流」者是也。己巳七月七日，觀于沈均初樹鏞舍人案頭。雖殘帙，亦可貴。

吴騫有宋刊《漢書》殘本《列傳》十四卷，頁十六行，行十六字。張金吾有宋嘉定刊《後漢書》，頁十六行，行十六字，注二十一字。《百宋一廛賦注》云〔一五〕：「嘉定戊辰蔡琪純父所刊也。」

晉書 宋本

每半頁十四行，行廿五字。明王弇洲舊藏，今歸錢塘丁氏。每卷首尾《晉書》若干在《紀》、《志》、《傳》、《載記》若干之下者，皆刓補寫，殊不可解。卷首有 鼎 元 朱 臣筠 三晉提刑 朱 仲雅 朱 商丘宋犖收藏善本 朱 馬瀛之印 白 二槐 朱 漢晉齋印，尾有 泰峰見過 朱。

此書爲王弇洲先生所藏。「貞元」，本唐德宗年號印，恰符先生名字，故其秘册往往摹而用之。下必繼以三雅印，此屬「仲雅」者，嚮曾遭割裂，想經先生改正。余全史中原本亦係宋刻，每多缺字。而此本特全，洵可寶也。湖南毛晉識。 毛晉 朱 汲古主人 朱〔一六〕

唐書 宋嘉祐杭州本

每頁二十行，行十九字〔一七〕。其末卷二十二頁後八行總計云：「《唐書》凡二百二十六篇，總二百五十卷。二十一《帝紀》一十篇一十卷。十三《志》五十篇五十六卷。三《表》十五篇二十二卷。《列傳》一百五十篇一百六十卷。嘉祐五年六月二十四日進呈。」二十三頁載銜名「編修官劉羲叟，一行。呂夏卿，一行。宋敏求，二行。王疇，二行。范鎮，三行。刊修宋祁，三行。歐陽修，三行。提舉編修曾公亮。二行。嘉祐五年六月二十六日，准中書劄子，奉一行。聖旨下杭州鏤版頒行。一行。校對無爲軍判官將仕郎試秘書省校書郎充國子監直講」，一行。其三十四頁缺，校對銜名未完。同治乙丑五月，嘉興馬氏持售于上海，僅尾三卷《逆臣傳》，以湊別一舊本。謂別本爲宋刻，此三卷爲元刻。以余審之，此三卷宋刻，其別本之全乃元、明間刻耳。別本板心校此高、廣各一指許，每頁二十行，行二十二字。每卷題名但云「歐陽修奉敕撰」、「宋祁奉敕撰」，而不具官銜，不書「臣」。此三卷則銜、臣皆具，且字體方滿精神故也。別本末附《釋音》□□卷，今官本亦有之。其《序》一篇不記載否，漫録如左：

新唐書釋音序廿五卷

將仕郎前權書學博士臣董衡上進：

嘉祐中，仁宗皇帝詔儒臣修《唐書》，其事廣於前，其文粹於舊，學者願觀焉。或字奇而莫能辨，則悵然而中止者有矣。猶之求珠於九重之淵，驪龍寤而當其前，則退縮而不敢進。彼雖至寶，横棄於其側，可得而有之耶？故諸史中惟《新唐書》能究其終始者尤鮮。臣每讀《晉史》，見何超纂《音義》，竊嘗慕焉。於是歷考聲韻以爲之音，使學者從容而無疑。觀其文章藻繪，體氣渾厚，可以吹波助瀾，揚厲清浮，則愈於得寶之美也。若夫名篇之目，立傳之實，增損出入，有異於舊史者，悉見諸因革云。崇寧五年十一月日，臣衡謹序。《釋音》中第一卷有結銜并同上。二卷以下俱無。

唐書北宋本

每半頁十四行，行二十五字。其爲原刻者半，修换者半。蘇門市中物。亦有「汪士鐘」印。

唐書宋本

每半頁十六行，行二十九字。汪閬源氏舊藏，今歸錢塘丁氏。每册首有「汪印士鐘」白、「閬源真賞」朱〔一八〕。

資治通鑑目録三十卷宋本〔一九〕

陳本于《自序》後更出結銜，開卷即知其謬。又每年歲陽、歲名之末，復以甲子乙丑注之，亦疑其不然。此本《自序》後即接書年國卷，每年下亦不注甲子乙丑，且結銜一行密字，敕乃提行，可見温公元式。上海郁氏宜稼堂藏此，以爲宋本。驗第一卷結銜字多差誤，蓋翻雕者偶爾失校，其爲宋爲元，皆不可知。然足以洗明人移刻之陋，亦劇可寶貴矣〔二〇〕。此本第一卷三十八頁，第二卷四十六頁。陳本鬆展之，一卷五十八頁，二卷六十五頁，亦多費紙墨，絶無勝處。此本凡書一事下空一格，陳本于空格皆填一圈，然誤聯二事爲一者不少，且多增減錯誤，并當以此本正之。湘鄉相國嘗以胡果泉仿刻元本《通鑑》無目録爲闕典，思得善本刊傳以惠學者，此足以稱之矣。當爲一言借影付雕也。每卷首有【宋本】【曾在春星閣】【汪士鐘曾讀】三印，竟不知來自誰氏。

資治通鑑綱目五十九卷 宋乾道本

乾道壬辰四月刊。緜紙精印，首尾一律。每半頁八行，行十七字，雙行亦行十七字。有弘治初人題識，謂在當時已難得如此善本。季蒼葦舊藏，有名字印。後爲郁泰峰宜稼堂所收。今歸豐順丁禹生氏(二二)。

新刊名臣碑傳琬琰集一百七卷 宋本

半頁十五行，行二十五字。

輿地廣記殘帙 宋槧本

始第十八卷，至末三十八卷止[二二]。每半頁十行，行二十字。即黄丕烈士禮居仿刊祖本。首有丕烈題識。同治乙丑夏，滬上市出此書前二册，亦宋槧，式相似，亦丕烈據以仿刊者，惜未能收合之也。豐順丁禹生方伯所藏。丁卯仲冬借觀記。

東南進取輿地通鑑三十卷 宋本

宋孝節先生趙善譽撰。取三國至梁、陳東南攻守事事爲之圖，圖後附以地理考及本事始末。蓋爲南渡後圖金而作，是當日極有用書也。文淵閣未及著録，蓋逸已久矣。每頁廿六行，行十九字。上海郁氏宜稼堂所藏。卷首有［太華山人］［汪士鐘印］［三十五峰園主人］［从龍私印］［劍光閣］［黄丕烈印］［蕘圃］［東吴宋克］［冒鸞］九印。而《百宋一廛賦》不之及。

《自序》云：善譽聞，險要視乎地，攻與守屬諸人。古今之地未始殊絶，而或得或失者，人事之不侔也。自三國以迄于陳，南北攻守之變備矣。其事可類而覽也。□其地不可不考而圖也。覽古之事以考今之地，□爲有用之學哉！難之者曰：「古尋陽本治江北，而今在江南，自温嶠始徙也。古當塗，本以塗山爲邑，而今在姑熟，晉成帝遷之也。是郡邑之不常，未易以今究也。古駱谷道，自盩厔南通漢中，今塞矣。唐武德間所開，非必漢、魏之舊也。古巢河水北流合于肥河〔二三〕，今堙矣。吴魏舟師之所由不可見也。是川陸之不常，未易以今論也。」若此之類，不勝殫舉。賜此書欲以有用，無乃幾于無用也。吁！杜征南預以晉之郡國而釋春秋之地名，顔秘監師古以唐之州縣而注漢秦之疆域，其曰未詳者，不害爲闕疑，而二書遂了然于千載。而以古今之難窮爲諉，而不盡其心哉？故因《通鑑》編年，參之正史，以類南北之武事。即地理之書，考之今日，以究攻守之所在。既載其事以論之，又爲圖于前以便稽覽。雖曰昔人遺迹不無湮滅，而古今地志亦或疏略，然尋文□圖，可考者十常八九，其所未究則闕之，以俟博□，於史學不爲無補也。唐太宗有言曰：「以古爲鑒，可知興替。」而光武系隆炎漢，廓清六合，實有感于披輿地圖之日。則是書之有用，將不止爲觀史之助焉。趙善譽謹序。

黄蕘圃庚午夏《跋》謂：「此爲無錫故家物，主人姓顧，係涇陽先生八世孫。此書尚是涇陽先生從都中寄歸者。」

又《跋》云：「《東南進取輿地通鑑》，自來藏書家惟傳是樓著録，然止云二十卷一本，亦不詳刻抄字様，則徐氏之書非即是本矣。此書名目在宋已非一定，檢《宋史·藝文志·史抄類》云趙善譽《讀史輿地考》六十三卷，一名《輿地通鑑》。陳氏《書録解題》云《南北攻守類考》監奏進院趙善譽撰進〔二四〕，以三國六朝攻守之變，鑒古事以考今地，每事爲之圖。亦作六十三卷。兹所存者，殆一半差弱。《序》全《目》佚，三十卷後割補之痕宛然。三國、六朝之總圖、總論具存。其每事爲一圖，至晉而止。書之殘毀僅存者，正賴此宋刻祖本。豈非天壤間奇物乎？復翁記〔二五〕。

西漢會要七十卷〔二六〕

宋嘉定乙亥刊本。進書。半頁十一行，行二十字。《序》題「從事郎前撫州州學教授臣徐天麟上進」。《目録》及每卷題銜皆同。《進表》末署「嘉定四年九月十一日」。

漢高帝即位之明年，尊太公爲太上皇。越四年，令郡國立太上皇廟。終漢之世，止稱太上皇。高帝有天下而祖廟不立，博士諸生無能言者。其他庶事草創，何足怪也。司馬遷作《史記》，具載帝王世系，至《高帝紀》，言太公而不言其名，言劉媪而不言其氏。班固從而因之，劉氏世系無傳焉。固實爲漢史，而大事率略如此，漢家制度，豈能廣記備言耶？徐君仲祥，甲科名士，采漢故事，彙聚成書，目曰《西漢會要》，漢禮樂庶事大略可睹，視遷、固二史，有功多矣。余少不揆，嘗論次漢事，補漢百官兵制及續《食貨志》，藏之篋笥，不知何人持去，至今往來于心也。

仲祥更因是書稍加潤色，成一家言，庶幾漢事得失，有所是正。二書并行益善矣。仲祥既上其事于朝，大參樓公爲之《序》，屬余書其後。顧余何敢，而仲祥請益勤，姑以平生所懷，附諸卷末云。嘉定四年嘉平月，永嘉戴溪書〔二七〕。

訦聞《西漢會要》久矣。兹辱奏院公貽書，以其介弟總幹所傳録經進別本，俾刊于郡齋。訦固所願見所願傳者，因得孰復其間，舉宏撮要，互見旁引，可謂用心勞苦。一開卷，則漢二百年規模制度森然在目。自非專門問學相承，好古博雅，源深流遠，實事求是，真積力久，安能臻此？然書史傳録之或誤，則鐫工摹刊之必差，一字失其本畫，一語脱其全文，則未免有害于義理。于是訪求正史之善本校對之，果有如前之差誤者。既加是正，而後命之鋟梓，庶不孤所辱。昔班氏父子採前史遺事旁貫異文，續太初以後之書。其文澹而事詳，世稱爲良史。本朝公是、公非二先生是正西漢，所謂三劉《漢書》，與所著《東漢刊誤》、《漢官儀》并傳于世。今奏院公父子、叔姪、兄弟，一門儒業之盛。先是有《漢官考》鋟行廣右，其視二班、三劉一家之學，可謂有功於漢史俱深矣。今本既盡善，學者能考一代之制，從而追復先秦而上三代之文，則是書之傳，豈曰小補之哉！嘉定乙亥春，鉅野李訦書。

樓大防《序》失去，首又有録白省劄云：秘書省狀：嘉定肆年拾壹月拾陸日，準都省送下從事郎前撫州州學教授徐天麟劄子：「竊惟三代而下，言治者必曰漢唐。七制、三宗之治，固已炳焕青史。至於典章、法度，散在紀傳，學者每病本末難見。自國初儒臣編類《唐會要》，獻之藝祖皇帝，而唐之制度、紀綱粲然易考。惟是漢接商、周而興，一代彝章，號爲近古。而獨未有類書，頗爲缺典。天麟不量譾薄，編成《西漢會要》柒拾卷，《目録》貳卷，已於玖月拾壹日具表投進貳部，共捌拾册。内一部乞降付太子宫，壹部乞降付尚書省。今已兩月，未蒙付出。重念天麟辛勤燈窗，垂三十年，凋疲心志，僅成此書。西都文物，頗爲詳備。上可以廣聖學之緝熙，下可以備禮官之考訂，其於治道，不爲無補。天麟所進正本，見蒙留中。今别寫到壹部，計壹拾册，見在欲望朝廷取索；今來寫到一本送秘書省詳看施行，庶幾天麟半世編摩之工不爲徒勞。」後批「送秘書看詳，申尚書省」。又於拾貳月貳拾貳日，準都省送下徐天麟上表繳進《西漢會要》四十册，乞降付史館。事後批「送秘書省一就看詳，申尚書省」。本省照得所進文字止是一書。今看詳到徐天麟所進《西漢會要》，勤於史學，總輯有功，伏乞朝廷指揮施行。本省元承都省批下徐天麟貳狀，繳連在前，并發下《西漢會要》二部，隨狀繳納見到，伏乞照會施行申聞事。仍連《西漢會要》進本，并副本貳部，共伍拾册。正月二十八日，奉聖旨降付秘書省。右劄付秘書省。嘉定伍年貳月叁日押。押，押。

東漢會要四十卷〔二八〕

宋寶慶丙戌刊本。進序署「寶慶二年六月二十二日奉議郎武學博士臣徐天麟謹上」。《表》

末署同。《目録》及每卷結銜同。亦十一行，行二十字。二書皆上海市出。《西漢》紙黄色，稍短，襯接成大册。《東漢》則白緜紙，甚高潤。二書皆歸武源馬玉堂笏齋明經，乃合裝之。有道光壬辰識語。今爲應敏齋方伯所購。《東漢會要》，《四庫》據傳鈔宋本，缺三十七、三十八兩卷，又三十六、三十九兩卷各佚其半。此本此四卷皆全，洵奇寶也。

唐治不過兩漢，唐有《會要》，漢乃闕而未備。武學博士徐君仲翔裒集兩漢事，各爲《會要》一書。《會要》有書，則兩都之制度、典章散在紀、傳、表、志間者，皆易於參考。既於治道不爲無補，加惠後學，亦非鮮淺。前郡侯已刊《西漢會要》于郡齋，逾十年，東漢事會粹始就。仲祥父子伯仲俱刻意史學，各有書行於世。仲祥此書，尤有益於世用，其用志亦篤矣。并鋟木以廣其傳。寶慶丙戌良月朔，古括葉時書。

鹽鐵論十卷 宋本

漢桓寬撰。每半頁九行〔二九〕，行十八字。第十卷末葉有「淳熙改元錦谿張監税宅善本」二行楷書木記。紙墨亦精雅。卷首有馮武題識。云：「先太史藏書萬卷，子孫不能讀，且不知愛惜。即宋、元精板嘉書，盡化爲蝴蝶飛去，吾能無念乎？兹《鹽鐵論》十卷，相傳宋板，末有『淳熙改元錦谿張監税宅善本』等字。余素愛寶之，不敢批點。又得副本，遂以此贈平原文虎道兄。因文虎文墨筆硯之好與吾同病，在環堵中，無異於别館也。時己巳年暮春，河漢馮武謹識。」乙丑春，上海市出，豐順丁禹生觀察所收。暇當取家藏明本一校。馮武乃定遠之從子，傳其筆法，著有《書法正傳》十卷，見《簡明目》〔三〇〕。

文場資用分門近思録二十卷近思後録十四卷宋本

海寧查氏藏本，蓋南宋末坊刊。朱子《序》後有「建安曾氏刊於家塾」二行木記。以朱子書分爲百二十一目，破析瑣碎，直不成書。聞元周公恕有此書分類集解，頗妄爲分析移置，大概與此書相似。觀其書題，可知其不學矣。其《後録》皆採朱子所録之外程門諸儒以下及于朱子之説，分《道體》、《論學》、《致知》、《存養》、《克己》、《家道》、《出處》、《治道》、《制度》、《事理》、《教人》、《謹戒》、《異端》、《氣象》十四目，各爲一卷。較前書爲有條理，不知何人編也。唯其刊印精雅，即坊刻乃勝明隆、萬以還。江河日下，有即梓匠一端可以觀者。己巳二月識。

西山真文忠公讀書記宋本瞿氏藏

每半頁九行，行大十六字，雙行小字二十四。寫刻精好不苟，宋本之善者。惜僅有《甲記》

三十七卷。卷端有「季振宜印」朱大、「季振宜讀書」朱、「季振宜印」朱小、「滄葦」朱數印。

米海岳畫史一卷 宋本〔三二〕

豐順丁氏藏。每半頁十一行，行二十字。卷末有朱筆書「康熙癸巳蔣生子範所贈」一行。前有咸豐四年顧武保題識，謂是册宋槧初印。購、貞、殷、徵等字避諱。首葉有「葉氏藏書印」，蓋即文莊故物。末朱字一行，何義門手筆。子範，蔣棟字，長洲人，何太史弟子。

白虎通上下二卷 唐鷦安太守藏

有乾隆甲辰盧文弨《跋》，云：余校《白虎通》，付校垂竣，而吴子葵里示余以此本。此北宋時坊間所行未校本也。其小序數行云「白虎建德論」者，開卷即已錯訛。余取其書字字比對，始知此本尚多古字，而近世本率多改易。至《性情》篇中，有與近本迥異而實勝者，即一二誤書，尚可循形聲而得其本字。若近世本，則不加思索而徑改矣。雖分上、下兩卷，然篇目上作圓圍者十，仍不失十卷之舊。近世本最後三篇，此本在《爵》、《號》、《謚》之次，實第二卷也。三篇之序，亦復不同。後得元大德本，與明傅氏、程氏、吴氏、何氏本不甚異，要皆不及此本。余取此書之善者，具著于校勘補遺中，仍以其本歸吴子。十二行，行二十三字。鷀安云：此宋刻元印坊本，故多訛字，不避諱。字畫乏遒勁之氣，已開元初風氣。必推爲北宋本，陋矣！

百川學海宋本，上海瞿氏

宋左圭禹錫編刻之百種。每半頁十四行，行二十八字。

皇朝仕學規範四十卷宋淳熙三年本

每頁二十四行，行二十五字。句讀有小圈，并圈發異讀字之四隅。其頁數通八卷爲一起，蓋是元分五册裝。紙墨精潔可愛。張功甫自序「刻此書在淳熙丙申四月」，此蓋即張氏自刻初印本也。嘉道時藏嘉興張尗未廷濟家。自三十三至末，缺八卷，及自序卷目，并尗未鈔補。同治乙丑五月客上海，醉墨書肆持售，留觀五日。其卷九、卷十七、卷二十五，首并有張廷濟印

張尗未 尚寶少卿袁氏忠徹印 三印，及袁氏靜思齋引《顏氏家訓》六十五楷字長木記。卷八、卷十六、卷二十四、卷三十二尾并有 楊廉夫 清儀閣 張尗未 廷濟 四印。尗未題其首曰：「淳熙三年丙申原刻初印，係楊鐵崖、袁忠徹舊藏本，乾隆時武陟令查宣門開所珍貯者。嘉慶時，余從宣翁之子棗庵秀才以銀十餅購得。前缺序目，後缺作文、作詩二類八卷。余從海鹽朱春甫錦，及余次兒慶榮從宋槧覆刻本影鈔補足，授慶雲珍之。道光二十五年乙巳七月二十日，嘉興竹田里七十八歲老者張廷濟尗未甫。」

太平御覽殘帙 宋本

每半頁十三行，行二十二字。存三百六十六卷。卷一至百三十三、卷百七十二至二百、卷二百十二至三百六十八、卷四百二十四至四百五十五、卷五百三十一至五百三十三、卷五百四十一至五百四十五、卷七百二十六至七百三十。黄丕烈、汪士鐘并經收藏。丕烈記存卷數目于第一卷之端。同治丁卯十一月朔，俞蔭甫山長持以相示，謂人家求售者，索昔價每卷銀一兩。首頁有[文淵閣印]朱[汪士鐘藏]白[黃印丕烈][復翁][士禮居藏]并白[南州高士東海豪家]白。題銜惟首卷云「翰林學士承旨正奉大夫守工部尚書知制誥上柱國隴西縣開國伯食邑七百户賜紫金魚袋臣李昉等奉四十二字一行。敕纂」，二字一行。餘卷無。

源流至論四集四十卷 宋本，滬市

每半頁十五行，行二十五字。《前集》、《後集》、《續集》林駉撰〔三二〕。《別集》黃履翁撰。

揮麈前録四卷 宋本，上海瞿氏

王明清仲言撰。其《序》在第四卷末，結云「淳熙乙巳中元日，朝請大夫主管台州崇道觀汝陰王明清書」，題曰「王知府自跋」。《跋》前爲李垕復仲言書，題曰「李賢良簡」。又前爲臨汝郭九德《跋》，又前爲沙隨程迥《跋》，又前爲仲言乾道丙戌冬長至成書。自識三行。紙墨頗佳。每半頁十一行，行二十字。每條第二行後皆低一字。首有「汪士鐘印」「三十五峯園人」「秋浦」「憲奎」四印；末有「平陽汪氏藏書印」一印。

續博物志上海瞿氏

結銜云「前都官員外郎隴西李石撰」。其中于本朝祖宗等俱提行，蓋猶宋式，特非初印耳。半頁十一行，行二十三字。惜紙朽，已裱裝過。

纂圖附釋文重言互注老子道德經二卷

十三行，行二十三字。巾箱本。

梁江文通文集十卷目録一卷宋本

梁江淹撰。第一、二卷賦。三、四卷詩。五卷傳、書，奏、記、箋、表。六卷爲始安王、建平王章、表、教、啓、行狀。七卷敕爲朝賢作書及《尚書符》、《慰勞雍州文》，爲蕭驃騎諸表、啓、教。八、九卷爲蕭太尉、太傅、齊公、齊王表、啓、章；自受禪後諸詔。第十卷誄、志、祭咒諸文，及頌、贊、雜言、騷辭，終以《自序》一篇。有云「未嘗著書，唯集十卷」，豈即所自定耶？其編次極有條理。《四庫》著録本四卷，特據明人鈔集者，猶未見此本也。前後無序跋，不知何時所刊。卷中鏡、敬等字缺筆，亦姑謂之宋本。每半頁十行，行十八字。卷目及五卷有印曰「虚堂」。丙寅六月上海市出者。又見一《陸士衡集》與此本行字數與板式大小皆相似，惟宋諱字不缺筆，乃明正德己卯六月，都太僕穆以宋慶元中華亭縣齋刊本與吴士陸元大重刊者，知文通此集即是宋刊。意宋時必有魏晉六朝名集彙刻之本，故兩集式樣若一耳。

韓昌黎集五十一卷宋世綵堂本〔三〕

相傳明東雅堂徐氏翻刻廖氏世綵堂韓文，一仍舊式，而不著其所從來。今觀此本，信然。每頁中縫下截悉有「世綵堂」字，徐氏悉以「東雅」字易之。傳目後有「世綵廖氏刻梓家塾」篆字木印，徐氏各卷尾亦仿之。此初印本，紙墨精好，字體在歐、褚間，徐本猶未能畢肖也。卷中有「汪印士鐘」「閬源真賞」「少谿主人」「項氏萬卷堂圖籍印」「田耕堂藏」「泰峰審定」「郁印松年」。

古靈先生文集二十五卷附録一卷年譜一卷唐鷦庵藏

末有其孫輝《跋》云：「四世從祖密學公，平日所爲文章不知其幾，厥後裒掇爲卷者，僅二十有五。目曰《古靈先生文集》。以聖天子詔冠之，預有榮焉。里人大夫徐君世昌嘗摹刊于家，其間頗有舛訛。歷歲既久，且將漫漶。輝竊有意于校正，因仍未遑，每以爲恨。揭來章貢，屬數僚士參校亥豕，因命仲子曅推次《年譜》，并鋟之木。庶幾有以慰子孫瞻慕之心也。紹興三十一年十月既望，孫右朝請大夫直秘閣、知贛州軍州主管學事、兼管内勸農營田事、提舉南安軍大雄州兵甲司公事、江南西點兵馬鈐轄輝謹題。」大字十行，行十八字。元印。缺筆至擴，則後所刊。

山谷外集宋淳祐閩憲刊本

史薌室注《山谷外集》十七卷。宋淳祐閩憲刊本。半頁九行，行大小字均十九。烏程蔣氏瑞松堂所藏。同治丙寅秋，在滬假讀于海珊，遂留行篋中。戊辰暮春來吴門書局，始取校嘉靖刊全集本，資是正不少。其中間先後脱五頁，皆已鈔補。按之非史氏元文，乃昔藏者意綴，依謝蘊山刊翁覃谿校三法本别鈔易之。翁本第五卷《和子瞻粲字韻詩》闕注者數行，此本此數行適空木未刊，知翁本即從此本出也。

指南録五卷宋景炎本

宋文天祥撰。自序題：「是年夏五改元景炎。廬陵□□□自序其詩，名曰《指南》。」當書名處皆刓空，則元時所爲也。巾箱大字本。八行，行十六字。第一卷有數題皆墨釘，蓋有所避。

文苑英華纂要四卷宋本

宋高似孫纂。甲卷九十八頁，乙卷九十七頁，丙卷八十二頁，丁卷七十頁。前有似孫《序》，後有元趙文《序》。上海市出。板稍漫漶，蓋元明間印者。每卷首有印曰〔宋本〕朱曰〔元勛〕又曰〔汪厚齋藏書〕朱〔民部尚書郎〕朱〔汪印士鐘〕，蓋汪閬源舊藏。每半頁十行，行十七字。其鈔撮不分類，但按卷次摘句、摘段録之。此書《藏書志》有之，謂是元刻。《天禄琳琅》乃以爲周益公著，殆誤。

文苑英華

孝宗皇帝閲《文苑英華》，周益公直玉堂夜宣對。上謂秘閣本太舛錯，再三命精讎十卷以進。一日侍公酒，公以無佳本爲言。因白架中有此書，間嘗用諸集是正，頗改定十之二三。公驚喜曰：「《英華》本世所無，況集耶？」乃盡笈去。復以讎整者畀予研訂，書奏御，不爲無分毫助也。後以本傳之廬陵手書寄來，急讀一遍，因取其可必用者僅爲帙四。又以奉公，復答曰：「書千卷鮮克展盡，顧乃獵之精舉之確耶！不減小洪公史語也。」初予官越，洪公方在郡，日日陪棣華堂書研，頗及史語。公曰：「不過觀書寓筆，示不苟於觀耳。」予曰：「類書帙多字繁，非惟不能盡記，蓋亦未嘗盡見。古人是以有撮取之功。然乃切於自用，非爲他人設也。」〔三四〕洪公擊節曰：「此正余意，鈔亦出是歟？」洽使史公來訪越墅，因從容硯寮，見鈔本曰：「鈎玄摘奇，便於後學者也。」書成，索甚力。第二書報已刊。第三書寄刊本令作鈔序。乃誦益公、洪公語以謝好雅。嘉定十六年三月七日，高似孫續古識。

文苑英華後序

此序係摹寫草書補者。

予少讀《文苑英華》，困於浩瀚，不能盡究。後得鄉先生高公手抄《文苑纂要》四集，計八十四卷。復又撰十卷《辨證考異》〔三五〕。凡古今名賢諸作，有一聯一句至奇至妙者，必博采無遺。予讀之神馳心醉。奇哉，是書也！世道不古，讀書之道廢，挾兔園册者非惟莫之見，恐莫之聞。文運天開，車書混同。聖天子下詔求經明行修之士〔三六〕，試六經、古賦、詔誥、章表以觀其所學，試時務策以觀其所能。士之懷才抱器者，莫不爲之鳶飛魚躍。崇儒重道之風，古之《菁莪》，不是過矣。習科目者熟精於此書，鏖戰文場寸晷之下，能使朱衣人暗點頭，則題雁塔、綰銅章，特拾芥耳。《文苑》一書，當必遇賞音。余老不能文，姑述其略，以贅高先生手鈔之後云。延祐甲寅冬後一日，青山趙彣序。

萬寶詩山三十八卷宋巾箱本

每卷題首云：「選編省監新奇《萬寶詩山》卷之幾。書林葉氏廣勤堂新刊。」悉取宋代省監所試五言六韻詩，分類編録。如今坊間袖珍試律大觀之比。每卷約五十頁，頁三十行，行二十三字。三行一詩，約四百六十七十首，合三十八卷，計之約詩萬六千餘首。宋人帖體亦收羅殆盡矣。其板廣五寸許，高三寸半，細行密字，寫刻亦精，惜不載作者姓名，遂無資于考核，徒成菟園册子而已。首唯有田耕堂藏一印，知藏書家所不尚。然《四庫》未著録，不能不以爲秘函也。

《萬寶詩山叙》：天下之寶多矣。夫有天下者，以道德爲寶；有國家者，以政事爲寶。文學之士，所寶經書；豪富之家，所寶珠玉。仁親以爲寶，惟善以爲寶，不貪以爲寶，此仁人賢士之寶也。若夫吟詠風月，繪畫烟雲，摛章摘句，以詩賦爲寶，此亦皆本夫性情之正，而達于政事之體也。蓋詩自虞廷賡歌，以至周、召《雅》、《頌》之什，皆古聖賢制作，以淑人心而垂教法。雖閭巷俚俗之謡，聖人亦有取焉。《三百篇》以降，作者非一。宋以詞賦科取士，故有省監之詩。而文人才子業于是者，未免淘金揀玉，以用其心。詞語之華，篇章之粹，真希世之寶也。書林三峰葉景達氏，掇拾類聚，綉梓以傳于世，目之曰《萬寶詩山》，俾後學者有所矜式，其用心亦弘矣。梓成，携以示余，因屬余叙。余惟夫子有言曰：「小子何莫學夫《詩》，《詩》可以興，可以觀，至於事父事君，多識鳥獸草木之名。」則士君子誠意正心之要，進德修業之方，與夫薦郊廟、格神人，以鳴國家之盛者，皆由詩而致。務學之士，其可忽諸？余不敏，特以此叙其概云。□□□□雍作噩歲重九日，莆陽余性初叙。

【校勘記】

〔一〕張文虎於書眉批云：「錢天樹，號夢廬，平湖人。跋中所稱篴江壻者胡氏，亦平湖人。虎。」

〔二〕莫友芝《持静齋藏書記要》開卷記此宋本《毛詩要義》云：「據卷中諸印，知經藏者曹寅、吴可驥及長白昌齡、桐鄉沈炳垣，後歸郁松年，推爲宜稼堂諸宋本之冠。今歸持静齋。」莫友芝《持静齋書目·經部》記是書云：「宋刊本。曹楝亭、郁氏宜稼堂均藏。」《郘亭知見傳本書目·經部三》校記是書云：「同治乙丑，曾假讀于上海郁泰峰氏，海内更無第二本。」莫氏四書校記可互參。

〔三〕從「卷一」至「卷十七」這段内容，各種刻本、印本均無。

〔四〕莫友芝《持静齋書目·經部》記是書云：「宋刊本。趙文敏舊藏。每卷計經、注字數。每頁板心上端并有『淳熙四年刊』五篆字。每半頁八行，行十七字。注雙行，行亦十七字。」

〔五〕張文虎于書眉批云：「《説文》：『茍，自急敕也。』敬字本从茍，其字从⺿，後人誤爲从艸之苟，遂不可解耳。《郊特牲》注亦本作『茍』，俗本不識茍字，改爲『尊』，此不足據。虎。」今按：从艸之苟爲草名，音 gǒu；从⺿之茍，義爲自己趕緊警誡自己，音 jì。苟、茍二字音義不同。《禮記·郊特牲》注改「茍」作「尊」，誤。莫、張是也。

〔六〕合，原無，張文虎補，并於書眉批曰：「『若』下當有『合』字。虎。」

〔七〕莫友芝《持静齋書目·經部》記是書云：「續得宋刊本。緜紙初印，最爲精善。……惟首二卷有闕，無從鈔補。汪啓淑、郁松年曾藏。」

〔八〕《郘亭知見傳本書目·經部四》校記：「《禮書》一百五十卷，宋程祥道撰。宋刊本。每頁二十行，行二十二字。」與此宋刊本有異，可互參。

〔九〕此行上書眉有硃批云：「梁鞷子，劉彦沖别號也，道光時人。」

〔一〇〕此行上書眉有硃批云：「此書後歸沈均初。均初已殁，不可得見矣。」

〔一一〕莫氏原文此下有「讀弁」二字，張文虎删之，且于書眉批云：「『讀弁』二字當是郡齋之誤。虎。」

〔一二〕張文虎于書眉注云：「小重山館胡氏之書，其後多歸郁泰峰。前《毛詩要義》亦其一也。虎。」

〔一三〕《郘亭知見傳書目·史部》「史記集解一百三十卷」下箋曰：「郁泰峰亦有蜀大字殘本，爲姚氏畹真芙初女史舊藏，初印絶精。」

〔一四〕莫友芝《持静齋藏書記要》卷一亦記是書，然改言「漢書一百二十卷」，云：「宋景祐本，爲北宋刻最前之本。」

〔一五〕百宋一廛，原作「北宋一厘」，誤。按，百宋一廛爲清代著名藏書家黄丕烈藏書樓名，故改。

〔一六〕莫友芝《郘亭知見傳本書目·史部一》記：「《晉書》一百三十卷……許子雙家有宋刊本。桂林唐子實有宋寶祐刊本，九行，每行十四字。明有翻宋九行大字刊本。宋本每半頁十四行，行二十五字，明王弇州舊藏，後歸商丘宋犖，今歸錢塘丁丙。」可與此互參。

〔一七〕莫友芝《郘亭知見傳本書目·史部一》記：「《新唐書》二百五十五卷……宋嘉祐杭州本，每頁二十行，行十九字。」與此同。

〔一八〕以上所言三種（宋嘉祐杭州本、北宋本和宋本），《郘亭知見傳本書目·史部·正史》「新唐書二百五十五卷」下有記述，可互參。

〔一九〕莫友芝《持静齋書目·史部》記是書云：「宋刊本。緜紙，四端絶寬，字體渾穆，古香古色，流溢簡外。陳氏所刻多訛脱，幸賴此本爲暗室燈耳。汪士鐘、郁松年均藏。」

〔二〇〕《郘亭知見傳本書目·史部·編年》曰：「郁泰峰家有宋本，郘亭借觀過，蓋元翻也，然勝陳本處多。」

〔二一〕莫友芝《持静齋藏書記要》上卷亦記是書，文字小異，内容相同，且評價：「矧更歷三百七十年，猶精完無少損缺，真鴻寶也。」可互參。另可參《郘亭知見傳本書目》卷四更詳之解題。

〔二二〕莫友芝《持静齋藏書記要》上卷亦記是書云：「其書三十八卷，此宋刊，起卷十八至末，而闕前十七卷。」又引黄丕烈《序》語：「淳祐重修本藏亡友顧抱沖家，不可復見。」《持静齋書目·史部》記是書云：「宋刊殘本。卷十八至三十八。季振宜、黄丕烈、汪士鐘舊藏。卷中有顧千里、黄蕘圃手跋。」

〔二三〕原書稿「肥河」之上爲「拿」字。張文虎於書眉批云：「『拿』字疑是『合于』二字之誤。虎。」張所校改是也，今從之。

〔二四〕奏進院：當爲「進奏院」。唐代大曆年以前稱「上都留後院」，唐大曆十二年改稱「進奏院」。陳氏《書録解題》正作「進奏院」。宋沿唐制。

〔二五〕《郘亭知見傳本書目》、《持静齋藏書記要》均記是書，可互參。是書後歸丁禹生持静齋。

〔二六〕莫氏《持静齋書目·宋本史部》亦記是書云：「宋刊本，首尾完善，是以證鈔本之失者十之一二。卷首有『劉桐珍賞』、『廷佐』、『瞑琴山館』、『馬氏玉堂』諸印。」莫氏《持静齋藏書記要》、《郘亭知見傳本書目》二書亦記是書版本，可互參。

〔二七〕原書稿「戴溪」誤爲「載溪」。張文虎於書眉批云：「『戴』之譌。虎。」張氏注是也，今從之。

〔二八〕莫友芝《持静齋書目·宋本史部》校記是書云：「宋刊本，行款、刻手、紙墨、卷首藏印皆同前書。」今按，即上一宋刊本《西漢會要》。

〔二九〕莫氏《持静齋藏書記要》卷上此句爲「每半頁十行」，恐誤。因《郘亭知見傳本書目·子部·儒家類》此句亦同此，均爲「半頁九行」。

〔三〇〕莫氏《持静齋藏書記要》卷上亦記是書，箋曰：「武，班之猶子也。文虎，不知何人。己巳，應係康熙二十八年。」《郘亭知見傳本書目》記是書版本，亦可參。又，莫氏此上「當取家藏明本一校」句，「藏」字原脱，今補。

〔三一〕莫氏《持静齋藏書記要》卷上亦記是書云：「宋米芾撰。首有『葉氏藏書』印，蓋菉竹堂故物。」是書後歸豐順丁禹生。莫氏又在《持静齋書目·子部》校記是書云：「宋刊本。葉文莊舊物。購、貞、徵、殷等字皆缺筆。卷末何義門跋……」校記可與此互參。

〔三二〕林駉：原作「凌駉」，誤。據《四庫全書總目提要》改。

〔三三〕沈津《書城挹翠録》載《清莫友芝批點本〈韓昌黎詩集編年箋注〉》一文云：「《韓昌黎詩集編年箋注》二十卷，四册。清莫友芝批點，王秉恩批校并跋，王文燾跋。書藏上海圖書館。」可參看。

〔三四〕非爲：原作「非謂」。張文虎於書眉批云：「當是『爲』字。虎。」是也，今從之。

〔三五〕辨證：原作「卞澄」。張文虎於書眉批云：「疑是『辨證』二字。」是也，今從之。

〔三六〕天子：原作「天下」。張文虎於書眉批云：「下，疑『子』字之誤。」是也，今從之。

宋元舊本書經眼録卷第二上

書傳輯録纂疏六卷書序一卷宋本〔一〕

元董鼎撰。至大戊申十二月自序，延祐戊午其子真卿于閩坊刊行。其綱領末後半頁有篆文二行木記云：「建安余氏勤有堂刊」。此蓋即其本也。每半頁十行，行大字二十，小字二十四。字體書式絶似十行本諸經疏。卷首下端有「紵山埜逸」印，卷末有「秀水朱氏潛采堂圖書」印。「野逸」未詳，唯知爲曝書亭舊藏。今歸豐順丁氏。全書首尾皆朱筆句讀，註及輯纂綱要處朱墨抹。時增引考證，或出己意，細書上下端幾遍，頗多發明。於本書之外，特不以古文爲僞〔二〕，當是國初經生讀本，明人尚無此沈潛，惜不知誰某耳。同治丁卯冬至獲觀記〔三〕。

詩集傳附録纂疏二十卷詩序辨説附録纂疏一卷元本

新安胡一桂撰。此書《四庫全書》未著録。每頁二十二行，每行大字二十，小字雙行則二十四。前有泰定第四祀强圉單閼歲長至穀旦乙丑從事郎邵武路總管府經歷致仕盱江揭祐民從年父序云：「書于建東陽翠巖劉氏家塾。謂胡氏撰集大成，歿身乃已。後十餘年，得劉氏君佐，乃朱子故友劉用之後人，不忍以用朱子之學者堙鬱不售，亟録諸梓。有《十五國都地理圖》一紙，《附録纂疏姓氏》二紙，《語録輯要》五頁。後有篆文爲二行木記云：『泰定丁卯仲冬，翠巖精舍新刊。』《詩傳綱領》七頁，篇目後有行書七行木記云：「文場取士，《詩》以朱子《集傳》爲主，明經也。新安胡氏編入《附録纂疏》，羽翼朱《傳》也。增以浚儀王内翰《韓魯齋三家詩考》，求無遺也。今以《詩考》謹録諸梓，附于《集傳》之後，合而行之。學《詩》之士，潛心披玩，蜚英聲于場屋間者，當自此得之。時泰定丁卯日長至，後學建安劉君佐謹識。」同治丙寅六月在上海，宜興周濂珂淮清持以相示。有守甓齋藏書　計光炘印　曦白父　新安汪氏 并朱　啟淑信印 白　秀水計光炘曦白氏 白　計印光炘　曦伯所藏　匏如珍藏書籍私印　泠音閣 并朱　古射襄城計光炘曦伯之章 白　計曦伯家珍藏　聞川計氏曦伯所藏 白 諸印。據其木記尚附有王伯厚《詩考》，而此失之。

禮經會元四卷元本

結銜云：「宋龍圖閣學士、光禄大夫、贈開府儀同三司、南陽郡開國公、食邑二千一百户、食實封一百户、謚文康葉時著。」作一行。首載至正二十六年丙午臨海陳基《序》，及至正乙巳中秋江浙行省右丞兼同知行樞密院事海陵潘元明仲遠《序》。次竹埜先生《傳》，《傳》尾有至正二十五年八月六世孫江浙等處儒學副提舉葉廣居《識》。蓋元明從廣居得本所重刻也。每半頁十一行，行二十四字。篇中具刻點抹，蓋仍宋刻之舊。今通志堂刊本乃盡去之，非也。卷目有「葛鼒之印」白一印，卷一有「孫印星衍」白一印。

禮記纂言元本，瞿氏藏

元吴澄撰。其篇目、次序多所更定，不録《大學》、《中庸》、《投壺》、《奔喪》及《冠義》、《昏義》、《鄉飲酒義》、《射義》、《燕義》、《聘義》十篇，而《曲禮》、《檀弓》、《雜記》之上、下皆合爲一篇。于是《鄭注》之四十九篇者，僅有三十六篇。每半頁十行，行二十字。經文分節頂格寫，注文雙行低一字，行僅十九字。

音注全文春秋括例始末左傳句讀直解七十卷唐鷦安藏

宋林堯叟注。元坊翻宋版，猶缺宋諱。一、二卷，半頁十二行，行二十一至二十四字不等；雙行同。三卷以下十三、十四行不等，行二十四、五字不等。其經文某公某侯旁注謚法，間有旁注音義，亦有不旁注者，皆坊間所爲。

春秋胡氏傳纂疏三十卷元本〔四〕

元汪克寬撰。每半頁十行，行二十一字。《傳》卑一格。有至正戊寅汪澤民、至正辛巳虞集兩《序》。至正戊子刊于建安。《跋》云：「國英曩從環谷先生受讀《春秋》于郡齋。先生手編《胡氏傳纂疏》，雖壹以胡氏爲主，而凡《三傳》注疏之要語，暨諸儒傳注之精義，悉附著之。且《胡傳》博極群經子史，非博洽者不能知其援據之所自，與音讀之所當。先生詳究精考，一一附注。於是讀是經者，不惟足以知胡氏作傳之意，而且泝流尋源，亦可知聖人作經之大旨矣。書甫成編，國英宦游四方。越十五年，始睹同志鈔謄善本。而建安劉君叔簡將鋟諸梓以廣其傳，則不惟諸生獲《春秋》經學之階梯，而凡學者開卷之餘，不待旁通遠證，事義咸在。是則先生纂疏之述，有功於遺經，而有助於後學，豈曰小補之哉！至正八年歲在戊子，正月人日，紫陽吴國英再拜書。」克寬至明初猶被徵，此著已先刻二十餘年。通志堂刊《經解》未及此書，而傳本尚不乏。乙丑丙寅于滬上各見一本，今又見丁禹生氏此本而三矣。紙墨則此本爲差勝。

説文解字補義十二卷元本

元包希魯撰。卷首有「愛日精廬藏書」「集賢閣天水郡氏收藏」二印。蓋即昭文張金吾舊藏，《愛日精廬藏書志》論之甚詳。今歸上海郁氏宜稼堂。此書《四庫》未著録。嘉慶中，阮氏從至正刊本影鈔進呈。

元禮部韻略五卷元本　丁禹生藏〔五〕

每頁二十六行，五卷末有「大德丙午重刊新本平水中和軒王宅印」木記。二百六部與陰氏韻同。而《唐》、《廣韻》所注同用之韻，皆依次而編，于部首字上加【爲隔，勝于陰韻。前載有貢舉三試程，一曰「御名廟諱迴避」，二曰「考試程式」，三曰「試期」，四曰「章表迴避字樣」，亦可見當時制度。又有《壬子新增分毫點畫正誤字》五頁。

史記集解附索隱一百三十一卷元中統本〔六〕

海寧查氏藏。半頁十四行，行二十五字。注雙行，字同。前有中統二年董浦《序》，謂「平陽道參幕段君子成求到《索隱》善本，募工刊行。」則刊者段氏也。是年當宋理宗景定二年，尚稱蒙古，未有元號。或覆刊，或易其行，皆遠不及。惜印遲不能完好耳。

漢書金元間刊本，湘鄉曾氏藏

宋冑監《漢書》，始淳化五年孫何、張佖等校定本，次景德二年刁衎、晁迥等覆校本，次景祐二年余靖、王洙重校定本，次熙寧二年刊進、嘉祐中陳繹重校、歐陽修看詳本，次宣和六年重修本，次紹興二十一年重刊本。今惟景祐、紹興二本尚著録于舊藏家。大率每頁二十行，行大字十九，注字二十五至二十七八不等。此本行字悉同。惟《古今人表序》十八行。《人表》自第三頁至末皆三十行。傳中注有擠補至行卌七字者。蓋前人失記，非有異也。其《列傳》第二十九之後九頁及他卷闕一、二頁者，悉影乾道三年刊本補之。其行字亦同。大抵皆出景祐、紹興二本。乾道本板心下端有「乾道三年」

隸書白文五字〔七〕。其寫刻人名悉此本中所有，愈知景祐、紹興爲同祖。惟于乾道五字處，盡百卷皆剜補。其卷首無中書牒及屢次校詳官銜及小顔叙例、注家爵里。余靖上言，一并泯棄。意其間有刊板年月必非宋時，而售者必欲充北宋刊，泯其迹耳。按宋以後刊《漢書》，有元大德九年太平路本。此本《本紀》第三，一頁板心有「大德八年補刊」六字，則當爲大德以前刊。則北宋諱避闕至欽宗之「桓」，南宋諱自「構」、「慎」皆不闕，知非南宋乾道、慶元及川、吉、越、湖北諸本。賈人勞心作拙，以冒北宋，即由于此。然審其字體板式，已是宋末元初不精之刻。蓋金、元間以紹興本翻雕，而大德修補之本。其刻手善少劣多，故不能精好奪目。《愛日精廬藏書志》記宋刊元修本，板心有記大德、至大、延祐、元統補刊者，其行字同。友芝又見豐順丁氏收黄丕烈舊藏景祐殘帙〔八〕，足以宋刊元修若干卷者；亦有大德、至大諸補板。行字亦同，紙墨字體約略相似，則此爲金元間刻益無可疑〔九〕。同治戊辰開正，湘鄉相公示舊藏袁漱六贈本，命檢勘審定。謹據所見疏諸卷端。班《書》舊刻不易覯，即金、元間本，決勝明以來諸傳刻，固不必虚擬景祐、紹興以爲珍重也。上九日戊午，金陵三山客舍獨山莫友芝書。

三國志注元本瞿氏藏

半頁十行，行二十九字，注二十二、三字不等。惜補換過半。

宋史元至正江浙行中書省官本

每頁二十行，行二十字。其中縫一行，中截大書分卷云《宋史目録》□，《宋史·本紀》□，《志》□，《列傳》□；上截右旁書通卷云《宋史》□，或□十、□百，左旁計一頁字數；下截卷頁數之下右旁云△△寫，左旁云△△刊。《宋史》以至正五年十月表進，即于六年△月咨浙江等處行中書省差史官翰林應奉張翥馳驛賫淨稿前去，選匠依式鏤板。文載目前，是江浙一本爲最初之刻。同治乙丑夏，在上海見嘉興馬氏一本，惜其不完。

資治通鑑元興文署刊本

元興文署刊本。《資治通鑑胡注》二百九十四卷，裝九十六册。出于泰州某家。同治乙丑夏，余曾議購未就。越庚午秋，購成矣。舍弟以其點抹乖刺，促還之。尋爲江安傅麗生通守所收。是刻字體多波折，四邊綫極粗。嘉慶間鄱陽仿刻，亦稱善本，而未能畢似也。明正嘉以來，是板歸南監，遞有修補。此本則元末板未漫漶時印，雖丹墨礙目，其質地實極精美。余拆閲後，猶時時往來于懷。麗生略去外礙，且增直以售，亦可謂能鑒真者矣。據印記、跋尾，知經藏曹氏倦圃、馬氏小玲瓏山館、趙氏亦有生齋，餘不悉録。身之注此書，原附《釋文辨誤》十二卷，鄱陽覆本有之，而此未備。然温公本書固完然無少闕，五百年來，萬葉鉅編能爾者，復幾見哉！冬十二月既望，麗生將持還蜀，屬獨山莫友芝書其端。

資治通鑑綱目四十九卷元本

每半頁十行，行大十六字，小二十二字。遇宋諱或省，或不省，蓋元覆宋板也。其結行字體，極似震澤王氏所刊《史記》，善印亦佳，本不易得者。是書自明正德福州刊七家注，攙入《書法》、《考異》、《發明》、《質實》諸閒文，甚爲礙目。宋、元人本猶無之，猶已可貴。閶門市出，惜闕後半。

續宋編年資治通鑑十八卷舊本滬市出，乃徐紫珊舊藏

宋李燾進。《四庫》著在《存目》。此刊半頁十五行，行二十四字。寫刻整滿，是宋、元密行善者。卷目之末有「雲衢張氏」「鼎新刊行」二木記。

金陵新志十五卷元本

至正癸未張鉉撰本。鉉書文淵閣著録。此本郁氏宜稼堂藏。板多漫漶。

音註文中子十卷監本

十三行，二十三字，與《老子》同。蓋元人刊《六子》之一也。

管子注二十四卷元本

每半頁九行，行二十字。王惕甫芑孫舊藏。中朱筆校過。首題識云：芸臺先生至杭，停泊胥江，過鷗波舫，因出《管子》一書相贈。後同年黄蕘圃見之，定是元板，市中不可多得，因重裝之。鐵夫記。今歸豐順丁氏〔一〇〕。

圖解校正地理新書十五卷

宋初因唐呂才《陰陽書》中之《地理》八篇，分類增輯爲《乾坤寶典》。景祐初，又命修正舛盭，别成三十五篇，賜名《地理新書》。皇祐三年，復詔王洙等勾管删修。事具洙《進書序》。金世宗大定甲辰，宋淳熙十一年。平陽畢履道爲《圖解》。章宗明昌壬子，宋紹熙三年。古戴鄙夫張謙復爲精校補完以行。此本殆即謙所刻也。每半頁十七行，行三十字。王洙詳註則十三行，行二十六字。每册首有［曾藏汪閬原家］印，知爲汪士鐘舊藏。今歸丁禹生方伯〔一一〕。丁卯十一月朔日觀。

首册末有［田耕堂藏］朱［士禮居藏］白二印。

宋《地理新書序》：翰林院侍讀學士、朝散大夫、尚書吏部郎中、充史館修撰、判國子監提舉集禧觀事、上騎都尉賜紫金魚袋臣王洙等奉敕管勾删修。

臣聞聖人包慮民之心，其制器大備，其示法詳密，使民日去不善，居而蕃息者也。父母之於子，推燥濕以養之，又教以水溺、火焚、矛戟、虎豹、蛇黿之能害人者，丁寧反復，然後知而避之。人識父母之於己，生而養之者也。不識安而全之者，父母之教也。人之於父母，知其大而遺其細，知擇福而不知避害。聖人者爲之宫室、耒耜、書契、舟楫、弧矢、網罟、臼杵、重門，皆所以興利驅害，慮及萬世。當是時，庶工百執事黽勉于下，莅官以智，獻功以時。爲之者，百官也；成之者，聖人也。《易》曰：「通其變，使民不倦。神而化之，使民宜之。」聖人爲民父母，制器示法，既備且悉，周於無窮。昔公劉居豳，大王居漆沮，文王居岐陽，武王居鎬代，皆相其吉凶，然後居之。在《詩》曰：「篤公劉，既景乃岡，相其陰陽。」「古公亶父，聿來胥宇，爰契我龜。」「度其鮮原，居岐之陽，在渭之將。」「考卜惟王，宅是鎬京。惟龜正之，武王成之。」及周公營新邑，亦使太保召公先卜宅、獻圖兆。商相傅説曰：「明王奉若天道，建邦設都。」然則建邦都，營邑屋，面方辨位，以求其宜，本三王之法也。在《周禮》有建邦國、都鄙之法，以水地、土圭、表槷規日景，以極星正朝夕是也。秦漢已降，術學蜂起，占家有五行、堪輿、建除、叢辰、太一諸學，世多習者，其書寖廣。大宋總一海内，天覆地載，列聖愛民之心，疚然深思。農田耕墾，風雨祈禬，皆著敕法。若醫藥針石不得其宜，則夭殤所繇生也。論次爲書，博士諷誦，與令格、敕書，藏于天下。又若占家之説，冠昏、行人、丘封、葬斂、日時、吉凶，不得其法，則人逢百殃。聖人之心，將欲納民于富壽，其亦自取於斯也。唐貞觀中，太常博士吕才奉詔撰《陰陽書》五十篇，其八篇《地理》也。至先朝，更命司天監史序等分門，總輯爲《乾坤寶典》四百五十篇，其三十篇《地理》也。書既成，高麗國王上表請于有司，詔給以寫本。然序之書叢雜猥近，無所歸詣。學者抉其訛謬，凡三千五百。景祐初，司天監丞王承用又指摘闕誤一千九百。始詔太子中允集賢校理稽穎、冬官正張遜、太卜署令秦弁，與承用覆校同異，五年而畢。詔付太常，命司天少監楊惟德與二宅官三十七人詳其可否。惟德洎遜斟酌新曆，修正舛盭，别成三十五篇，賜名《地理新書》。復詔鈎核重複，至皇祐三年，集賢校理曾公定領其事，奏以淺漶疏略，無益於世。有詔臣洙、臣禹錫、臣羲叟洎公定置局删修。以司天監主簿亢翼改正其舊，觀文殿學士丁度典領焉。度薨，臣洙實掌其屬。於是具閲三觀所藏，及古今占術驗忌，披其奥窔〔二〕，詰其苞抵。管以體要，區以輕重，而各從攡部，先後可尋。自吕才成書，名以《地理》，而專記冢墓，頗淆以室舍。吉凶同條，非著書之法。今首以城邑、營壘、寺署、郵傳、市宅、衢弄，則左陰右陽，刑禍福德所相也。辨之以四方，叙之以五行，商之以五姓，憲之以九星，媲之以八卦，參之以八變，爲《地事》凡二十篇。終以冢穴、埏道、門陌、頃畝，則開三閉九，山壟水泉所相也。任之以八將，齊之以六對，董之以三鑑，俵之以六道，爲《葬事》凡十篇。若乃罔原利害，則繪之以易民用，爲《地圖》一篇。種次有稟，則總之以便看讀，爲《目録》一篇。勒成三十二篇，闓之以經義，辨鑿空也；質之以史傳，信休咎也；廣之以異聞，求成敗也。巫史所傳，則存其可據者，不顓新見也。辭質而易曉，便于俗也。皇帝陛下，以聖人制作之德，廣祖宗愛民之心，將使斯民去夭傷刑害而遠不善，則茲書之所以作也。自有詔校正，距今二十一年，臣洙等以庸淺而黽勉于下，曠日彌月，然後能就。若乃成而名之，皆陛下也。四夷有求于中國，觀其書則文而不俚，將以見册府藏書之盛。其下則惠逮漏泉，宅兆以時，聖人之仁如此。惟文武受命，世世忠厚。詩人美之曰：「敦彼行葦，牛羊勿踐履。」謂草木微者，猶能愛之，況于人乎？故卜世三十，享國過曆。若然，大宋之仁，溥博上下，則愛民之報，祚以萬年，天之道也。謹序。

金《圖解校正記地理新書序》：宅葬者，養生送死之大事也。自司馬《史》分陰陽家流，至唐迄宋，屢詔儒臣典領司天監屬，出秘閣之藏，訪草澤之術，胥參同異，校核是非，取合於理而災祥有稽者，留編太常，即今之頒行《地理新書》是也。俾世遵用，以裨政治，保生民躋於壽域，惠亡者安于下泉，示愛民廣博之道，不其韙與？兵火之後，失厥監本，於是俗所傳者，甚有訛謬。至於辭略而理乖，名存而實革，既寖差誤，觸犯凶災。僕深患斯文之弊，遂質諸師説，訪求善本，參較以正之者，僅千餘字；添補遺闕者，幾十數處。兼有度刻步尺之差者，則以算法考而改之；有陰陽加臨之誤者，則以成式推而定之。至若四方正位，詳説其準繩、表臬，求影星取中之法；四折曲路，細畫其角斜、正方，合勾股入穴之圖。山水列其吉凶，祭事分於壇墠。發揮經義，注釋禮文，歲餘方畢。藏之于家，以俟同道之能者踵門而採擇焉，庶亦知余攻業之不忽也。時大定歲在閼逢執徐，平陽畢履道題。

金《精加校正補完地理新書序》：僕叨習地理，忝慕陰陽，雖專述二宅，而取則於此書。伏睹古唐、夷門、蒲版等處，前後印賣《新書》，未嘗有不過目收購者，終莫能見其完本。唯我先師馮公傳授，亦遺《地圖》一篇。繼有平陽畢先生者，留心考核，可無微失；而又增加《圖解》等法度，真得其旨趣矣。自是更訪求名士家藏善本比對，差互甚多。今據從來板内遺闕者，并以補完；元差互者，校讎改正；一兩疑未詳者，乃各存之；及其間寫雕錯誤，亦以校定。其卷首四方定位之法，《圖解》已是詳備。竊見營造取正定平制度，亦可爲式。外五姓聲同而虚實音異者，今以纂出地下明鑑，立成傍通三鑑六道，繼叙輪圖。又校正禽交、步分及民庶合用塋田，參定傳符、雜忌等述，兼論吕才言宅葬經書之弊，各布列本篇之下，總二萬餘言，以廣異聞。僕恐未能專擅，遂誠心修集，以俟同道之能者，幸改易焉，庶幾我輩易爲遵用。審觀此書之興也，始自唐代吕才删定，名以《地理》。至于宋朝注曆，數主重複，詔下有司，始終幾有百年，方以定用，頒行于世。今野俗之流，而有專執星水之法，或只習一家偏見之文。又有不經隨代進用頒行傍門小説不根之語，或與官書相害者，執而行之。兼有不能與五姓參用，而專排斥五音姓利，良可罪哉！僕今見平陽數家印賣此書，雖有益于世，竟未見完者。恐久墜斯文，莫能從善。不敢欺隱，遂將正文插入，又附以亂談舛駁之辭，短拙不揆尤甚，輒以俗言紀其事迹。時明昌壬子歲，古戴鄙夫張謙謹啓。

書法鉤玄四卷元本

元朱方蘇子啓纂輯。《四庫》存其目。明趙宧光寒山精舍藏本，豐順丁禹生氏所收。卷中批抹多用草篆。四卷末記一行云：「萬曆壬子仲春二日，胡蝶寢閣。」皆凡夫手迹也。一卷首册有印曰：「梁鴻墓下。」凡夫居寒山〔一三〕，當去鴻墓不遠。聞昔梁方伯治吴，訪求鴻墓未得，禹公曷不依寒山舊址一更尋之〔一四〕？

考古圖十卷元大德本

宋吕大臨撰。首載元祐七年吕大臨《考古圖記》。次載大德己亥古迂陳才子《謹題》及茶陵陳翼子翼俌《識後》。又有記八行，謂宋儒正字吕輿叔先圖古器物并録其銘篆，彙爲十卷云云。其所記之人及年月，蓋在後頁失之。其每卷題後并署「默齋羅更翁考訂」，則陳子《謹題》所謂「汲郡吕公彙諸大家所藏尊、卣、敦、盂之屬，繪爲鉅編，兵後多磨滅。吾弟冀俌又廣吕公好古素志，屬羅兄更翁臨本；且更翁刻以傳世，并採諸老辨證附左方」，是不盡吕氏原本矣。前有一印。卷首有二卤主人二十一歲小像，嚴可均題。篆書。像後有倪稻孫題云：「學有獲，得古人之面目。利長年，惟不足，以吉金而石樂。」[一五]二卤不知即稻孫否？鹿巖山人

困學紀聞二十卷 元本

宋王應麟撰。前載牟應龍、袁桷二序。蓋即桷《序》所謂馬速忽、孫楫濟川所刊本。半頁十行，行十八字。此種于坊間見一本。

事文類聚 元本

每半頁十四行，行二十八字。

玉海二百卷附刻諸種俱備 元至元刻本

行款與今通行本同，特板心稍大。字體秀勁，近趙吴興。首有胡助、李桓、阿殷圖野堂、王

介四《序》，及至正三年慶元路刊行《文牒》，及薛元德《後序》。又有伯厚之孫《識語》在伯厚《題跋》後，謂其先祖且謂未脱稿難以示學者，故藏于家云云。浙東都事年公始建議板行。今元帥資德公既至，即命刊布。又刊《詩考》、《詩地理考》、《漢藝文志考》、《通鑑地理通釋集解》、《踐祚篇補注》、《急就篇》、《王會篇》、《漢制考》、《小學紺珠》、《姓氏篇》、《六經天文編》、《康成易注》、《通鑑答問》諸書。厚孫等承命校勘唯謹，而董役者弗爲修改，遺誤具在，觀者審焉。至元六年庚辰四月一日。卷首有"張寬德宏之印""張任文房之印""玉峰張氏世恩堂圖書""徐氏家藏""曾在汪閬源家""郁印松年""泰峰"七印。

列子張注元本，瞿氏藏

每半頁十二行，行二十六字。蓋亦元人彙刻六子本之一。有"愛日精廬藏書"朱"季印振宜"朱"滄葦"朱"廣鈞平子"白"吾生甲申"朱數印。

宛陵先生文集六十卷元本

宋梅堯臣撰。半頁十行，行十九字。有葉氏菉竹堂藏書朱、九華山人白、繡佛齋白。

東萊呂太史文集十五卷外集五卷元本〔一六〕

半頁十行，行二十字。

劉静修先生文集三十二卷元本〔一七〕

金劉因撰。每半頁十三行，行二十字。

道園學古録五十卷元本，上海瞿氏

每半頁十三行，行二十四字。絶似《柳文音義》。

伯生詩續編三卷元本，《目録》首行題如此。其每卷端又題云「伯生詩後」。

吴門黄氏士禮居舊藏。今歸海寧查氏。

半頁十行，行十五字。行書甚精雅。《目録》後題四行云：「是集乃學士晚年所作，比常作尤爲得意。敬刻梓與騷壇共之。時至元後庚辰，劉氏日新堂謹識。」後有嘉慶丁卯十二月黄蕘圃《跋》云：「道園所製詩文極多，《道園類稿》、《道園學古録》、《道園遺稿》、《翰林珠玉》、《伯生詩續編》，共有五種。僅見者尤在後三種，三種尤在後一種。此元刊《伯生詩續編》三卷，余與殘宋刻《白氏文集》得諸顧五痴家，藏篋中久矣。頃，五痴族人出舊殘本求售，係棉紙。此係竹紙，兩本并入余手，重加校對，亦樂事也。」

上卷爲四、五、七言古詩，二十五首。中卷爲七言八句，四十五首。即律詩，五言同。下卷七言絶句，五十三首；五言八句，十三首；五言絶句，十三首。以《類稿》校上卷，僅《家兄孟修還江南》一首有之。《類稿》題云《家兄孟修父輸賦南還》。計他體當稱是。稿中遺逸之篇，殆過于十九。又以《學古録》證之，亦多不載。按：後至元庚辰，道園六十九歲。是年冬，臨川李本伯宗、黄鐘仲律來訪先生于山中，編文二百餘篇。明年，本伯宗乃與先生幼子翁師編《學古録》。後六年爲至正丙戌，先生年七十五，劉伯温編刊《道園類稿》，歐陽圭齋序之。并在刊此集後，不知遺篇何以不收？豈刻者自刻，編類者固未之見邪？且題云「續編」，知道園詩已先有編刻，而以此續之。今亦不可考。絶無傳本。後先生從孫堪編《遺稿》，于此刻不知盡收否？惜不得其本一證之。後附《葉氏四愛堂序詠》一卷，首伯生序，次吴全節、馬祖常、高履亨、夏文詠詩各一首，歐陽玄詩五首，揭奚斯、王倫徒、謝君與、王士點詩各一首，末爲伯生《餞梅野詩序》并七絶一首。四愛者，淵明菊、茂叔蓮、和靖梅、魯直蘭也。江東葉凱翁以宋遺士詹府僉程國録爲其先人成甫所著《四愛堂詩文》卷來京師求題詠；梅野，亦凱翁號也。豈此刻白葉氏歟？

樂府詩集元本

宋郭茂倩編。絳雲樓舊藏。半頁十一行，行二十字。

中州集元本，瀘肆

金元好問編。半頁十五行，行二十八字。印亦中等。

【校勘記】

〔一〕莫氏《持静齋藏書記要》卷上記是書名爲「尚書蔡氏傳輯録纂注六卷書序纂注一卷」，記述可互參。

〔二〕於：原作「揀」。張文虎于書眉批云：「揀，疑『於』字。『爲』，疑『謂』字。或作『特不以古文爲僞』。虎。」是也，今從之。

〔三〕此下原録有「董真卿附識」。此上書眉有三注：（一）「若《經義考》已載，亦可不存。虎。」（二）「董真卿附識，查通志堂刊有，即删去。」（三）「檢家藏通志堂刊本，此書無真卿跋，或是闕去末頁。朱氏《經義考》已録之。」後二注係莫繩孫所作，故删去董真卿附識。

〔四〕莫友芝《持静齋藏書記要》上卷亦記是書，解題可互參。

〔五〕莫友芝《持静齋書目·經部十韻書之屬》記：「《禮部韻略》五卷。曹楝亭依宋刻刊本。宋丁度撰。」

〔六〕《持静齋藏書記要》卷上史部校記云：「《史記集解》合《索隱》一百三十卷，漢司馬遷撰，宋裴駰集解，唐司馬貞索隱。明正德時依中統本傳刊。」

〔七〕「乾道三年」祇有四字，此言「五字」，誤，當爲「四字」。下兩文言「乾道五字」亦當改作「四字」。

〔八〕莫氏《持静齋藏書記要》卷上記丁禹生所收《漢書》「宋景祐本，不足七十卷」，可參。

〔九〕元：原無。此行上眉批云：「『金』下當有『元』字。虎。」據補。

〔一〇〕此條上有眉批云：「瞿氏藏有宋本，記邵亭曾見過，不知何以不載。」莫友芝《持静齋藏書記要》卷上記是書：「《管子》二十一卷。刊印不工。王芑孫舊藏，以硃筆校過，以爲元板。」下引鐵夫識記亦同。《持静齋書目·子部三》記是書：「《管子》二十四卷。」校語與此小異，可參。

〔一一〕莫氏《持静齋藏書記要》卷之上亦記是書，記語小異，可互參。又，莫氏《持静齋書目》卷三記此書亦與此小異，三書可互補互參。

〔一二〕奥窔：原作「奥突」，張文虎改，并於書眉批云：「當是『窔』字。虎。」從之。

〔一三〕居：原脱，據《持静齋書目》補。

〔一四〕《持静齋藏書記要》卷上亦記是書，文字小異，可互參。

〔一五〕張文虎于書眉批云：「此有脱誤。石樂倒。虎。」按，據韻脚，實不誤。

〔一六〕莫氏《持静齋藏書記要》卷上記是書曰：「宋吕祖謙撰。元刊本。按：《四庫》本尚有《别集》十六卷，《附録》三卷，《拾遺》三卷，合四十卷。此本尚佚其半。」另，此條之下原有「指南録五卷」題跋，遵書眉「此係宋本，應置前卷『山谷集下』」之批，今已前置，此處删。

〔一七〕莫友芝《持静齋藏書記要》上卷記是書爲：「《劉静修先生集》二十二卷，元劉因撰。元刊本，細行密字，頗精雅。《四庫》録此集三十卷，乃别據一元刊也。」

宋元舊本書經眼録卷第二下

周易集解明嘉靖刻本

明宗室朱睦㮮灌父所刻。有嘉靖丁巳冬刻書《序》及上海潘恩《序》。半頁八行，行十八字。注皆低一格大書，甚醒目。朱《序》謂刻自宋季，希有存者。予得之李中麓，復用校梓以傳。鼎祚，資州人，仕唐爲秘閣學士，以經學稱於時，嘗進《平胡論》，預察胡人叛亡日時，無毫髮爽，象數精深蓋如此。及閲《唐列傳》與《蜀志》，俱不見其人，豈遺之耶？抑別有所載耶？朱《序》。

周易本義大字注本

蓋元末明初刻。曝書亭舊藏，今歸錢塘丁氏。其經、翼次第一依朱子，而以吕氏《古易音訓》雙行隨條散附經下。昔宋小茗咸熙從董氏《會通》中摘出《音訓》以行〔一〕。此本所載尤完整，惜其未之見也。卷首有「漢唐齋」白「游好在六經」朱「吴興則氏」白「紅藥山房收藏私印」朱「玉堂」白「笏齋」朱六印。

朱子《易本義》析爲十二卷，以存《漢志》篇目之舊，較之程子《易傳》依王輔嗣本原不相同。惟因臨海董氏楷輯《周易傳義附録》一書，乃强合之，移《易本義》次序以就《程傳》。明初兼用以取士，故不復分。其後習舉子業者專主《本義》，漸置《程傳》不講。於是鄉貢進士吴人成矩叔度署奉化儒學教諭，削去《程傳》，乃不從《本義》原本更正，其義則朱子之辭，其文則仍依《程傳》次序。此何説哉？沿至於今，科舉試題，爻象并發，其亦悖乎朱子之旨矣。余嘗求原書不可得，今睹此秩然不紊，中附東萊吕氏《音訓》，末有朱子《後序》，是爲完書，宜亟開雕頒諸學官。第恐下士見之，翻大笑爾。康熙丁亥夏六月，小長蘆朱彝尊跋，時年七十有九，書于家衎齋之道古堂。

小長蘆 朱分

書經纂言四卷明本

元吴澄撰。明嘉靖己酉，顧應祥據正德辛巳本重刊於滇中。是曝書亭舊藏。通志堂即依此本付雕，今歸豐順丁氏。卷首有竹垞翁題識〔一〕。云是書購之海鹽鄭氏，簡端所書，猶是端簡公手迹也。會通志堂刊經苑，以此畀之，既而索還存之笥。壬申歲歸田，檢櫝中藏本，半已散失，幸此書僅存。又七年，曝書於亭南，因識。竹垞七十一翁。卷中有「竹垞」、「朱彝尊」、「小長蘆」、「釣漁師」諸印。所謂卷端書，乃評可否語數條，無足取也。

書傳集解殘本，未詳卷數

缺首二卷，于《禹貢》、《湯誓》首并題云：「後學金城黄諫集解。」録《蔡傳》低經文一格大書，所集諸家及自下己意則雙行夾注。半頁八行，行二十四字。板縱横不及五寸，而刻印精朗，似元佳本。汲古閣舊藏，今歸錢塘丁氏。按：是書所引宋、元諸家，外及于明初陳雅言，是明永樂以後人矣。《明史·藝文志》不載。檢《千頃堂書目》有之，亦無卷數。自《横雲史志稿》去黄氏補《宋史》及金、元諸籍，已不愜人意。何明人著述亦如此疏漏耶？《千頃》注：諫字廷臣，蘭州人，正統壬戌一甲第三人，歷官翰林學士。

禮記集説三十卷明本

元陳澔撰。是刻蓋依元本翻雕者。半頁九行，行十七字。一如宋人《四書》、《詩》、《書》集傳之式。明永樂纂《大全》，蓋即依其卷數。今行十卷本，經文每節提行，註文另行低一格雙行，明人改也。《四庫》著録此書亦十卷，殆未見此本歟？丁卯冬，檢豐順丁氏藏書有此種，邵亭亦于蘇肆中獲一本〔三〕。

埤雅二十卷元明間重刻宋本

宋陸佃撰。——結銜云：「中大夫、守尚書左丞、上柱國、吴郡開國公、賜紫金魚袋。」其子宰宣和七年《序》。結銜云：「男，朝請郎、直祕閣、權發遣淮南路計度轉運副使公事、借紫金魚袋。」半頁十二行，行二十三字。天運庚□八月，京口張存性中序重刻緣起云：「《埤雅》書成，授其子宰，始序以傳之，時宣和七年矣。其後五世孫罃由秘閣修撰來知贛州，再用刻于郡庠。歷世既久，悉毁于兵燹，人罕得聞。會奉議大夫江西按察司僉事古閩林公瑜，字子潤，巡按贛上，訪于耆民黄維，得是書，欲與四方學者共。太守陳大本克承公意，乃命鳩工刻之。其中缺簡甚多，顧求別本無得者，復有待于後之博雅君子，不敢以私智補之。」歸印世昌。

漢書注舊本

半頁十行，行二十三字。刻印清整。以朱墨録徐亮直、何義門兩家評校于上下端。

前後漢書明翻宋淳化本，滬市

末有「淳化五年□月奉旨校刊」字，售者以爲北宋本。細核之，蓋明時翻刻者，其避諱皆不及南宋，固北宋子本也。半頁十行，前每行大十九字，小廿七字；後行大十九字，小廿五字，亦并有多少參差者。四邊極粗。

管子無注本

半頁十行，行二十一字。似元明間刻。

農書二十二卷凡農桑通訣六卷穀譜四卷農器圖譜十二卷明本

元王禎撰。每卷題「集之一」、「集之二」於目。集之一附説云：「古之文字皆用竹帛，逮後漢始紙爲疏，乃成卷軸，以其可以舒卷也。至五代後漢明宗長興二年，詔九經版行於世，俱作集册。今宜改卷爲集。」首載嘉靖庚寅臨清閻閎《序》。蓋山東巡撫邵錫、布政使顧應祥始刊，而左布政使李緋成之。半頁十一行，行二十二字。板心頗大。此書明萬曆末鄧溪刊本删并爲十卷。《四庫》本亦二十二卷，乃依《永樂大典》本，約用王氏元卷第重編，以聚珍板印行。恐亦未能悉還其舊。惜未見此本耳。

野客叢書三十卷附録一卷仿宋本，瞿氏藏

宋長洲王楙撰。小序有[香竹山房藏本]朱[宗壎]白[詠川]朱[古鹽張氏]白四印。目録有[松下藏書][緑蓑青笠郇尻]二印。目尾有「長洲吴曜書黄周賢等刻」十字雙行，每卷尾皆然。卷一有[漁書竹堂]白[李印兆洛]白[申耆白事]三印。半頁十行，行二十字。

西溪叢話二卷明嘉靖鵠鳴館刻本

宋姚寬撰。張紹仁、吴翌鳳遞藏。丹黄殆遍。

韋蘇州集十卷 明翻宋本

半頁十行，行十八字。——卷第一：古賦、雜擬、燕集。——卷二：寄贈上。——卷三：寄贈下。——卷四：送別。——卷五：酬答，至《酬閻員外涉》止，逢遇，《長安遇馮著》起八首。——卷六：懷思，至《追懷》止；行旅，至《山行雨歸》止；《感嘆》。——卷七：登眺，《登重玄寺閣》止；游覽。——卷八：雜興。——卷九：歌行上。——卷十：歌行下。

韓文考異音釋四十卷目録一卷外集一卷 合十卷爲一 遺文一卷附録集傳一卷

宋朱子《考異》、王伯大《音釋》合編本。半頁十三行，行二十七字。海寧查氏藏，以爲宋刊，然無憑據。觀其款式、字體，當是明初刊本。

雲臺編 明本

唐鄭谷撰。嚴嵩《序》後有康熙辛卯何義門題字。 葉氏藏書

六家文選 緜紙初印

板心甚大。半頁十一行，行大十八字，小則行二十六字。□天禄琳琅亦載此種。

迂齋先生崇古文訣

元明間覆宋板。半頁九行，行十九字。有「沈瀚」、「世貞」、「允明」諸印。王弇州題籤猶存。

明人中庸合註[①]

右《中庸合註》一卷，未詳撰人。其所引宋、元諸家説至于史氏伯璿，其十五六兩章且及《大全》。考史氏《四書管窺》成于元末，行于明初，《四書大全》出永樂中，則撰者明永樂以後人矣。其稱「補註」、稱「愚按」者，所自立説，大旨爲書義而作。故于章中虛實分際，篇中脉絡往來，言之頗詳，他則無所發明，僅以供科舉文之用而已。其篇首《總説》應置卷中《書題》之後。而冒草廬之名以爲序，誠如《四庫提要》所云：「書賈作僞，蓋猶非著書人本然也。」此舊寫本，督學中允祖庚翁公所收朱竹君氏舊弆，付舍弟庭芝持示，因書其後。咸豐壬子六月。

尹和靖遺書

右尹和靖先生《言行録》四卷、《文集》七卷。康熙庚子和靖二十四世孫仕殷所校刊，道光壬午二十八世孫文鳳重刊者。考陳直齋《書録解題》載尹和靖《語録》四卷，云其門人馮忠恕、祁寬

① 此條以下至本卷末文字原附於卷二外，諸刻本均無，今補於卷二末尾。

居之、吕堅中崇實所録。此《言行録》第一卷馮忠恕録；第二、三卷祁寬録；第四卷吕堅中録。是與直齋所載一書異題耳。《朱子文集》有尹和靖《言行録序》，謂尹先生門人馮氏、祁氏、吕氏記其緒言，各爲一書，則稱《言行録》爲古。據朱子編《二程外書》及《伊洛淵源録》，引於馮氏稱「涪陵記善録」，於祁氏稱「祁寬所記尹和靖語」，於吕氏稱「吕堅中所記尹和靖語」，其合三家爲一編之出誰手，不可考矣。《和靖集》今文淵閣著録者八卷，凡《奏劄》三卷，《詩文》三卷，《壁帖》一卷，王時敏所記《師説》一卷。此本《疏劄》第一，《師説》第二，《壁帖》第三，《雜文詩》第四，《論孟解》第五，而第六爲《附録授官諸敕》，第七爲《宋史本傳》。其《疏劄》、《詩文》校閣本并少二卷，其編次先後亦不同。據《凡例》，仕殷於《言行録》諸家異同既删重修繁以類爲一條，復標條中要句爲題目，於《文集》中辭免奏劄數十，嫌重複僅録其五；《壁帖》不録；《論孟書句》元附告敕二十餘，亦謂辭意重複，官職無徵，去之；而别取《三吴文獻考》所載六篇。又謂《言行録》卷末本有《年譜》，雖詳弗信，乃於《文集》末録附《宋史列傳》。是二書大爲仕殷昔校所删亂，殊不足據。朱子序《言行録》，於諸家記録抵牾人名事迹不同，固恕其精微之意，不能無疑；而所自編録徵引則異同兼收，不敢輕有去取。無論仕殷學行於朱子何如，第以仕殷之去和靖與朱子去和靖遠近何如，而乃毅然筆削，校以外書。《淵源録》所引，即已多此本所無，亦可謂無知妄作矣。今《文集》猶有舊帙，而仕殷所據之太學本《言行録》已不可見，僅留此不完本，《年譜》亦無傳，不重可惜哉？然尹子守約，意主力行，誠能好學深思，得其一二語，將有終身不能盡者，完不完姑勿計也。道光庚戌春正月廿有六日，過蔡莒谿教授丈，見案頭此本，假讀於湘川書院，畢，題其後歸之。二月八日。

王守溪文集

守溪論文以法，法以昌黎爲聖。法昌黎必取道可之、持正、文昌、習之諸家，故其序《持正集》曰：「昌黎變化無端倪，湜得其奇，翱、籍得正，翱又得態，合三子一之，乃具體爾。」其刻《可之集》曰：「讀《文粹》載持正、可之文，苦不遘其全。後獲内閣手録二本，始有絲髮見於古人立言之旨。」又曰「昌黎海也，不可徒涉，可之則巨筏焉」，又謂「可之卒，其法中絶，後來歐、蘇天才，猶謂於是有未暇數數然者」。其蘄向如此，故其爲文廉潔而温淳，力溯韓門而不以其貌。其序《容春堂集》曰：「韓公有言，師其意不師其詞。國賢師韓而不必似韓，所謂嚴而不晦者。」蓋亦自道也。世競知守溪開有明制藝法，詎知法法所自，固已先歸唐古文詞之聲邪？道光庚戌中夏，遵義試棚肆出此本，爲卷三十有六，題曰《王文恪公集》，與文淵閣著録之《震澤集》三十卷者不合，後附文恪曾孫遵考名禹聲。《鶡音白社》、《詩草》各一卷，亦《四庫提要》所未言，豈别一本邪？其每卷端文恪題名後并有「吴興朱國禎文寧訂、雲間董其昌元宰閲」二行。據元宰《序》，附遵考作亦自元宰也。刻印精好，若手寫，字有董氏臨米意思，故是明人舊帙佳者。仁懷廳張某好而售之，借讀粗過，書其後以歸。

陳簡齋詩箋註三十卷附無住詞箋註一卷

宋胡穉箋。同治己巳六月影山草堂依宋本鈔。半頁十一行，行大字十九，雙行小字亦每行十九。

【校勘記】

〔一〕此行上有硃筆眉批云：「宋號小茗，仁和人。」

〔二〕莫友芝《持静齋藏書記要》上卷亦記是書，然書名脱「經」字，文字小異，可互參。

〔三〕莫氏《持静齋藏書記要》記是書云：「《四庫》著録《莊雲禮記》十卷。今本通行皆然。疑此是原編。」可參看。

宋元舊本書經眼録卷第三

易學五十卷

明卓爾康撰。爾康，仁和人，字去病。萬曆壬子舉于鄉，授祥符教諭。歷工部員外郎，左遷常州府簡校，徙大同府推官，總督盧象升常引參謀軍事；移兩淮分司運判，爲淮人請賑，激切觸忌，罷歸。事迹具《縣志·儒林傳》、《明史·藝文志》。卓爾康《易學全書》五十卷，《四庫提要·存目》僅有爾康《易學》殘本十二卷，蓋乾隆中採進已無全本。此本吳騫拜經樓所藏舊鈔全帙，其《説卦傳》二卷獨存刊本，首頁及板心計卷處猶留空木未刊，蓋附鋟始此兩卷，丁明季之亂，遂未及完耳。其書條引衆説，而附以己説，亦有衆説具而已無説者。所引注疏、集解、傳義之外，于明蔡虛齋、何元子兩家最多，蓋義理主虛齋，古義依元子也。其他徵引，就《乾》、《坤》二卦有劉濬伯、管登之、來之德、鄒黍回、于令升、項安世、吕伯恭、劉濂、季明德、章本清、馬理、黄端伯、歐陽永叔、郝仲輿、鄧元錫、陸庸成、林黄中。《象抄》、《九家易》丘建安、趙汝楳、張彦陵、焦弱侯、唐凝庵、姚承庵、楊止庵、俞玉潤、俞玉吾、高景逸、鄒泗山、邵氏、李隆山、蘇子瞻、吴叔美、吕叔簡、邵子、張横渠、李子思，《易簡録》楊止庵、楊誠齋，《測言》周顒、虞翻，《易徵》吴因之、鄧汝極、周天如、陸續。《決録》、《乾鑿度》、《潛解》、《蔡氏易筌》雪浪、金汝白、游定夫，《像象》陸庸成、方孟旋、顔充宇、胡雙湖、李隆山、王伯厚、蘇紫溪、程竹山、孫聞斯、吴臨川、徐幾若干家。又有稱「嗚缶氏曰」者數條，不知其亦爾康説，抑他人説也？

周易觀象補義略四厚册

國朝諸錦撰。錦字襄七，號草廬，秀水人，雍正甲辰進士，庶吉士改知縣，又改教授。乾隆丙辰，召試鴻博，授翰林檢討，官至右春坊右贊善。其《毛詩説補》、《饗禮》等并《四庫》著録，而未及是書。是書集諸儒之説，而斷以己意。末題子婿范成編次。嘉慶末，禾人戴光曾得此四册清本于吴中。其《提綱》一卷及《下經》自《姤》初一下至《雜卦》，皆其手書，尤可寶貴。今歸海寧查氏。

禮經本義十七卷寫本

國朝梁溪蔡德晉敬齋輯。——以十七篇分《嘉》、《賓》、《軍》、《凶》、《吉》爲次，《軍》仍缺。凡十六卷。第十七卷則逸《禮》諸篇，而自爲輯注。其本經僅十六卷者，無《喪服》一篇也。

爾雅新義寫本

宋陸佃撰。此書《四庫》未著録。

龍龕手鑑四卷影鈔本，瞿氏藏

遼釋行均撰。其卷題云「《龍龕手鑑》平聲卷第一」。釋行均，字廣濟。集首載統和十五年丁酉七月燕臺憫忠寺僧沙門智光《序》，遼聖宗統和丁酉，當宋太宗至道三年。其所據影之本甚大，蓋似明刻金人《五音集韻》、《篇海》。每半頁十行，行容大字十八，容小字雙行可三十六。其當摺縫上角多缺字。

吉金古文釋稿本〔一〕

朱右甫先生《吉金古文釋》四册，其哲嗣建卿同歲以先生手稿裝存者也。按：阮太傅文達公萃一時同好十二家吉金搨本〔二〕，益所自藏，搨集爲一書，以續薛尚功書後，爲《積古齋鐘鼎彝器款識》。右甫先生即十二家之一。文達又謂右甫酷嗜吉金文字，以各拓本屬之編釋，訂成十卷，是《款識》屬稿皆出先生，文達特審定而已。其一册有「阮氏編録卷一」書題及文達公改定字與硃筆改題書面；一册亦有改定增益；一册器後跋多補填元字。是三册蓋即編《款識》時初稿。其一册首有先生癸亥仲秋自記，謂手摹積古齋藏揚州江秋史侍御所摹三十六種，詮釋題已名，是本先生自著，中間亦有數條塗去己名改定，蓋後編《款識》擬摭入者，此更其先河也。同治戊辰開正，建卿從子竹石郡丞過金陵持示，謂其從伯裴存時乃從故紙搜出，散逸已三之二，蓋將援文達以歐陽《集古録》手稿剩葉刻石之例，存什一而未就，今得竹石斤斤奉持，不敢失墜，知必能竟其緒以張家學，以快海内好古之先睹也，豈不懿哉！五月戊寅長至，獨山年家子莫友芝謹識于吴門書局。

通鑑紀事本末補後編五十卷 稿本〔三〕

國朝仁和張星曜撰。以袁氏《本末》未有專紀崇信釋老之亂國亡家爲篇者，乃雜引正史所載，附以稗官雜記及諸儒明辨之語，條分類集，以爲此書。其紀歷代佛氏之亂，曰《歷代君臣奉佛之禍》，四卷。曰《佛教事理之謬》，十卷。曰《佛徒縱惡之禍》，五卷。曰《儒釋異同之辨》，五卷。曰《儒學雜禪之非》，十卷。曰《歷代聖賢君臣闢佛之正》；七卷。紀歷代老氏之亂，曰《歷代君臣求仙奉道之禍》，三卷。曰《道教事理之謬》，二卷。曰《道士縱惡之禍》，一卷。曰《儒老異同之辨》，二卷，附《釋老異同》。曰《歷代君臣聖賢闢老之正》。一卷。學者欲知異教流失，得此總匯，亦易爲明晰。星曜，字紫臣。成書自序在康熙庚午，尚未刊行，此其手稿。丁卯初冬，丁禹生日昌。方伯新收，借觀記。

建康實録二十卷影宋鈔本

每頁二十二行，行大字二十，小字三十三、三十四不等。二十卷尾附記云：「江寧府嘉祐三年十一月開造《建康實録》，并案《三國志》、東西《晉書》并《南北史》校勘，至嘉祐四年五月畢工。凡二十卷，總二十五萬七千五百七十七字，計一十策。」後頁前半列張庖氏、錢公瑾、曾伉、熊本、趙真卿五人校正銜名，及通判軍府彭仲荀、知軍府事梅摯銜名；後半又載紹興十八年十一月荆湖北路安撫使司重別雕印，韓軫、高楫、王廓、張允之、万俟虚、趙遜、周文平、劉長、王瑋九人銜。此所據鈔者，紹興本也。抄字尚不劣，蓋明末國初時物。僅卷首「郁泰峰己亥年所收書」一印。其抄自何年何人，不可考矣。

元和郡縣圖志四十卷目録一卷〔四〕

舊鈔本，每半頁十六行，行四十字。其每卷書題并有「圖」字，蓋據宋淳熙三年張幾仲名子顔。帥襄陽刊本過録。有程泰之名大昌。淳熙二年五月《序》，《序》後復有是年長至泰之以是書付幾仲《識語》，又有淳熙三年十一月番陽□□□《序》，則爲幾仲刊書作。按：是書本有圖，至宋已亡，見泰之《序》中。書題「圖」字自舊，近今傳本乃删之耳。元闕卷十九之河北道四，卷二十之山南道一，卷二十三之山南道四，卷二十四之淮南道一，（卷）三十五六嶺南道二、三，凡六卷。

元豐九域志十卷〔五〕

楝亭曹氏舊藏寫本。每半頁十行，行二十字。蓋依宋元舊本影鈔者。字雖不工，而式整雅，勝今刊多矣。

新定元豐九域志十卷影宋鈔本

半頁十一行，行大字約十八，注雙行小字，行二十三四字不等。即全載王存書，每州列縣之後，增古迹一門，蓋宋坊本也。海寧吴騫兔床拜經樓舊藏〔六〕，今歸唐鷦安翰。題有兔床及吴枚庵二跋。枚庵《跋》云：「《新定九域志》十卷。青芝山堂影宋鈔本，復從元豐《舊志》校勘者。首卷原闕四京以下六板，又脱曹州濟陰郡半板，亦從《舊志》抄補，并録《入進表》一篇，略成完書矣。新定本校《舊志》增多《古迹》一門，朱竹垞謂《舊志》乃經進之書，此則民間流行之本，未知然否？慨自祝穆《方輿勝覽》殘山剩水，僅記偏安州郡，惟此與樂史《寰宇記》猶見全宋規模，而流傳甚罕，識者所當什襲而寶貴之也。乾隆戊戌秋九月，枚庵漫士吴翌鳳書。」□兔床《跋》云：「吾家枚庵僑居吴下，性喜藏書，每遇秘本，輒手爲傳録，蓋今之方山也。王正仲《九域志》流傳絶少，而有古迹者尤爲難得。癸卯夏，從枚庵借得，因亟抄而藏諸拜經樓。槎客。」又朱識云：「壬子仲春，復以錢遵王影宋鈔本及嘉興馮氏新刊本重校一過。」

長春真人西游記二卷寫本，瞿氏藏

元李志常撰。記其師邱處機西游事。于山川、風土、飲食、衣服、百果、草木、禽蟲之別，皆資考證。《研經室外集》始著録。

天下郡國利病書 稿本

國朝顧炎武撰，乃鈔集志乘、史傳未成之稿。道光間，成都龍萬育得其副本刊之，凡百二十卷。此其元本也。同治丁卯九月，客蘇城，有持興化人家藏來售，因獲觀之。皆細行雜鈔，不出一手，以朱筆校改誤字，其每件後時有零星小件，則行書密行增入，無誤字。然則朱改及行書，或亭林筆也。末有黄丕烈《跋》云：「乾隆己酉九秋，友人張秋塘以《天下郡國利病書》原稿示余，共三十四册，曰：此亭林真迹也。余留閲，至山東省，見卷首頁不全，書中文義亦有殘闕，還之。徐晤秋塘，云是書是傳是樓舊物，後歸顧、歸王，此乃得自王蓮涇家。其殘闕者，安知非即亭林《序》所云亂後多有散佚者乎？時書已歸蔣春皋。余甚悔前此之不即收也。壬子秋，有五柳居書友携是書來，亟以數十金易之。是書本數與《蘇州府志·藝文門》載傳寫本三十四册之説相合，每本旁有小數一至三十四，唯缺第十四本。今之强分十五爲十四者，定係後人僞作。每本部頁標某省或某府字樣，次序先後，起自北直，而蘇、松、常、鎮、江寧、廬州、安慶、鳳、寧、徽、淮、徐、揚、河南、山東、山西、陝西、四川、浙江、江西、湖廣、福建、廣東、廣西、雲南、貴州、交趾、西南夷、九邊、四夷而止。他省不分府，南直獨分者，亭林籍南直，紀載加詳故也。每本有「備録」字。案《肇域志序》有云：本行不盡則注之旁，旁又不盡則別爲一集，曰《備録》。則此書與《肇域志》相出入。否則如《利病書序》所云有得即録，共成四十餘帙，一爲輿地之記，一爲利病之書。兩書本合而存之與？至《府志》載是書爲一百卷，而外間傳寫又分一百二十卷。今觀原稿并無卷次，則分卷之説俱不足信。且各省先後傳寫本不復如原稿次第，即所缺之第十四本，或居十三本河南省之後，而缺在河南，或居十五本山東省之前，而所缺在山東，皆不得而知之也。今十五本從「新店議」云云起，決非完書。傳寫本山東省有起處數頁，河南省亦于起處多兩頁，余爲録入。其本數已分三十四爲六十，有原稿部頁别之，仍可弗亂。」

南宋館閣録十卷續録十卷寫本〔七〕

宋陳騤撰。此據《四庫》本寫者，字頗圓潤。

元秘書監志十一卷寫本〔八〕

元承務郎秘書監著作郎王士點、承事郎秘書監著作佐郎商企翁編次。此寫甚工。半頁九行，行十六字，蓋據元本過録。

太常因革禮一百卷〔九〕

宋治平二年，歐陽修等撰進。《四庫全書》佚收。道光間阮文達得舊抄本，乃以進呈。中間尚缺卷五十一至六十七。此依錢塘羅以智本過録。有以智《跋》。云：《太常因革禮》一百卷。《四庫全書》未著録。《讀書後志》收入經類，題姚闢、蘇洵撰。按《洵傳》，以霸州文安縣主簿與陳州項城令姚闢同編纂。書方成，奏未報，而洵卒。闢字子張，金壇人，少從胡安定學。皇祐元年進士。後官通州通判，時爲太常博士。嘉祐間，歐陽修以《禮閣新編》、《太常新禮》多遺略，二書之外，存于簡牘者日以殘脱，奏請編纂。又從秘閣校理張洞奏請，六年七月己丑，命闢、洵專領其局，修爲參政，又命之提舉。治平二年九月辛酉書成，修與禮官李柬之、吕公著、宋敏求、周孟陽、吕夏卿、李育、陳繹及闢、洵等上之，得賜名。其書卷首題「歐陽修等奉敕編」，故《宋史・藝文志》但著修名。紹興元年復上于劉傚，詔付太常。今傳鈔本僅存八十三卷，多訛脱處。五十一至六十七，凡十七卷全闕。百卷中《總例》二十八卷，《目》二十有九；《吉禮》二十三卷，《目》三十有八；《嘉禮》九卷，《目》十有七；《軍禮》三卷，《目》六；《凶禮》三卷，《目》二十有五；《慶禮》一卷，《目》九；《新禮》二十一卷，《目》三十有六；《廟議》十二卷，《目》二十有五。當日李清臣云：「繁簡失中，訛缺不補。」有宋一代之禮書，今鮮存者，無可取證矣。考《開寶通禮》等下逮臣庶，是書惟《輿服》及羣臣之制，餘悉詳朝廟儀法，而視學、養老、賜酺諸典禮皆不載。祥符元年封禪，禮后土，不載玉册、玉牘文。建隆元年上帝后謚號，亦不載册文。后妃下《輿服》，略輿而詳服。指南、記禮、黄鉞車，志《輿服》與《鹵簿》相複。信有如清臣之所譏者。然以《宋史志》考之，如皇祐二年大享明堂儀法，《通禮》與《明堂記》互異，《史志》依《明堂記》脱「每方山林、川澤、蜃樽各二」之文。《汾陰記》加上五嶽帝號，在祥符四年。《史志》但書五月乙未，而脱書年。《禮閣新編》董温其奏霍山之祭在祥符元年，王欽若奏先蠶之祀在景德三年，《史志》并脱書年。《國朝會要》和峴蜡臘之議在建隆四年。《史志》在二年。《通志禮》王欽若天帝叔龜之奉在景德二年，《史志》在三年。《太常新禮》加封四瀆在康定二年，《史志》在元年。《會要》皇后之服三等，一曰褘衣，二曰鞠衣，三曰襢衣，《史志》后妃之服，一曰褘衣，二曰朱衣，三曰禮衣，四曰鞠衣，其文互異。《會要》祥符二年進封文宣王廟十哲爲公，六十二弟子爲侯，其封𨚗城侯者爲秦祖，《史志》脱載所封爵號，又誤書封侯者七十二弟子。《文獻通考》不誤，而誤作祥符元年，鄄城侯誤屬之秦商。是書僅存，尚足以補正《史志》耳。若劉銑纂《續因革禮》，葛勝仲續增三百卷，此二書恐不可復得矣。——道光辛丑初秋，錢塘羅以智跋。

宋政和五禮精義注十卷舊鈔本

題宋韋彤撰進。政和三年《自序》。核其書，乃取三《禮》及他經傳舊文并注類葺，時附陳氏《禮書》之説。除軍制數條偶及漢、唐史事，皆經義也。《自序》直抄歐陽永叔《上太常因革禮表》文，剪棄首尾，并與本書及書題不合。考唐有太常博士韋彤著《五禮精義》十卷，見《崇文總目》，謂其首載《唐禮》，參引古義，申釋其文，則此書亦非彤書。是此舊帙，不知何人類鈔而得者，妄取唐人書名、撰人屬之，而更其時代，真不可解也。

鄭堂讀書日記三十四册約存七十卷稿本

國朝烏程周中孚撰。蓋嘉道間人。讀一書必爲解題一篇，條其得失。議論頗能持平，亦好學深思之士也。經部編十四卷，諸經皆略具，唯缺《易》及小學雅故、字書。史部二十二卷，子部三十三卷，尚無大缺逸。集部則僅本朝二卷，計亡逸當十之二、三，不知更有副本否？亂後益無從訪求矣。阮文達《訂詁經精舍文集》録中孚文幾十首。孫淵如次《詁經精舍題名碑》，列中孚于講學之士。周縵雲言爲嘉慶時孝廉〔二〇〕。

舊館壇碑考稿本，此跋拾補

今金石家言，前五代碑刻，唯蕭梁一代略能指數，餘蓋罕聞。戊辰秋，于金陵搜獲，在孫伯淵氏《訪碑録》外更七八事，亦是梁物。擬彙爲《梁石記》以傳之〔二一〕。其石無存而孤拓在世，有重刻若《舊館壇》者，亦從編入，已據顧湘舟刻翁叔均雙鈎本鈔諸卷中。尋來吴門度歲，識叔均之子次孺，謂其先公于此碑用功最深。據潘稼堂檢討舊藏剪表本，得其行列，高廣尺寸備摭，宋至今言是碑者四十餘家，附以論説，爲《舊館壇碑考》一卷。其雙鈎最後本，又有李方赤邗上一刻，尤矜慎。因假觀，得校正顧刻筆異若干字，并録其《考》一通，藏影山，書元本後歸之。次孺講訂金石有家法，他日當精書善刻，若汪退谷《鶴銘考》卷，以惠海内好古之士，亦善述之一端也。同治己巳歲二月既望，獨山莫友芝。

太白陰經孫淵如手校本[一一]

寶山蔣劍人敦復所藏。乙丑閏五月朔日，在上海借觀。校今行叢書刻本，可補正者甚多。

校正《太白陰經序》：唐李筌《太白陰經》八卷，舊存篋中。首闕《天無陰陽》、《地無險阻》二篇，又無諸營陳圖，文字亦多脱落。頃以明茅元儀所刻《武備志》中引李筌書校補，又檢《通典》、《太平御覽》互加勘定。第八卷《雜占》，疑即《宋·藝文志》所稱《占五行星度吉凶訣》一卷。但《中興書目》及鄭樵《藝文略》俱稱十卷，唐、宋《志》同。此則合《雜占》止八卷，或後人合併之，似無闕佚矣。李筌官荆南節度副使，其名姓、官位僅見《集仙傳》及《神仙感遇傳》。世所傳《陰符經》，或言筌得之驪山老母。《神仙感遇傳》亦謂筌入山訪道不知所終。是其人生平好怪，故無政迹見於正史。此書有《祭毗沙門天王文》，亦是唐時陋習，筌所增入。然其書議論純正，鑒人、相馬、攻守之具，古法猶存。《東都事略·燕達傳》，達採諸葛亮、李靖意，成五陳法授之，以教戰士，即此諸陳法也。後附《藥方》、《占訣》，皆非筌所能臆撰者，實勝于《陰符經》，故與杜佑所引文往往符合。兵家各書亡佚甚多，《周禮注》所引孫子萃車之陳，傳注所引《太公陰符》，今皆不可得。此即有用之學，刊以俟後人補訂焉。嘉慶五年正月二十一日，孫星衍序于吕蒙城舟次。

素問六氣玄珠密語十六卷舊鈔本

書中自題曰「啓玄子述」，即唐時注《素問》之王冰也。《宋史·藝文志》載「王冰《素問六脉玄珠密語》一卷」，當即此書，而「氣」訛「脉」耳。「一卷」亦有誤，《道藏》目録及焦竑《經籍志》載此書并云十七卷，此鈔當闕一卷也。其書專論五運六氣，因六十甲子直歲反復言之，蓋以天時運轉明醫法(一三)。

宋寶祐四年會天曆一卷

據宋本過録。寶山蔣敦復所藏。卷首行題云「大宋寶祐四年丙辰歲會天萬年具注曆」。其歲德、刑等及九宮及月九宮德、刑等，日吉凶星，宜忌、建除、納音、直宿，七十二候日出入晝夜時刻，所注與今時憲同。又每日必書人神所在于細注下。惟按節載卦氣，如立春坎六四，雨水坎九五，及二月大夫隨卿晉公解之類，爲今所無。末載算造官五人，結銜云「寶章正統同知算造兼主管文德殿録鼓院荆執禮、靈臺郎充同知算造揚旂、靈臺郎兼主管測驗渾儀刻漏所相師堯、撫授保章正充同知算造譚玉、靈臺郎判太史局批點曆書鄧宗文」。後有朱彝尊、錢大昕、嘉慶八年臯月。李鋭、十九年七月。沈欽裴、二十年六月。蔡復午、二十五年涂月。

陳杰、金望欣并道光二十二年九月。七人《跋》。敦復收此書又自爲《跋》。同治四年四月。蔡蘭甫云：「京房卦氣，郎顗父子得其學最精，乾象全用此法。大衍推六日七分，取四正卦以定二十四氣、七十二候，宋時蓋猶仍之。五百年來，卦氣久置不用，而今憲書尚總列六候于每月之前，此特李氏月令之僅存者爾。定朔之説，始于劉焯，李淳風始用之，經朔兩大無兩小，三大兩小，皆定朔也。《會天書》四、五月皆小，九、十、十一月皆大，是用定朔也。晝夜分一在春分前五日，一在秋分前一日，長短至皆在夏至冬至前十七日，是不但二十三氣，并冬至亦不依定氣矣。」陳静庵云：「其平氣、定朔、七十二候、六十卦氣及滅没等事，蓋悉仍其本朝之舊。唯其晝六十刻、夜四十刻在夏至前十六日〔二四〕；晝六十刻、夜四十刻在冬至前十七日，則不可解。」金嵎谷云：「此所注晝極長六十刻，前距五十九刻十五日，後距五十九刻三十四日。極短四十刻，前距四十一刻十四日，後距四十一刻三十四日。太陽有此前後不齊之行度乎？蓋鈔胥之誤。」蔣劍人云：「李四香謂朱《跋》歲在丙辰元日立春，百年罕遇。蓋竹垞不明推步，誤信田家諺耳。余按史家言，顓頊高陽氏作曆，以丙辰孟春正月朔旦立春，五星會于天曆，營室立元。此《宋寶祐四年會天曆》亦歲在丙辰正月朔旦立春，曆名會天，正取此也。」

乾象通鑑一百卷 寫本，孫氏祠堂舊藏

宋免解進士李季奉旨撰進。建炎二年高宗賜《序》。多引古占書，蓋《開元占經》之亞也。此本孫氏鈔藏于忠愍侯祠堂，後歸上海郁松年。道光乙巳，蕉林逸史□振藩爲檢史志細校〔一五〕，以朱筆識，增損其旁及上下端，將刊行未果。唐、宋人引書取大意不失，易舊文太多亦非也。今歸豐順丁氏。同治丁卯仲冬獲觀〔一六〕。

此書次序、體例，按之《玉海》所載《景祐乾象新書御製序》，大概相同。《乾象新書》爲楊維德等所撰，李季蓋增損以爲己書。今《乾象新書》久亡，賴此以存歷代占驗之學。宋時詔太史局每月具天文風雲氣候、日月交蝕等事實封報秘書省，《玉海》紹興三年詔。元明不聞其事，此書正備史局檢災祥具奏而作也。《玉海·紹興乾象通鑑》條載：紹興元年三月十八日，詔《乾象通鑑》與舊書參用。先是，御前降《乾象通鑑》一百卷付太史局，命依經改正訛舛。《繫年録》：初，河間府進士李季集天文諸書，號《乾象通鑑》，建炎四年六月癸酉，命婺州給札上之。紹興元年三月甲寅，詔與舊書參用，自天文官吳師彦等頗摘其訛謬。二年七月壬寅改置翰林天文府。《乾象通鑑》雖以紹興二年置翰林天文府，其成書在北宋時，故多見古書，如黃帝、甘石、巫咸諸占皆具於是，可補《開元占經》之漏。此書惟見《玉海》，其《目》載《讀書敏求記》，各家書目

不載。近始得自吴門，以舊鈔本歸，家仲馮翼録存此本。天文占驗與算法爲兩家之學，近時誤合之，幾欲廢觀象之説，存之以俟知者。五松居士記。

按陸游《老學庵筆記》有前宣州通判李季，善奏章，爲秦會之設醮，未知即其人否？嘉慶十年九月十四日，孫星衍記于濟寧南池舟次。

李季進《乾象通鑑》疏：臣季言：天垂象以示吉凶，聖人觀天文以察時變，其來尚矣。雖示現不常，所遇有數，然有吉可致，其凶可禳，修德修刑，經史所載，有已試之驗，歷代宗之。設官分職，厥有攸司。秦漢之後，散于亂罹，書既不備，法亦罕傳。間有異人研書奥學，前知禍福，自爲避就，世既禁而不習，書亦秘而不示。行於司天者止在繩墨之中，而不能推其妙；藏于册府者雖隱深微之旨，而未嘗見于習。學不全，法不盡，將訪吉凶禍福，是猶索塗于瞽，而問樂于聲。或幸得之一二而止耳。臣，書生也，早遇異人，密傳奥旨，研精窮思二十餘年，方禁網嚴切，不敢示人，而天象時變，臣已逆知於十五年前矣。嘗以微言咨於故丞相李邦彦，前北帥王安中，初不以爲然，中略推其驗，後大信之，而事已不及矣。臣謂此術微妙，人不能知，知於已然，事實無濟。於是據經籍諸家之善，考古備已驗之變，復以景祐新書，海上秘法，參列而次第之，著爲成書，凡一百卷，目之曰《乾象通鑑》。開帙對目，而天之所示，時之所變，無一不在。將不勞推測，而吉凶禍福之兆，昭然可睹。然後修德于己，禳變于天，可以保世祚，安邦家，守太平，實有補于聖朝。臣是以不遠千里，冒犬豕鋒鏑之死，前赴行在，而獻之畎畝之中。適際陛下龍飛，恭默思治，復令推之史册，將鑒往以知來。於萬機之餘，特賜睿覽，凡見上象，宜審閲之，以圖修禳之方，避就之地。臣老歸山林，雖屏迹不出，將復見太平之日矣。不勝幸甚。建炎元年六月，臣季昧死謹進。

《高宗御製序》：夫鑑者，鑒也。不知今者鑒于古，昧於古者鑒于今。朕自藩邸龍潛，即遭播越。洎于濟州，舉兵南下，所有内府圖書，半遭毁棄。皇考收藏苗訓、馬韶較録諸天文秘笈，皆無可紀。星辰律度，違錯良多，非所以敬天而勤民也。河間府進士李季，朕往在京邸，即識其人。迨乎南都建國之初，不遠千里，抱其所著之書來獻應天行在。朕試以推驗，其言微中，有裨事機。夫天文之學，往者曾有私習之禁。朕以爲私習者特圖讖耳。夫圖讖之術，乃公孫卿、五利之流，以之愚惑人主，故國有顯禁。至天文災變，其事具載史乘，其書爲古今帝王之鑒，又安可得而禁乎？朕惟天象昭垂，夙夜滋懼，惟恐弗克修省，以承上帝明威，又安敢崇虚文以塞災變？特命李季將所集古人占驗諸書，推諸史册，以實其事，如楊維德所進《乾象新書》之例。萬機之暇，躬親垂覽，雖未能感召休和，亦可以因變知戒。殷鑒不遠，後事之師。特爲序之，以垂奕祀。建炎二年歲次戊申八月序。此《序》載《歷代帝王文集》。

古今集論字學新書七卷舊鈔本

元武夷劉惟志編集。《四庫・存目》有惟志《字學新書摘抄》一卷，而七卷之本未著於録，亦元人書待傳之一也。此册尾有此書摘鈔《目録》，後附正德癸酉衡州知府通海喬瑛刊《序》，殆是《序》摘本耳。豐順丁禹生氏所收〔一七〕。

識遺十卷舊寫本

宋羅璧子蒼撰。

東坡先生物類相感志十八卷

陳鱣依知不足齋藏明嘉靖時姚咨鈔本過録，舊題兩府僧統、法戒都監選練、明義宗文大師贊寧編次。《四庫》以其題東坡先生爲僞托，僅于《子部雜編》中存其目。鱣則謂贊寧宋初人，在蘇氏前，安知不號東坡？其撰此書，疏證詳明，不似僞作，爲跋詳之。今其本歸豐順丁氏〔一八〕。

十八卷末《跋》云：「嘉靖己亥秋，假之石東居士。至庚子夏五月六日，始得命館僮順昌摹之。秋八月上旬方完。惜乎訛字太多，安能善本爲之一校也。茶夢道人姚咨。」釋贊寧《物類相感志》十八卷，明嘉靖時句吴姚舜咨從友人借得傳録者，眉公秘笈所刻止半部，此乃足本也。考《鼂昭德讀書後志》作十卷，《文獻通考》同。此則十八卷，殆後人所分歟？《後志》稱贊寧吴人，以博物稱于世，柳如京、徐騎省與之游，或就質疑事，楊文公、歐陽文忠公亦皆知其名。又王禹偁撰《通慧大師文集序》云：文穆王時，大師聲望日隆，文學益茂，時錢氏公族與大師以文義切磋，浙中士大夫以詩什倡和云云。又按《十國春秋》，贊寧本姓高氏，其先渤海人，隋末徙居德清縣，寶正中，捨身杭州靈隱寺爲僧，已而入天台山，受具足戒，習四分律，通南山著述毗尼，時人謂之「律虎」，遂署監壇，又爲西浙僧統。太平興國三年，忠懿王入宋，贊寧奉舍利真身塔以朝。太宗聞其名，召對滋福殿，賜紫方袍，尋賜號曰「通慧」。纂《高僧傳》三十卷，《内典集》一百五十卷，《外學集》四十九卷，聽歸杭州舊寺。咸平元年，充右街僧録。年八十餘卒，謚曰「圖明大師」，葬龍井。贊寧又著《通論》，有駁董仲舒，難王充，斥顔師古，證蔡邕，非《史通》等説，及《筍譜物類相感志》諸書。按贊寧所著，今惟《高僧傳》、《筍譜》及《物類相感志》尚存。然《物類相感志》世人多以爲僞則流俗本不全，疑爲後人摭拾；一則有「東坡」二字，疑爲後人妄托。細玩全書，疏證詳明，有條不紊，似非僞書。其「東坡」之字，或坊刻所加，以博流通；且安知非贊寧亦號「東坡」乎？其《目録》結銜稱「兩府僧統」，當是作于吴越國時，未入宋以前。贊寧爲吾浙名僧，又出勃海高氏，向藏是書，係秘笈本，每病其不全。今從鮑氏知不足齋影摹姚氏茶夢庵舊本，裝璜成册。寒窗展閲，眼目爲之一新，因書原委于後。嘉慶十五年十一月望日，海寧陳鱣記。

朝野僉載十卷據宋本寫

唐張鷟撰。《四庫》著録六卷，此乃十卷，未審其同異。半頁九行，行十八字。《目》首有

笠澤 曹炎之印 彬矦 并朱三印。

醉翁談録八卷 鈔本

宋從政郎新衡州録事參軍金盈之撰。阮文達公撫浙時進呈遺書，金録事《醉翁談録》是其一種。然《外集》提要所述才五卷，相傳文達裁去後三卷，蓋如《直齋書録》斥唐人《教坊記》猥褻之意。今令欽所録，固不廢也。己巳仲春，江山劉泖生氏以手録八卷相示，漫識。

静齋至正直記四卷 舊寫本，鮑氏藏

元闕里外史行素居士著。明平陵史繼、裴相之父校。

知不足齋鮑以文藏書

席上輔談二卷舊寫本

宋俞琰玉吾著。鈔字近趙書。

桂苑筆耕集二十卷寫本

唐高麗崔致遠撰。致遠爲高駢淮南從事，見《唐志》，是集《唐》、《宋志》皆著録。宋後遂逸不傳。集中《討黄巢》一檄最爲傑出，他亦淵雅可觀。卷端題「淮南入本國兼送詔書等使前都統巡官、承務郎、侍御史、内供奉賜紫金魚袋臣崔致遠進所著《雜詩賦》及《表奏集》二十八卷」，則其既歸國所編上。據其《奏狀》，則年十二入中國，又六年取進士。居中山，有《詩賦》等三卷。調溧水尉，有《中山覆集》五卷。從事高駢軍幕，有《桂苑集》二十卷，末署「中和六年」。考中和止四年，蓋其歸國後，尚未聞五年三月已改元光啓也。其人自《唐》、《宋志》外，唯張敦頤《六朝事迹》述其乾符中尉溧水爲詩吊雙女墳事，迄今道光以前皆未有言及者，故《全唐詩文》并未收採。既乃有傳高麗活字本入中國者，此本蓋依以過録。而失鈔洪秩周、徐有榘二《序》，近乃從别本得之。其印行者有榘，傳本者秩周也。有榘稱其字海夫〔一九〕，號孤雲。仁幕僚後，中和四年充信國使東歸，仍仕本國翰林學士、兵部侍郎、武成太守，且盛推爲彼國人文鼻祖。此集在其國亦罕見，今雖有番禺刊行，此帙固自昔所珍秘也。同治丁卯冬，見丁禹生所收本，記之。

《進狀》：右臣自年十二離家西泛，當乘桴之際〔二〇〕，亡父誡之曰：「十年不第進士，則勿謂吾兒，吾亦不謂有兒。往矣勤哉，無隳乃力！」臣佩服嚴訓，不敢弭忘，懸刺無遑，冀偕養志，實得人百之己千之。觀光六年，金名膀尾。此時諷詠情性，寓物名篇，曰賦曰詩，幾溢箱篋。但以童子篆刻，壯夫所慚，及忝得魚，皆爲棄物。尋以浪迹東都，筆作飯囊，遂有賦五首、詩一百首、雜詩賦三十首，共成三篇。爾後調授宣州溧水縣尉。禄厚官閑，飽食終日。仕優則學，免擲寸陰。公私所爲，有集五卷。益勵爲山之志，爰標「覆簣」之名。地號中山，遂冠其首。及罷微秩，從職淮南，蒙高侍中專委筆硯。軍書輻至，竭力抵當。四年用心，萬有餘首。然淘之汰之，十無一二。敢比披沙見寶，粗勝毀瓦畫墁，遂勒成《桂苑集》二十卷。以適當亂離，寓食戎幕。所謂饘於是，粥於是，輒以筆耕爲目，仍以王韶之語，前事可憑。雖則傴僂言歸，有慚鳧雀。既墾既耨，用破情田。自惜微勞，冀達聖鑒。其詩、賦、表、狀等集二十八卷，隨狀奉進。謹進。中和六年正月日，前都統巡官、承務郎、侍御史、內供奉賜紫金魚袋臣崔致遠狀奏。

鉅鹿東觀集十卷寫本

宋魏野仲先撰。

河南先生文集二十七卷寫本

宋尹洙撰。有簽校可取。

蘇學士文集校本

宋蘇舜欽撰。以舊鈔本校宋犖刻本之失。

滹南遺老集四十五卷續附一卷寫本

金王若虛撰。文珍樓鈔藏之本〔二〕。寫頗工。

滋溪文稿三十卷寫本

元蘇天爵伯修撰。

梧溪集七卷寫本

元王逢撰。行書鈔，密行，尚可。

極玄集

唐姚合纂。汲古閣舊鈔本。

金石三例

雅雨本。有評甚佳。

華亭嘯園沈氏圖書　沈慈之印　并朱〔二二〕

【校勘記】

〔一〕莫繩孫稿本漏記此書，補記于第三卷之末，今移回。《郘亭日記》同治七年五月初一日：「爲朱竹石跋其叔祖右甫先生爲弼《吉金古文釋》手稿，蓋其在阮文達幕中時爲編《積古齋鐘鼎款識》之初稿也。」

〔二〕吉：原誤爲「古」，據文意改。

〔三〕莫友芝《持静齋藏書記要》卷下史部校記是書，云「國朝張星曜撰……此其手稿也」，多與此合，可互參。

〔四〕莫友芝《持静齋藏書記要》卷下史部記是書云：「唐李吉甫撰。舊鈔。密行，失其圖。」

〔五〕莫友芝《持静齋書目》卷二史部十一記是書云：「聚珍板本，二部。又依宋鈔本，曹楝亭舊藏。又有乾隆四十九年馮集梧刊本。」

〔六〕此行上書眉莫繩孫批云：「兔牀尚有馮氏新刊校本，存沈均初處。」

〔七〕此條上有眉批云：「此書有宋刊本，向爲孫敬齋有，今不可知矣。」

〔八〕此條上有眉批云：「拜經樓有寫本，余曾過録，有陳仲興跋尾。原本歸曹蕉庵。」

〔九〕莫友芝《持静齋書目》、《持静齋藏書記要》二書記是書，均云：「舊鈔本，原缺五十一至六十七，凡十七卷。」

〔一〇〕此句各種刻本、印本均無，而下有：「劉履芬案：馮登府《周鄭堂明經傳》，字信之，嘉慶辛酉舉拔萃科，癸酉鄉試副榜，所著有《讀書記》、《金石識小録》、《孝經集解》、《逸周書補注》、《詞苑叢話》、《鄭堂文録》、《詩録》、《題跋》、《札記》、《四庫存目附録》、《亭林年譜》等書，均未刻。」。今按：莫繩孫手稿本中劉履芬這段「案」語，是以浮簽頁，夾在前「《爾雅新義》寫本」之頁，各種印刻本誤入正文。又，莫友芝《持静齋書目》卷二史部十四亦記是書云：「鈔本。國朝周中孚撰。」

〔一一〕莫友芝所言之《梁石記》一書，晚清以來百五十年間，至今未見面世。

〔一二〕莫友芝《持静齋書目》卷三子部二記是書：「八卷。長恩書室刊本。唐李筌撰。」

〔一三〕莫友芝《持静齋藏書記要》卷下子部記是書：「十卷，唐王冰撰。舊鈔本。按：是書《道藏》本十七卷，《四庫》存其目於『術數家』。晁公《志》録此書十卷，與此本合，蓋猶宋人舊編。」《持静齋書目》卷三子部五所記同此。

〔一四〕十六：原作「六十」。書眉張文虎批云：「『六十』當倒。虎。」是也，據改。

〔一五〕原稿本「振藩」前空姓，書眉批云：「此楊振藩」。

〔一六〕莫友芝《持静齋藏書記要》和《持静齋書目》均記是書，三書所記有同有異，可互參。

〔一七〕莫友芝《持静齋書目》卷三子部八亦記是書云：「鈔校本，與《書法鈎玄》共一册。是書《存目》僅録《摘要》一卷……」《持静齋藏書記要》校記亦與此幾同，可參。

〔一八〕莫友芝《持静齋藏書記要》卷下記此書曰：「晁《志》謂贊寧吴人，以博物稱。柳如京、徐騎省與之游。則遠在東坡前。陳鱣曰：安知贊寧不一號東坡乎？其説甚是。」《郘亭知見傳本書目·子部十》曰：「宋僧贊寧撰。……安知贊寧不亦號東坡乎？有校本，爲丁禹生所收。」莫氏三書互證，知此書作者爲宋初僧人贊寧，與眉山蘇軾號東坡無涉。

〔一九〕有桀：原作「有舉」，誤，據上下文意改。

〔二〇〕乘桴：莫繩孫原作「省桴」，此依張文虎眉批「當作乘。虎」校改。

〔二一〕文珍樓：書眉硃批曰：「『珍』疑『瑞』。」墨批曰：「桐鄉金氏藏書處也。」按，文瑞樓爲清代藏書家金檀的藏書樓名。

〔二二〕同治癸酉刻本此下衍「蓋嘉慶中長洲王惕甫芑孫手校也。目録首葉有……二印。」

附録卷第一　書衣筆識目録（一）

先君子每獲善本書，喜手自裝訂，筆志其端，類多考證目録家言。黎蓴齋先生將刊《宋元舊本書經眼録》，復命繩孫鈔集各書面手迹，附諸卷末。謹輯六十餘則，次爲一卷，曰「書衣筆記」，然僅就咸豐己未及同治庚午十二年中，先君客京都，客鄂、皖、金陵、蘇、浙、淮、揚，行篋所收弆録之。影山草堂舊藏在黔南僻壤，人稱粗備，尤多先人手澤，今則散佚略盡，卷中唯一二書是家藏舊物，先君少時手校也。念之泫然。同治癸酉七月丁未朔，第二男繩孫謹記于江寧旅舍。

【校勘記】

〔一〕原作「附録目録」，行前原有「書衣筆記」題名，莫繩孫硃筆勾去。按書眉張文虎批云：「鄙意徑統稱『附録』，不別立名爲得。虎。」然書首目録上批又云「似宜徑稱『書衣筆記』。爲存原貌，今仍予保留。」因今依同治刻本補「附録卷第二　金石筆識」部分，故此處及正文前標題亦依刻本改爲「附録卷第一　書衣筆識」，以求統一。又按，此部分共收書六十八種，而刻本附録一僅收書五十三種，缺以下十九種：《資治通鑑》、《國語補音》、《焚椒録》、《夢溪筆談》、

《録異記》、《老子河上公注》、《老子翼》、《曹子建集》、《江文通集》、《山谷内集》、《張子野詩詞》、《虞道園詩集》、《海峰文集》、《王雨楓集杜五律》、《元國朝文類》、《宋名家詞殘帙》、《郘亭詩鈔校樣本》、《郘亭雜文㸑餘録》、《影山草堂學吟草附影山詞》，而莫繩孫手稿本又比刻本少《易箋》一種。此所少之「易箋」，今據刻本補於卷末。

附録卷第一　書衣筆識

吕氏家塾讀詩記[一]

《羣書拾補》云：「《吕氏讀詩記》，明御史傅應臺氏刻於南昌[二]。有嘉靖辛卯鄞陸釴《序》，從宋本出，字多從古，今其本頗不易得。世所通行者，乃神廟癸丑南都所刻本爾。余曾借得嘉靖本以相參校，始知神廟本脱去兩葉，其他亦有遺脱。卷一《詩樂》『《禮記》天子五年一巡狩』之前脱一段；卷二十七《烝民》第六章『鄭氏曰：衮職者不敢斥王之言也，王之職有闕，能』，此下嘉靖本後印者脱去兩葉，神廟本竟無從補完。嘉靖本係每葉二十八行，行十九字，今鈔補于後云云。卷二十八第八葉謂神廟本，下同。『自彼成康，奄有四方』下，脱誤十四字，今補之云云。第十二葉後三行『牟，大麥也』，下多訛脱，今補正之云云。友芝家藏是書後半，自卷二十一至三十二，其行款及從古字悉同盧氏所舉嘉靖本。盧氏所記缺脱，此本一皆完好。字墨精雅，印用羅紋緜紙，舊裝古色，香撲眉宇，恐尚是嘉靖祖本也。道光癸巳，買之京師[三]，雖非完帙，已足寶貴矣。道光戊戌，復買一上半殘本，版稍大，行款亦不同。癸巳本反切及注中附注，皆用單行側書；戊戌本則悉易雙行。癸巳本概用小篆古體作楷書，雖不盡精貫，亦留意小學人所爲。戊戌本則十改六七，如常書，以校盧氏所舉「詩樂」一條，即在脱中，蓋即神廟本也。癸巳本每卷有「潘雲龍」印〔四〕，未詳其人。」

周禮註疏

此明正德時修補宋十行本。其經補刊之葉，即錯誤無完篇。其係原刻，雖就漫漶，無誤字，通計宋刻猶存十分之四，亦可珍也。善徵在祁門收閩本《十三經》，其《周禮》乃以此本插入。因重裝抽出，與仿宋《儀禮》、《禮記》同匣弆，而記其端。同治甲子初秋，皖寓郘亭眲叟。

禮記釋文

納蘭容若通志堂刊有仿宋淳熙四年本《禮記釋文》，在《經解》之外。卷末亦具撫州公使庫新刊注《禮記》二十卷，并《釋文》四卷，附校正人軍州官等一紙，則必并刊經、注，而板毁僅存者耳。嘉慶丙寅，陽城張氏省訓堂乃并仿刊以行，于是海内經生皆欲家置，紙貴一時。郘亭嘗收其初印本，以《釋文》校容若所刊，絶無同異。既而于吴門見管洵美《釋文》卷端所記撫本異文，則大勝兩本處不少，頗怪陽城何以漫不省改。適來邗上，收一再校修本，則洵美所記善處數十悉已補改。其未改若干處，則宋本誤字，或筆迹小異，非兩字者。乃知陽城刊此時，其經、注據顧氏宋本，其《釋文》則直以《通志本》覆雕。卷末并云嘉慶丙寅某月。其初印者，中行計字數，悉同《通志》。下端頁數下，則留木未刻，蓋誤改亦仍之。其校修者，則計字悉經補改，留木亦補刻匠者姓名。末頁增「嘉慶二十五年庚辰宋本《釋文》再校修訖印行」一行。又《考異》末條亦經改定，距刊成時十五年矣。故此書經、注當以丙寅初印爲佳，其《釋文》則庚辰校修乃善也。同治庚午夏，郘亭眲叟于維揚書局識。

春秋公羊傳注疏

此大理太和李中溪先生按閩時所刻《十三經》之本。每卷首頁第三行并署云「明御史李元陽、提學僉事江以達校刊」。世謂之閩本。明南北監、汲古閣所刊，皆從以出。其初印本皆有刊校一行，此本唯《序》首猶存。每卷則已削去，或補一木條，欲刻疏人而未刻，乃修板者爲之。其板即中溪刊，非別翻也。中溪本《公羊》第二行「漢何某學」，亦有木條未刻，乃待刻疏人，此乃削去。

元至正刻春秋胡傳附録纂疏[五]

此書僅第一册《序例》及《綱領》，與第一卷之《隱公上》耳。爲存元式，故草裝藏之。同治乙丑五月滬上所收也。郘亭。

樂通[六]

《樂通》三卷，明人撰，失其姓名。其上卷有「敬業堂」、「甌舫」、「稽古閣書籍記」三印。知查初白、朱竹垞皆經藏，而《經義考》不載。《明史志》、《千頃堂書目》皆未收。同治丁卯中秋，得之杭肆。其書在明代言律吕家頗爲明白，惜爛去《自序》及《目録》前半頁，人遂失考耳。

説文解字 孫淵如仿宋本

郘亭讀本《説文》在莁升弟許。丁巳客順元，即此本伴行。數歲以來，相隨南北萬餘里。庚申十一月至懷寧之廣村，雪中重裝。

用黟程伯旉學博鴻詔。所録其師汪南士文學文臺。校本，使寫官迻録於上下端。時有一二溢于鋏橋《校議》外資補正者。友芝昔剌取唐人及宋初人引許書異文若干卷，思彙校一本。此與《校議》并益雠勘不少。同治二年冬十月乙亥，安慶軍次核過識後。

説文引經考二卷

山夫先生著述傳者，有《别雅》、《金石存》，皆精小學，據金石以通其郵，在乾隆諸老中，亦卓然足名一家。此考刻最遲，故《四庫》未著録。然宜與二書并重。同治甲子六月，皖城新收重莊記。郘亭。

四聲篇海五音集韻

《五音類聚四聲篇海》十五卷，金真定韓孝彦允中以《玉篇》五百四十二部，依三十六母次之，更取《類篇》及《龍龕手鏡》等書，增雜部三十有七，共五百七十九部。凡同母之字，各辨其四聲爲先後，每部之内，又計其字畫之多少爲先後，以便檢尋。其書成于明昌、承安間〔七〕。迨泰和戊辰，孝彦之子道昭改併爲四百四十四部，韓道升爲之序。殊體僻字，靡不悉載。道昭又因《廣韻》改其編次爲《五音集韻》十五卷，以三十六母各分四等，排比諸字之先後，爲《韻會》所本。其增入之字，則以《集韻》爲本。改二百六韻爲百六十。而併「忝」於「琰」，併「檻」於「豏」，併「儼」於「范」，併「㮇」於「豔」，併「鑑」於「陷」，併「釅」於「梵」，足證《廣韻》原本上去聲末六韻之通爲二，與平聲、入聲不殊。又「廢」不與「代」通，「殷隱焮迄」不與「文吻問勿」通，尚仍《唐韻》之舊，非如《集韻》用賈昌朝請，改并十三處，猶犂然可考。其《等韻》亦深究要渺，故《四庫》收其韻，而其篇則入《存目》中。二書唯成化十年官刊本，成化丁亥，僧文儒有合刻本，稱《篇韻類聚》其《篇海》題云：改并《五音類聚四聲篇海》。其《集韻》題云：改并《五音集韻》。較之他本，多《五音類聚徑指目録》，餘無所增損也。向在京師收得一本，以卷帙大棄之。同治甲子夏，皖城市出文儒本，略爲檢核，蓋全録《大廣益會玉篇》及宋重修《廣韻》而增之。《篇》、《韻》僅有張、曹二刻。明内府刻者，《韻》乃未備之本；《篇》題雖亦云「大廣益會」，而刊落者甚多。竹垞謂《廣韻》爲中涓所删，紀文達不以爲然。今觀明刻《玉篇》，直是删取字均，且非舊次，竹垞殆言《篇》而誤指《韻》也。韓氏二書，雖《篇》不稱《韻》，而并依爲《篇》、《韻》校讎之一本，則亦不可廢也。其篇中所載俗書，頗有見魏齊石刻而他書不收者。

復古篇

十有一月上旬，訪王少山于東鄉百里，見案頭有吳稷堂先生所藏《復古篇》舊鈔本，亟借持以歸。日來得暇，乃舉而披之。與去秋所寫安邑葛氏刻本相校，而吳本奪訛特甚，蓋拙手所書，遠遜葛本。而又幸其爲拙手書，至有真字、疑字不敢妄改，頗足以是正葛本蓋數十處。葛本所有字，吳本或奪去。而葛本奪字，吳本八九皆有。如刣下坫篆及諸別字，非字與躳、攔之類是也。亦有葛本寫到，吳本不誤者，如「晦步百」及諸字注，或有先聲後形之誤，皆當從吳本也。如篆文尾之從「到毛」、「戹」之從「叉」，亦皆勝於葛本。唯其敘字每篇接寫，不以紐分，故其注文從字之字，多出于葛本者幾百餘。此因寫書人以行足空白不容篆文，妄以閒字足之，不宜據以沾改葛本。又張氏之例，俗字皆云「別作某」，其爲此別他正者，則曰「別用某」。二本皆有「作」、「用」互訛者，皆傳寫之差，可以意改也。又篆從省、隸不省之字，注皆曰「隸作某不省」，亦有數條不省下有俗字，疑此類中俗字後人所加，皆當删去之。今但就葛、吳兩本篆注小異同，及互奪誤處，朱筆表識于旁，或上下方，俟他日多暇，當更爲清迻成完本云。道光十有六年十一月廿有四日，紫泉莫友芝識於蓮舫〔八〕。

附釋文互注禮部韻略

此曹楝亭所刻五種之一。《四庫全書》録此種，乃據常熟錢孫保家影鈔宋刻，謂前五卷與曹本同，但首無《序文》、《條例》，而末附《貢舉條式》一卷，凡五十三頁。所載上起元祐五年，下至紹興五年，凡一切增删韻字、廟諱、祧諱、書寫試卷格式，以及《考校》、《章程》，無不具載，多史志之所未備，視曹本特爲精善。

續古篆韻吾衍撰六卷

吾子行此書，《四庫》未收，儀徵相國撫浙，曾以舊鈔録進。至道光間，金陵陳氏乃有此刻。子行著《周秦石刻釋音》一卷，録入《四庫》。此書所載諸篆，亦以《石鼓》、《壇山》、《詛楚》及秦始《泰山》、《繹山》二刻，以韻編之，又不及《郎邪》、《會稽》等，而增入《比干銅盤》。其于《石鼓》音釋與舊異者，或前人音釋歧惑者，别爲第六卷，曰《疑字》，蓋二書相輔而行也。同治癸亥客皖所收，手裝記之。郘亭眲叟。

史記題評〔九〕

《史記題評》一百三十卷，嘉靖十六年丁酉，太和李元陽中谿按閩所刊，亦具三家注，惟《索隱述贊》不録。而集諸家評語于書眉。其不係名氏者，則中谿説也。其每卷題明李元陽輯訂，高世魁校正；亦有不題者，亦有數卷李元陽上增題楊慎名者。昇庵謫戍太和，惟中谿爲至交，此本蓋即昇庵輯本，因增益以付雕，故題云爾。明人好尚評論，是書刻有評者，蓋昉于此。後凌稚隆爲《評林》，則又因此增益。同治庚午暮春，鄂肆收此，以見一代風尚之由。邵亭長記。

四月還金陵，見肆中有《史漢異同》四册，三十五卷，亦嘉靖丁酉中谿校刊附此書後者。其本出弋陽汪佃，謂舊未有刻本，在吉郡費鍾石少宰許手録者。詳其後序中，且及中谿題評之刻，尋當購而合之。

史記索隱 汲古閣仿宋刊單行本〔一〇〕

同治壬戌六月，皖口行營姚聲澂士贈此本。約略檢勘，足補現行官私諸本條以千計，而毛氏刊誤，亦自不少。七月五日重裝，散標所見於卷端，時摘取中統本爲左證。三日麤粗一過，未得細雠，期以他暇日也。獨山莫友芝記。

南史校本

此校以南朝四史對核本書，略摘異同奪漏于上下端，頗正其疏失。《紀》首尾并有「石民」印，《傳》尾印之上有題字一行云：「壬午五月先校《南史》，十月初一日寫畢。源記。」石民有名字而不書姓，壬午又不知其乾隆、道光，其云「先校《南史》」，知完此後即更以此例校《北史》。滬上獲此，已缺去卅三卷，《北史》益無從問矣，惜之。同治丙寅八月幾望，自上海泛舟入泖口，至松江，草裝爲五册，記其端。郘亭。

資治通鑑〔二〕

同治己巳秋九月廿有六日，舟發吴門，以陽城張古愚氏《通鑑》刊本釋誤，循行録于眉端。晦日及京口，得百卷。阻風五日，不能渡江。一登眺北顧山甘露寺，無所事事，藉以遣悶。冬十月五日晨興，又畢百九十四卷。郘亭長識。

通鑑注商十八卷 涇縣趙紹祖琴士撰〔一二〕

康熙間，長洲陳少章景雲著《通鑑胡注舉正》一卷，凡六十餘事，老輩亟稱其精核。蓋本書繁重，一過已難，矧注文零瑣，乃能根勘謬誤，爲尤難也。琴士所商胡注未安〔一三〕，乃至七百餘事，十倍少章所舉而强，其考訂之專精，足爲胡氏諍臣，以益學者，其功尤巨云。同治初元皖口行營新收，手裝以附本書之後。七月既望，郘亭記。

國語補音〔一四〕

同治戊辰三月庚午，在姑蘇書局燈下校畢此卷，用微波榭本。其兩可者，皆録之；其誤曉然者，不具見也。

焚椒録一卷〔一五〕

遼王鼎撰。據明姚士粦影吴匏菴家本過録。此録專辨懿德皇后誣死之案，足補《遼史》之遺。《四庫》僅存其目。汲古閣所刊，蓋即據此本。丁卯九月檢丁氏藏書，家僮亦喜是舊鈔，録之。裝備遼人著述之一耳。郘亭。

讀史兵略〔一六〕

此胡文忠《讀史兵略》宋、元、胡三代稿本。其五代以前已刊行爲四十六卷，宋以後尚未及分卷删定，而文忠没矣。前段板成時，曾在鄂撫署多桂園爲之校誤，因以此段稿相付。已閲八年，乃檢舊簏見之，謹裝附昔者校樣之後。戊辰伏中。郘亭。

吴越春秋

元徐天祐注本，大德三年十二月刊，其十卷末題銜云：「前文林郎、國子監書庫官徐天祐音注。」考《元百官志》，無國子監書庫之名，《萬姓統譜》稱天祐登進士第，德祐二年以國庫書監召，不赴云云。德祐爲宋瀛國公年號，知天祐本宋末人，入元不仕，刻《音注》時追題宋官，故云「前」，前者，謂前朝也。是書又有明萬曆丙戌武林馮念祖卧龍山房翻刻本，亦佳，此猶元刻，但非初印耳。

通典〔一七〕

此明李仁甫巡按福建時刻本。仁甫，名元陽，雲南太和人。滇之淹通所首推者，學者稱中谿先生，著述最富。升庵戍滇之畏友也。在閩所刻尚有《十三經注疏》，在明南北監本之先，今稱閩本，校監本尤可貴，不僅杜氏書也。杜氏書每門或子類之末，輒增入宋人議論數條，不知誰何所爲。考《四庫提要·政書存目》載南宋麻沙刻《通典詳節》，列引用諸儒姓氏，止于吕祖謙、陳傅良、葉適三人，于八門内汰其《兵制》，又删去《喪服》之制。此本所列引用姓氏正與之同，《喪禮》中亦都無議論，則卷中附入，蓋自宋已然矣。唯《詳節》無《兵制》，而此本《兵》第一卷尚有宋人議論數條，是議論蓋南宋人刻《通典》者附入，爲《詳節》者據而摭録。仁甫但以宋本翻雕，未及汰去，决非又據《詳節》所附增亂本書也。且所附皆卷尾低一格書，尚無大礙。壬戌中秋，邵亭記。

天禄琳琅〔一八〕

《天禄琳琅書目》本十卷，此闕末一卷。同治乙丑春，友芝奉湘鄉公委訪鎮江文宗、揚州文匯兩閣《四庫全書》，經燹後如有散存千一，宜購歸恭貯，以待重繕。夏日歷瀕江諸郡，有以宋、元舊槧若干帙來核定者。適維揚市出此本，亟購以待鈔補，且所闕僅明板集部。闕考證者，正無幾也。向讀《韓昌黎集五百家注》許氏刊者，苦無《外集》。文淵閣《四庫總目》著録亦然。檢此帙載《五百家注韓文》凡二部，并有《外集》十卷、《别集》一卷、《韓文類譜》七卷，又附《論語筆解》十卷。今《類譜》、《筆解》皆别有刊本行世，而《外集》、《别集》之魏氏注者，竟杳焉無傳。當纂集《四庫全書》時，何以中祕舊藏獨忘檢校，所未解也。所闕第十卷，丙寅六月鈔補訖。

授經圖二十卷萬曆二年朱氏原刊本

此朱中尉西亭氏原本。康熙間，龔蘅圃因以重刊，黄俞邰校之，頗有增訂。俞邰《序》謂：「其載傳注時有闕誤，而類例亦未盡善。如古本《易》上下經、《十翼》各自爲書，王弼本始以《彖》、《象》、《文言》繫各爻辭下。《書》則伏生口授二十九篇，先興于齊、魯，古文後出孔壁，先儒多疑之。舊本先後不無參錯，予與蘅圃重爲釐正。《易》則復古爲先，《書》則今文爲首，其他經傳缺軼者，復以諸史《藝文志》及《通志》、《通考》所載咸爲補入。而近代傳注可存者，亦間録焉。視西亭所輯，庶幾稍備矣乎。」此明刊未經校補者，《四庫》謂無刊本，以龔刊著，則未見此本也。

金石萃編補目三卷附元碑存目一卷黄本驥撰

咸豐庚申夏，大興劉子重銓福以長沙黄虎癡此清本相示，云以未刻本，子重在湖南時手付者，亟命録副，以存吾亡友遺書一種。五月三日畢工，因校首卷記之。是日長至，又賤子五十生日，他日此稿或因以傳也。

秦漢瓦當圖記四卷朱楓撰，附補遺

朱排山此記，特就其在關中搜訪所獲録之，殊不備，且皆習見。唯末一事溝瓦之當，有「長樂未央」字者，是昔人所未及。戊辰中伏。郘亭識。

養生類纂榕庵周守中撰

此無總目，終二十二卷《服餌一》，則《服餌》似尚有二、三卷。考《千頃堂書目》，宋周守中《類纂諸家養生至寶》二十二卷，又《養生月覽》二十五卷，此當即《至寶》也。

普濟方

此《普濟方》殘本十二册。始此第六十九卷至百十六卷止，中缺不連者猶若干卷。其卷大者百餘頁，卷小者亦三四十頁，方書蓋未有富于此者。考宋、元醫家無此書，惟《千頃堂書目》載明周定王《普濟方》一百六十八卷，蓋即此書。《明史·藝文志》載此書僅六十八卷，則寫脱「一百」二字也。未見刊本。此殘鈔爲汪閬園舊藏〔一九〕，亦有若干類可觀覽者。同治庚午中秋，金陵市出所收，草裝畢，記其首。

太玄經范注第一册第一之三首載陸績《述玄》一篇、《玄圖》一紙

此明江都郝梁據宋萬玉堂本傳刊者，《愛日精廬藏書志》載有此本，蓋明時佳刻也。然其一卷羡首即脱去《贊》之「初一」經注三十六字。凡傳刻古書，不依舊式，每有此病。宋本半頁八行，行十七字。《圖》後附説六頁，前又有司馬温公《集注》序及《説玄》集事。蓋皆刊本所無，昔藏者録以備觀。温公自有書，不應羼入此本耳。

太玄經范注第二册四之七

戊辰二月壬寅，以所假宜稼堂所收萬玉堂本校此三册，三月庚寅畢功。萬玉本足補正此本蓋千有餘字，子高傳刻，亦何草草乃爾耶？亦有此本是而萬玉本誤者三四十字，蓋所據傳刻别一宋本，前輩以爲其據萬玉本者，不足憑也。此書明末尚有黄石齋本，即用萬玉本覆刊，而削去板心「萬玉堂」字，其勝此本多矣。

太玄經范注第三册八之十。附太玄釋文一卷王廣津説玄一卷

此陽城張氏省訓堂舊藏，同治乙丑四月收于蘇肆，尚闕第二、第三兩卷。丁卯八月于杭肆獲此刻殘册，適足相補。戊辰二月携來江蘇書局，欲以萬玉堂本校，因手裝過記之。二十一日己亥，郘亭眲叟。

封氏聞見記 唐封演撰，十卷。隆慶戊辰録宋鈔本

《封氏聞見記》寫本十卷，同治丁卯中秋杭游所收，整理散亂，僅失末卷尾半葉。後一紙記二行云：「隆慶戊辰，借梁溪吴氏宋鈔本録。」知是明人舊鈔，手裝以存。是書元、明以來無刻本，至乾隆中，德州盧氏乃據虞山陸敕先所録孫伏生家本刊入《雅雨堂叢書》。孫本爲吴岫方山舊藏，録於正德戊辰，不言所出。孫氏又假秦酉巖別本校勘。秦本則朱良育依唐子畏、柳大中兩本先後各鈔五卷者，有至正辛丑夏庭芝《跋》，蓋出于元鈔。此本據宋鈔，則又兩本外之別本。己巳開歲，書局獨居無事，乃以盧刻通校一過。其足補刻本佚脱者，第二卷《石經》條首百六十三字，三卷《制科》條二十三字，《銓曹》條六字，四卷《尊號》條二十六字，《露布》條八字，五卷《燒尾》條十九字，《圖畫》條二十四字，外此足補正一、二字脱訛又各數十計，始知此本遠勝方山、酉巖所弆。隆慶戊辰，距今逾三百年，所據宋鈔斷已無存，海内決無更勝此本之帙，在郘亭子部中直與宋本同什襲可也。晁氏《讀書志》載此書五卷，與《唐書》、《宋史》同。此及方山、酉巖依宋、元鈔者，乃皆十卷，殆自宋即有此析五爲十之本。晁本無傳，末從質矣。其第五卷《長嘯》條刊本多二十五字。云蓋出其言善，千里應之，出其嘯善，萬靈受職，斯古之學道者哉。校注謂原本朱筆增入，吴方山云二本俱無，今此本已增刊本數百字，而亦無之，蓋校者依他引嘯旨語記于行間者，不必定封氏

書所有也。穀日燭下，莫友芝識。

封氏聞見記 雅雨堂刊本〔二〇〕

以明隆慶戊辰録宋鈔本校此刊本，第二卷《石經》篇增出百六十三字，三卷《制科》增二十三字，《銓曹》增六字，四卷《尊號》增二十六字，《露布》增八字，五卷《燒尾》增十九字，《圖畫》增二十四字，其一、二字足補正者，又各數十處，悉于卷端行間標記，以便觀覽。此刻所據陸敕先依吴方山、秦酉巖兩本録校者，不及隆慶舊鈔遠矣。封氏書雖説部雜記，其述唐代掌故，多史志遺略，足充學者考鏡資糧。漁洋亟稱之，雅雨亟刊之，皆以此。儻有好事，更以此校付雕，當亦王、盧所深許也。同治己巳開歲人日校完，穀日識。獨山莫友芝。

夢溪筆談 宋沈括撰〔二一〕

此明末嘉定馬氏據宋本校刊舊印。同治初元春，善徵弟祁門所收，夏寄至安慶城，使繩兒裝過。

回溪史韻 宋錢諷正初撰

此《史韻》五册，其三册蓋影宋鈔，僅十七卷。當即竹垞《跋》所謂從琴川毛氏、長洲何氏所藏合之，寫存才十七卷者。又益别鈔二册六卷，合爲二十三卷，與孳經室《進書提要》合。然則此書之存于世，僅此弱半而已。竹垞所言見于京師，嫌殘未録之七册，殆不能多也。同治丙寅九秋，胥門收此，裝成記〔三〕。

新編事文類聚翰墨全書

此書蓋以十干分十集，而各集門目皆互相補，無重複，亦如祝氏《類聚》。雖一時兔園册子，而宋末及元初人文字不傳者，亦得略存一二，不必盡供應俗也。諸家書目唯黄虞稷《明史·藝文志》稿有之。當亦見《千頃堂書目》，云：「劉應季《事文類聚翰墨全書》九十八卷。」注云：「字希泌，建陽人，咸淳中進士，授本邑簿。與熊禾、胡庭芳講學洪源書堂。」核其編録之意，蓋亦宋人《翰苑新書》之類。《四庫提要》不載，則進呈未及耳。同治丙寅九秋，蘇門市中收此殘帙，僅乙、己、庚三集及戊集之末册，于全書僅三之一。以其猶是元時刻印，姑存之。書其端示兒輩。

郘亭眲叟吴江舟次。

穆天子傳注疏

檀默齋氏《穆天子傳注疏》極力開荒，爲宋于庭氏所推服〔二三〕，惜未肯剪去蕪衍以成簡當耳。然滇荒窮宦，藉抒無聊之思，至精闢不磨處，故是奇作。庚午仲春，友芝搜獲於安慶肆中，漫識。

録異記 蜀杜光庭撰〔二四〕

光庭作《仙傳》及此《記》，多非事實。故前人謂語言無稽者，曰杜撰。

老子河上公注 明刊中都四子本〔二五〕

余舊有中都刊本《管》、《淮南》二種，是善徵弟同治癸亥收于祁門者。丙寅秋，于役常熟，又獲《莊子》。丁卯冬，又獲此册于閶門。于是中都四子以全。此册右邊舊截損三分許，戊辰夏，付裝者襯而一之。郘亭識。

道德經唐玄宗注

此寫本同治丁卯秋吴門所收，蓋出于《道藏》者。庚午中夏來維揚書局，以易州石幢唐刻校之，記其異同，寫本固多誤，亦時有可證石本處。十八日雨中燭下，郘亭。

老子翼〔二六〕

是書《四庫》著録云「三卷，又《考異》一卷」。《提要》謂上、下篇各一卷，附録《考異》一卷，則三乃二訛也。此册善徵弟祁門所收，尚闕其附録《考異》。《考異》甚賅備，當别求一焦氏《老莊翼》全本。

孤忠小史

元九龍山人編。此書不知幾卷，皆道家言，如《列仙傳》之流。而書題「孤忠」，莫解所謂。己巳初冬，揚城書攤漫收，以供舟中觀覽。寫本甚舊，亦元、明間物也。

楚辭集注

蔣楚稺刻朱子此書，并《辨證》、《後語》附焉，可謂足本。但不應于《後語》六卷後增入明人騷體爲七、八卷。又朱子所删之《諫》、《懷》、《嘆》、《思》四篇，復鈔置《辨證》之前，亦不合。若以所補《後語》及四篇附覽并退出别編，使不與本書相亂，即無妨矣。咸豐庚申十一月，懷寧廣村寓館，邵亭記。

曹子建集〔一七〕

陳思此集，如皋冒辟疆氏舊藏明本。同治丁卯仲春客維揚所收，持還金陵，初夏重裝爲二册。邵亭郘叟記。

陶淵明集

陽子烈所編十卷本。咸豐辛酉嘉平，皖城行營收，旌德縮刻宋本初印者。此板後多漫漶不可讀，繩宜寶之。郘亭眲叟呵凍記。毛扆《祕本書目》宋板《淵明集注》云：「《桃花源記》中『聞之，欣然規往』，今時本誤作『親』，謬甚。」《五柳先生贊注》云：「一本有『之妻』二字，按《列女傳》是其妻之言也。」他如此類甚多。即《四八目》比時本多八十餘字，而通本一作云云，比時本多千餘字。按所舉二條，并與此本合，通本校語亦多于時本，然則此所據即毛氏宋本也。

陶淵明集〔二八〕

汲古閣刻陽休之編本。此册非舊印，以《附録》卷中載有吴仁傑所編《年譜》爲家藏書所無，故裝存之。壬戌六月六日，郘亭晥口行營記。

江文通集徐傳星刊本〔二九〕

同治丙寅六月在滬，有持宋本《文通集》來售者。凡十卷，篇次與四卷本不同，未能就。戴禮庭適以此本惠彝兒，炳燭記其卷篇之次于卷目上。郘亭。

元次山集淮南黄又研旅刊本〔三〇〕

同治壬戌九月庚戌朔，獨山莫友芝手校畢。于十二卷外蒐得《冰泉銘》及《再讓容州表》與載本傳之《自釋》，凡三首，使繩兒别紙寫附卷尾，更留餘紙，亦待續得云。

翰苑集

世行《陸宣公奏議》本皆十二卷，無注。此獨十五卷，有注。雖文無增損，而卷帙次序小有異同；其注略具史事，亦不繁冗，當是宋、元舊帙，明嘉靖時翻刻而遺其注人。以書式皆宋様，而東坡等所進劄子猶用當時提行格式，故知非明人注也。同治元年三月，繩兒收獲重裝，書以俟考。郘亭眲叟。

是歲七月既望，見昭文張氏《愛日精廬藏書志》載有《注陸宣公奏議》十五卷，云至正刊本，宋郎曄注。前有紹興二年曄《進書表》（「興」當作「熙」）。題銜稱「廸功郎紹興府嵊縣主簿臣曄」，不著姓。案：《清波雜志》曰：「煇友人郎曄晦之，杭人。嘗注《三蘇文》及《陸宣公奏議》投進。」元吳文正公集《陸宣公奏議增注序》曰：「因郎氏舊注而加詳。」劉岳申《申齋集》曰：「宋紹興中有郎曄嘗注《陸公奏議》。」以此知爲郎曄也。表後云「紹興二年八月初七日進呈」，案表中有云「恭惟至尊壽皇聖帝」，考淳熙十六年光宗受内禪，尊孝宗爲「至尊壽皇聖帝」，次年改元紹熙，則「興」爲「熙」字之誤無疑。卷一後有「至元甲午仲夏翠巖精舍重刊」木記〔三〕，《郘望館書目》著録。據此，則此本當即據元刻郎本翻雕，而失載其《進書》一表，愈不可了耳。當録入卷中以俟考。

孟東野集

同治丁卯秋收于武林。此嘉靖丙辰無錫秦禾知武康縣時刊本，依宋景定中天台國材知武康所刻宋敏求編定者。其《聯句十首》載《昌黎集》中者，敏求以其章著不録。此仍録附第十卷後，秦氏爲之也。戊辰花朝，蘇城經訓堂手裝記。

傳家集

司馬文正《傳家集》，在蘇收得明人依宋本舊鈔，闕卷四十八至六十，凡十三卷。肆中有康熙間夏縣刻殘本，按所闕文篇目拾以補觀。夏刻與宋編卷次不合，乃付雕者妄爲改編，其刻又惡。此鈔雖多訛錯不工，然猶勝此刻。乾隆辛酉，陳文恭公爲蘇臬時，亦刊此書，世稱善本，當以此舊鈔校之。

山谷内集[三二]

戊午冬出門，携此本自隨。京塵兩歲，曾未寓目。庚申秋杪經鄂，黎伯容持去，辛酉秋初乃索還。來皖，短至雪中，始句讀一過。飢軀荒落，十年以來，大都如此，念之悚然。郘亭眲叟記。

辛稼軒集上册 疏議劄子論文啓三卷詩一卷附年譜本傳

《辛忠敏集》久亡，此嘉慶中萬載辛敬甫掇拾殘剩爲之，計不過十一耳。唯詞集别行，乃獨全。忠敏僅詞人哉？古來人物文章傳否，皆作如是觀。

辛稼軒集下册 詞五卷

偶思讀《稼軒詞》，適得此本，鼠蛀幾無完頁，竭半日之力，揮汗整補重裝，亦幾玩物喪志矣。此本爲其族裔敬甫刊，校汲古本增多三十六闋，故是足本。壬戌天貺節，皖口記。郘亭。

卷前又有子野之父《曾樂軒詩》一小卷，僅九首。安邑葛氏附刊《復古篇》後之本，分出裝之。

張子野詩詞一卷〔三三〕

元遺山詩集

此影鈔明弘治戊午汝州重刻曹益甫所編二十卷本。較全集中十四卷之詩，增多八十餘首。明末毛子晉刻《元人十家詩》，其遺山一家，即用曹編，大書疏行，改寫上木。此之細行密字，蓋猶元式也〔三四〕。同治戊辰暮春，收于閶門肆中，重裝記。

明沁水李瀚叔淵弘治戊午巡按河南，四月序刻《元遺山詩》曹益甫編二十卷本于汝州，閏十一月又序刻《遺山文集》四十卷于開封。此耕釣草堂影鈔舊本，首有段稷亭氏至元庚午爲益之二子刻書引，亦載叔淵刻此書序，而云附則，其據許州本或至元本未可知也。近施北研注元詩，歷舉康熙時華刻《全集》之誤，悉以開封本正之，并條查初白讀本之是非，以此本校之，皆一一不誤，則所據本之善可知。其于原本漫縮數處皆摹其狀，故知爲影鈔也。其影者至元本，可寶不必言。即許州本，當亦不下至元。北研不見許州本，知傳者已稀。然以中州本例之，其校刊亦非苟然矣。此影手雖未致佳，然殊不草草，細行密字，矧大資我舟車耶？戊辰四月己丑，郘亭識。

虞道園詩集〔三五〕

此本乃翁覃溪刻于南昌者，凡十卷。其前八卷則取諸《學古録》，後二卷則覃溪掇拾所補。京師收此，尚闕後三卷，聊備旅中觀覽，當更求足本藏家。前載《年譜》一卷，亦覃溪撰補，爲他所無。庚申立冬，記于武昌。

潛谿集 宋濂撰，元至正刊本

此二册皆景濂元時所作，多《宋學士全集》所不載。《四庫》著其《全集》，復載其未刻集二卷，爲金壇蔣超簡存者，此本中皆有之，可以互補也。邇年福建有先生諸集彙編全刻，此八卷計及五分之一耳。以舊刻收以備考。壬戌秋杪，郘亭記。

願學集明鄒元標撰〔三六〕

此《忠介集》之初定本也。今文淵閣所録，即此八卷。吾家舊藏此集外，别有《存真集》若干卷，《太平山房疏草》若干卷，《四庫》皆不著録，則當採書時僅進此本故耳。南皋以謫開勻學，其著述尤服膺。同治初元，皖中收此，亟裝付子弟珍藏，俟更求《存真》、《疏草》也。

學孔精舍詩鈔明孫應鼇撰

此二册六卷，咸豐甲寅閏七月寄到，自麻哈艾述之從其祖鳳嵓侍講手鈔本過録者，疑即《明史·藝文志》所載《學孔精舍彙稿》十六卷之末數卷也。鳳嵓録之，必見《彙稿》之全，文恭文在詩右，不知何以不録？今遍訪不得，殊可惜也。就卷中詩通核之，所歷官皆備。先生之詩，此當足本，惟《省志》載有《聖壽寺小集》一絶，《思南志》載有《孝友堂》小七古三首，爲此本所無。《聖壽寺詩》據《清平志》乃孫興甫作，而《省志》誤爲文恭，《孝友堂詩》當嫌事涉語怪，不存其稿，皆非遺脱也。二十有一日，獨山後學莫友芝識。

潘氏八世詩集〔三七〕

貴州家世有集者，曰越氏、楊氏、吳氏、潘氏。越至卓凡《屢非》，楊至龍友《洵美堂》，吳至滋大《敝帚》，并濟前美，稱一時一家之盛。而繼者吳氏，猶傳《復旦》、《漱石》，餘則未之有聞。惟潘氏自朗陵《味淡軒》、士雅《瘦竹亭》，已足埒越、吳、楊諸家。而觀黔西潘生元炳所輯家集，始明萬曆迄國朝道光間，由朗陵而下凡八世，十有三家，爲詩若干卷，二百餘年風雅相續不衰。嗚呼！尤可謂極盛者矣。朗陵之祖伯瞻，惠政在滇州。伯瞻子中池，活武定冤獄。朗陵乃以文章科第起其家。安賊圍貴陽，朗陵毀家誓死，保城以完。慈惠忠貞，澤流無既，宜哉！而元炳敬奉手册至八世二百餘年，罔有失墜。噫！亦可以風鄉里之爲子孫者矣。咸豐二年秋七月。

朗陵名潤民。祖維嶽字伯瞻，號抑庵，貴陽人。嘉靖丁酉舉人，知雲南永平縣，遷昆陽州，所至有惠政，卒之日，家無餘資。思聰，字子忍，一字中池。司武定府獄，府欲冤殺武定民樂應舉，力生之，樂氏祠祀累世。朗陵，萬曆癸卯解元，丁未進士，改庶吉士，官至雲南左布政使。字用霖，號朗陵，著有《味淡軒詩集》。子馴、驤。馴，字士雅，號韻人，一號純庵，崇禎己卯舉人，國朝順治末知雲南蒙自縣，著有《瘦竹亭集》、《出岫草》。驤，字子襄，崇禎中選貢，考授桂王時雲南羅次知縣，升四川崇慶知州，著《淡遠亭集》。馴子德徵，號亦韻，字道子，康熙己酉舉人，官至武定知府，著《玉樹亭集》。德徵子奕、快。奕字允大，康熙中監生，著《滇遊草》。快，字無悶，康熙壬午舉人，著《留餘堂集》。奕子文芮、文苞。文芮字右質，一字彬也，貴陽優廩生，雍正中教授黔西州翠屏山，因家焉，自號翠屏寄客，著《翠屏寄客詩文集》。文苞，字鞏也，乾隆庚午舉人，官福建鹽大使、江西朴城知縣，著《琢雲軒詩草》。以上五世并貴陽人。文芮子曉，字東白，黔西州學生，著《斷續亭集》。曉子以澂、以溶。以澂字静川，黔西川學生，著《寧愚堂集》。以溶字巨川，又字蒼巖，大定府學生，著《思敬堂集》。以澂子桐、檮。桐字鍾嶧，監生，著《客留草》。檮字雲表，黔西州學生，著《藝蘭軒集》。祥芝附注。

魏忠節公集

右嘉善魏忠節公廓園先生自譜及家訓、遺囑、日記、疏草、書草、詩草、雜著、四序，并天啓五年被逮途次手稿，行及良鄉，使僕飛鴻付其子學洢者。當逆奄擅權，除不附己之君子，先生又同姓，乃爾故疾之殆甚楊、左諸君。自辭家上道，即知不得生還。奔波匆遽中，堅定整暇，訓述周詳。下闕。

山水移集〔三八〕

右楊龍友先生《山水移集》四卷《附録》一卷。崇禎己巳七月，先生奉其父霞標參政爲天台、雁宕之游，裒其詩文、圖畫以歸，謂之「山水移」。既而刻游集，附以前後一、二年作，遂仍其名。集中有《立春》七律，蓋即游台、宕年詩。其起句云「三十三年雷光走」，然則此集僅先生三十後數年作也。其詩骨挺勁岸異，已有不可一世之概，未到者渾融耳。崇禎末，先生又刻《洵美堂集》，見《明詩綜》，引邢昉曰：「洵美詩，紆徐以導遠，篤摯以達情。」史元曰：「洵美詩沉澹淵遠，有正始之音。」杜濬有《懷龍友諸君詩》云：「黔蜀波瀾老。」所論皆與此集不契，知後此所造，必更有深焉者。屢訪未得其本。先生值遺明殘局，猶螳臂搘撑，妄思恢復，膏斧鉞而不回。其志節侹侹，至今有生氣。詩文流傳，正因人重。《洵美集》既不可見，而此《山水移》舊册又歷千百刧，僅存於塵堆鼠窟中。而乃今出之，若有陰爲呵護然者，亦愈足珍惜矣。集以詩百三十九首爲一卷，《赤城山賦》并張玹《賦序》爲一卷，《台宕日記》及《江行十二畫記》爲一卷，《腐侯傳》爲一卷，附録諸社長送游贈言一卷，則夏允彝送行詩序及陳則梁、宋存楠、張堯翼、張明弼、繆時英、陳元綸、宋珏七人送行詩，而雜以陳煒、支如增兩序，朱隗、朗道人顥、蔡如蘅、臧煦如四人詩，沈鉉、賀懋修二人跋，皆爲集題者。又有陳煒答詩五首，錢旃、魏學濂題畫詩，潘一桂畫贊，周祚新、張澤、季肇亨、錢棻、秦懋德、何白六人畫跋，凡二十五人之作。首載其舅越其杰、其師鄒嘉生兩序，并其杰四詩。而又以董其昌、陳繼儒、倪元璐、李日華、譚貞默五人題畫册引，范允臨題畫詩，李思聰送游詩，謝上選題集詩，并雜置卷端，以張結納之盛。杜濬有云：「昔年龍友請余爲其季子作傳，肅衣冠，以五十金潤筆。而茅止生來索觀余文，猶嗤曰：『龍友小様，不知文章痛癢！』」止生之譏，殆緣此類。然今去先生二百餘年，不惟藉見一時交游，而謝文若、周又新、蔡湘渚皆黔竹文人，著作盡逸，越自興雖有詩而文亦未見，并得留吉光片羽，所補爲不少矣。咸豐壬子，黎柏容學博從定番張氏假得相示，亟録副，待好事傳之，因書其後。

漁洋山人精華録

林佶吉人手寫當時名集付梓者三，《午亭集》、《堯峰文鈔》及此録也。三家詩文豈必以佶書重，而佶書精印本尤世所珍弆，小伎顧可忽哉？壬戌夏四月，善徵弟收于祁門，携至安慶，增衣草裝，書示繩兒。

蓮洋詩選〔三九〕

蓮洋詩佳處正似南田寫生，于古來能事外，自透出一種天趣，愈覺鮮秀撲人。其出之自然，尚有漁洋所不及處，無怪其亟詫得髓也。使學更能稱才，太白、東坡一間耳，又安來藏園、卷葹之不滿哉？庭弟學詩稍腐氣，計唯中條華妙，對證而易服，爲檢出若干首。五言據三之二，猶不能盡其勝。七言二之一，幾不能及。始欲更去《昌化寺觀吴偉畫壁》、《陟領赴潭柘寺》等數篇，則愈寥寥，故亦過存焉。蓋先生五言有深功，七言徒信才耳。前輩云：「天姿國色，粗服亂頭亦好。」又謂：「動用佛典，是其一短。」皆是定評，不可不知也。道光乙巳正月六日。

海峯文集〔四〇〕

此二册乃劉才甫集之初刻本，以校其弟所刻八卷本，財十之六七耳。而增多者八篇，蓋定本時删去也。

王雨楓集杜五言律〔四一〕

集句詩殊無意味。中間佳聯，俟摘出作楹牓。

河岳英靈集 唐殷璠選集

篇中宋諱或避或不避，惟「廓」字寧宗嫌名，數見皆闕筆，蓋寧宗時刻也。丙寅冬初，郘亭校讀一過。

宋文鑑宋吕祖謙奉勅銓次，百五十卷

此選固不如《唐文粹》之善，而北宋諸名家當行文字，亦庶幾備矣。頗有本集不存，猶藉考見一二者，有本集存而集外可補一二者，甚有資於文苑。此明晉藩翻宋刻本，亦尚不惡，惜缺去四十餘卷，幸所存猶過三之二，已多平昔未見之篇，故聊收之。壬戌初春，皖口行營，郘亭。

國朝文類元刊本。每半頁十三行，行二十四字。〔四二〕

元至□翠巖精舍刊本，蘇伯修撰。——《國朝文類》殘本十五册，存卷十一至三十五、四十一、四十四至四十九、五十三、五十四、五十七至五十九、六十三、六十四，凡三十九卷。闕一之十、三十六之四十、四十二、四十三、五十五、五十六、六十之六十二、六十五之七十，凡三十一卷，并《目録》亦闕。

皇元風雅前集六卷，傳習采集，孫存吾編類，虞集校選。後集六卷，孫存吾編，虞集校選。

《皇元風雅》前後集，是據元刊本舊鈔，蓋汪閬源氏千元之一也。《四庫全書提要》載此集前後各十二卷，前集百十四家，後集百六十六家，此本家數大略相等，而卷數各減半，殆與文淵閣著録本無大不同，特卷帙有合併耳。同治丙寅中秋，收于雲間肆中。初冬還金陵，芙衣爲裝過，記其端。郘亭眲叟。

初白菴詩評附許蒿廬詞綜偶評一卷

近日子弟爲詩文苦不得門徑者，或取老輩點勘過大家集子及子、史，令其迻鈔，每有晤入處。此等事不關根柢，通人所嗤，然以啓發中材，爲益不細。皖口行營偶收此評本，老來無暇觀覽，付兒輩存之，亦備迻鈔一助也。郘亭眲叟。

唐五代詞全唐詩本〔四三〕

此集以《花間集》爲底本，而附益之。其在《花間》外者，太白及南唐中主、後主，皆引令之極軌。其卷十又備録馮正中《陽春集》溯詞之源，觀此已足。郘亭。

宋名家詞殘帙〔四四〕

此二册汲古閣刻《宋名家詞》第一集十家中之五家。十家之次，曰《珠玉》，曰《六一》，曰《樂章》，曰《東坡》，曰《小山》，曰《淮海》，曰《山谷》，曰《東堂》，曰《稼軒》，曰《放翁》。兹失其後五家。其存之五家皆當行，餘則《淮海》、《稼軒》宜别求本，他不觀亦得。同治元年夏至，郘亭眲叟皖口行營新收重裝記。二册之外，復收二集十家之全。其後所刻三、四、五、六四集四十家，多不欲觀。僅三集中吴夢窗甲、乙、丙、丁稿，宜别求耳。

此二册汲古所刊《六十家詞》之第二集也。當以書舟、溪堂、片玉、石林、坦庵、酒邊、樵隱、白石、梅谿、竹山爲次，乃順時代，仍其舊裝，未更置，故記。同治元年夏至，皖口行營，郘亭。此集《片玉》、《白石》、《梅溪》、《竹山》并卓絶，《白石》卷非足本，别有全集。聞《片玉》有注本甚佳，訪求之未見。

附録

郘亭詩鈔校樣

此册咸豐甲寅秋附梓人補板者，仲月補畢，與此板尚在梓人所。季月桐賊伏城東民舍以攻郡城，梓人已舉室逃避，官兵從火及其鄰。亟募人出板，并此册獲至家，而梓人舍焚矣。因重裝爲備改之本，附録朋舊詩文當酌存者數紙。

郘亭雜文燹餘録

咸豐甲寅八月，桐梓賊起。匆匆入郡城助守禦，《郘亭文集》在湘川講舍者并未及携。至九月末，購人檢歸，已毁其三之一，而文稿四厚册與焉。入冬，命門人輩搜家篋，尚有别稿者，録爲此册，略具十之四五，以待改正云爾。乙卯人日記。〔四五〕

影山草堂學吟草附影山詞

咸豐甲寅仲秋，桐梓賊圍郡城。《郘亭自壬子春至甲寅初秋詩稿》尚置湘川講舍中，竟亡失不可得。而自辛丑以上十餘歲少作稿，乃以在家而存。因甄其尚易改正者，子弟輩録爲此册，又附録《影山詞》二卷〔四六〕。乙卯正月十一日記。

易箋〔四七〕

安平陳定齋先生箋《易》，論象數，則駁來瞿塘錯綜其象、顛倒陰陽剛柔之實之非，明辨以晳；論筮法，掛一及再扐後掛，爲前一變掛一，後二變不掛，而掛一之策不入歸奇中。三變皆以四八爲奇偶，不用九五借象，雖異朱、郭，猶有發明於經義。二條久見於《四庫提要》所稱。道光戊戌禮闈，始得其書琉璃廠肆，觀其全而繹其旨，蓋病術數言《易》之支離破碎，故專就人事立説。以愚夫愚婦之知，能見天地鬼神之奥；以省身寡過之學問，揭盡性至命之微。更事燭理，觸物會象，不侈統同之理。使象爲虚器，不求穿鑿之象。使理無據依，欲學者於身心體驗之中，得涵泳從容之味。不徒句釋字解以爲工，强探力索而無當。持平蹈質，粹然儒者言矣。頗敷暢程傳、朱義，而與傳義異者甚多。自謂如康成之箋《毛詩》，故名曰「箋」。于研《易》家，其在虛齋《蒙引》、安溪《觀象》閒乎？唯其六十四卦經文，於半簡之中横分四截，首《彖辭》，次《彖傳》，次《爻辭》，次《爻傳》，而《大象》别爲一條於後。《繫辭》上下，據《史》《漢》引改爲《大傳》上下，非鄭非王，不今不古，其于《雜卦》謂筮人纂，便記誦，聖人存見反對之義耳。而傳寫多誤，不必協韻。以韻正末數卦者，未爲得。首《乾》《坤》三十卦而《咸》《恒》。則首《乾》、《坤》，宜終《坎》、《離》；首《咸》、《恒》，宜終《既》、《未濟》。爲一一更正。按其次，顛倒瞀亂，非序非雜，且通篇反對。《頤》《大過》獨不相連，莫解其故。又以《困》脱「不」字，「柔遇剛」、「剛决柔」、「君子道長，小人道憂」皆誤添入，悉增删之。改「親寡旅」爲「旅寡親」，信意武斷，不可爲訓。其酷信宋人圖書，不服王禕、歸震川、毛際可、李穆堂之辨。所申説嫌于浮游，然固不以揜其大醕也。黔中前輩説《易》，知者清平孫山甫先生《淮海易譚》，麻哈艾鳳嵒先生《易注》，及是書而三耳。《易譚》聞有行本，未之覯。《易注》未受梓。唯是書有榕門刻本，頗行于世。「維桑與梓，必恭敬止」，是之恭敬奉持，益當何如耶？

【校勘記】

〔一〕臺灣「國家圖書館」藏莫繩孫鈔録其父之《郘亭雜文熲餘録》内有此文，名爲「《〈吕氏家塾讀詩記〉宋刻殘本跋》」。《郘亭知見傳本書目·經部》亦記是書，有「郘亭有宋刊殘本」等記録，可互參。

〔二〕《郘亭雜文㸚餘録》此句「刻」字之上無「氏」字。

〔三〕《郘亭雜文㸚餘録》「買之京師」之上有「二千錢」三字。

〔四〕《郘亭雜文㸚餘録》此句「有」字之上無「每卷」二字。

〔五〕此條書跋諸刻、印本均無。又，《郘亭知見傳本書目・經部五》記是書：「元汪克寬撰。元正八年建安劉叔簡刊本，黑口，頁二十二行，行二十字。」

〔六〕此書及下書「《説文解字》孫淵如仿宋本」書跋均見國家圖書館藏《莫友芝詩文稿書跋》莫友芝手稿，無異文。

〔七〕明昌承安間：原「明」下有一「永」字，此依書眉批「『明永昌』三字有衍文，當作『明昌、承安間』」而删。

〔八〕「紫泉」、「於蓮舫」五字删後又保留。眉批云：「五字仍留，以存其真。」今從之。

〔九〕此書名，原稿鈔本脱「題評」二字，據目録和正文校補。

〔一〇〕《郘亭知見傳本書目・史部一》：「《史記索隱》三十卷，唐司馬貞撰。汲古閣單行本。元中統本，半頁十四行，行二十五字，注雙行字同。郘亭有明初游明校正重刊元中統二年平陽道段氏本，又有明正德刊本，皆有集解、索隱而無正義，俱百三十卷。」《郘亭日記》咸豐十一年十二月十五日記有此書。

〔一一〕同治癸酉木刻本等各種刻本、印本均脱此書及解題。

〔一二〕趙紹祖：「趙」字原無，張文虎補，并于書眉批云：「脱寫姓。虎。」從之。

〔一三〕胡注：「胡」原誤爲「湖」，據文意改。

〔一四〕諸刻本、印本均未收此條。國家圖書館藏《莫友芝詩文稿書跋》手稿有此條，無異文。

〔一五〕諸刻本、印本均未收此條。國家圖書館藏《莫友芝詩文稿書跋》手稿有此條，無異文。

〔一六〕沈津《書城挹翠録》載《清莫友芝校本〈讀史兵略〉》一文云：「是書每卷後多有莫友芝題識，兹選其數條如後。卷一：咸豐辛酉三月既望，始校此卷，與李眉生、但幼湖對床於鄂撫署，梓人招至作輟，逾五日乃畢。郘亭眲叟記。四月二十五日，丁果臣將移板之長沙補誤，覆勘首十二卷付之，即曰畢此卷至第六卷。卷二：四月初二日，眉生、幼湖買舟西行，送之還。丁果臣以新印本來作校樣，是日即畢此卷。郘亭眲叟。卷五：四月初日，與蒓齋妹倩同畢此……綜觀書中校語，可見其用力之勤。」

〔一七〕國家圖書館藏《莫友芝詩文稿書跋》手稿有此篇書跋，無異文。

〔一八〕「天禄琳琅」上，張文虎補「欽定」字，并于書眉批云：「標題上似應加『欽定』二字。」查國家圖書館藏莫友芝手稿，果無「欽定」二字，故今仍其舊，不加「欽定」二字。同治癸酉刻本此書目有「欽定」二字。

〔一九〕書眉有張文虎批語：「此書汪氏有仿宋刊本。」

〔二〇〕沈津《書城挹翠録》載有《清莫友芝校〈封氏聞見記〉》一文云：「《宋元舊本書經眼録》附録一，收有友芝隆慶鈔本一跋，即此書跋之前段，然未收後段。己巳，爲同治八年（一八六九），莫友芝五十九歲，越兩年，就歸道山，此當爲其晚年手校。《封氏聞見記》傳世最早本子僅有明鈔本數部，莫氏所據乃爲明隆慶鈔本，不知此校本較之其它明鈔有何優出之處。今莫友芝所據之隆慶鈔本已佚去，此當可存其一脉。」又，「《封氏聞見記》十卷，唐封演撰。清乾隆盧見曾刻雅雨堂叢書本，一册。清莫友芝校并跋。藏上海圖書館。」

〔二一〕此條書目及跋語，諸刻本、印本均無。

〔二二〕國家圖書館藏《莫友芝詩文稿書跋》手稿有此書跋，無異文。

〔二三〕句首原有一「極」字，頁脚批云：「極字可删。」今從而删之。「宋于庭氏」，「于」原作「玉」，被劃去，改爲「于」。書眉張文虎批云：「疑是『宋于庭』。虎。」從之。

〔二四〕此條書跋諸刻、印本均無。書眉批云：「此條可删。」然國家圖書館藏《莫友芝詩文稿書跋》手稿有此書跋，無異文，故予保留。

〔二五〕〔二六〕此二條書跋諸刻、印本均無。國家圖書館藏《莫友芝詩文稿書跋》手稿收入此書跋，無異文。

〔二七〕此條書跋諸刻、印本均無。又，《郘亭知見傳本書目・集部二上》校記「《曹子建集》十卷，魏曹植撰。明嘉靖中郭萬里仿宋刻本，有徐伯虬序。明活字本十卷。」

〔二八〕國家圖書館藏《莫友芝詩文稿書跋》第五册友芝手書之下，繩孫有注云：「繩孫謹按：《汲古閣秘本書目》載其所藏宋本《淵明集》之善，如《桃花源記》中『聞之欣然規往』，時本作『親』。《五柳先生贊》，注云：一本有『之妻』二字；《四八目》多八十餘字。通本一作云云，多千餘字。時本皆無之。黄丕烈注《百宋一廛賦》定爲北宋槧，略校此刻與其所謂時本無異，蓋毛氏刻是書時，尚未獲其本，故不祖之耶？」

〔二九〕此條書跋諸刻、印本均無。

〔三〇〕沈津《書城挹翠録》載《清莫友芝批校本〈元次山集〉》云：「莫友芝題識云：『《舊唐書》元次山傳，此蓋據《新書》鈔，乃錯落四十餘字，豈以意增減耶？今一一校正。同治初元閏月，郘亭睸叟記。卷四末莫氏補鈔《枯井》詩一首，詩云：『靈枯無根井有泉，世間如夢又千年。鄉園不見重歸鶴，姓字今爲第幾仙。風冷露壇人悄悄，地閑荒徑草緜緜。如何躡得蘇君迹，白日霓旌擁上天。』并批『此詩見《全唐詩》，全與次山風格不似，當係誤收，漫寫附此，俟考。』卷六末有『同治初元閏月戊申，皖城學使行館畢此卷。郘亭記。』卷八末有『閏月杪日己酉燈下畢此卷。郘亭。』《元次山集》十二卷，唐元結撰。清乾隆兩間書屋刻本。四册。清莫友芝批校。藏上海圖書館。」

〔三一〕木記：原誤爲「本記」，據文意改。

〔三二〕此條書跋諸刻、印本均無。國家圖書館藏《莫友芝詩文稿書跋》手稿有此書跋，無異文。

〔三三〕此條書跋諸刻、印本均無。

〔三四〕《郘亭遺文》卷三《遺山詩集跋》云：「右《遺山詩》通行本，毛子晉據元至元戊辰曹輗所刊單詩本傳刻者……」可與此互參。

〔三五〕此條書跋諸刻、印本均無。

〔三六〕國家圖書館所藏莫友芝手稿無「撰」字。

〔三七〕此條書跋原無，諸刻、印本均有。兹據清同治十二年刻本補入。

〔三八〕此條書跋原無，諸刻、印本均有。兹據同治十二年刻本補入。此文見臺灣地區「國立中央圖書館」藏《郘亭雜文甆餘録》中，無異文。

〔三九〕此條書跋原無，據清同治十二年刻本補入。此文見臺灣「國家圖書館」藏《郘亭雜文甆餘録》之中，題目爲「《書爲庭芝弟選蓮洋詩後》」。

〔四〇〕此條書跋諸刻、印本均無。

〔四一〕此條書跋諸刻、印本均無。

〔四二〕此條書跋諸刻、印本均無。書眉批「擬删」。然國家圖書館藏《莫友芝詩文稿書跋》手稿有此書跋，無異文，故予保留。

〔四三〕全唐詩本：原作「全唐詩中本」。書眉批云：「『中』字可節。」從之。又，莫友芝批點《全唐詩》末二卷《唐五代詞》

手稿，今藏上海圖書館。這段批語，僅是其書首一段總批。該書莫氏全部批語，可參見本《全集》內之《郘亭散見詩文稿彙編》。

〔四四〕此條書跋及後附録三條書跋，諸刻、印本均無。國家圖書館藏《莫友芝詩文稿書跋》手稿均有，無異文。

〔四五〕此條諸刻、印本無，見臺灣「國家圖書館」藏《郘亭雜文甆餘録·碑跋》之中，無異文。

〔四六〕《影山詞》：原作「詞藁」，據國家圖書館藏《莫友芝詩文稿書跋》手稿改。

〔四七〕莫繩孫《宋元舊本書經眼録》手稿本無，而刻本有此文，今據刻本校補於卷末。

附録卷第二　金石筆識目録

附録卷第二 金石筆識[二]

秦之罘刻石摹本

《繹山》、《會稽》兩秦刻，再三傳本，何首尾完具乃爾？蓋即徐鉉、申屠駒意爲補綴，故與現存《郎邪》、《泰山》字皆不類。此嚴鋏橋先生意摹《之罘》廿一字，乃去真秦刻不遠，何徐、申屠之足言哉？同治丙寅六月，自金陵來滬上訪遺書，戴禮庭以陳嗜梅翁藏卷相視，因記。

秦泰山刻石摹本

以好古拓鈎摹，下真迹一等者，與鈎摹剥蝕古帖，下真迹二等者，皆上上妙手。《泰山》秦刻廿九字，乾隆初碧霞廟火，拾出碎存于玉池中者，僅「斯臣去疾」一行四字，及「昧死臣請矣，臣」三行六字兩小石。其拓本流傳，猶如快劍斷生蛟鼉，决非後來所能仿佛。此鋏橋先手迹，乃能僅下真迹二等，以視阮、孫諸刻，直孱苶無生氣。始知此老精詣，突過一時能事也。嗜梅翁鑒真好古，又挾之出劫火中以存，可謂得所矣。同治丙寅六月中伏，避暑上海也是園，獲觀識。

漢麃孝禹碑

此拓同治九年冬潘伯寅少農所寄，謂肥城新出者。左方刻隸書一行云：「同治庚午，某某訪得此碑于平邑。」肥城、平陰壤接，蓋獲諸平陰境，移肥城爾，碑僅二行，一行八字，云「河平三年八月丁亥」；一行七字，云「平佘庑里麃孝禹。」《漢書・成帝紀》：「是年八月乙卯晦。」則丁亥爲二日。「平佘」即「平陰」，假古文「霒」之「佘」，而筆迹小異。「庑里」即「廣里」、「光里」之别體，諸字書所未收。平陰、廣里本齊邑里名。平陰至隋始爲縣，漢爲漢北王國之盧縣地，與肥城同隸泰山郡。《續漢・郡國志》云：「濟北國，盧有平陰城，有防門，有光里，有長城至東海。」即《左氏・襄十八年傳》所謂晉同伐齊，齊侯禦之平陰，塹防門而守之。廣里者，齊人言「廣」音與「光」同，故或稱「光」；「庑」之讀，蓋如「光」矣。《方輿紀要》引《平陰故城志》云：「在縣西北三十五里，齊平陰邑也。」京相璠曰：平陰在盧縣故城南十里，蓋即今縣地。又曰：平陰城南有防，防有門，于門外作塹，橫行廣一里。又曰：防即長城。平陰南有故長城，東至海，西至濟河。防門去平陰三里，防門之北有光里，今其地亦名廣里云。左氏所言廣里，本謂齊之塹防，廣一里，後來遂以廣爲里名。又或稱光，與此之别爲庑，實一地也。麃姓，姓書所逸，唯時見于漢刻。《韓勑碑》有「故涿郡太守魯麃次公」、「故樂安相魯麃季公」。曲阜魯王墓前石人胸字有「樂安太守麃君亭長上之」。則《史記》載「將卒攻卷」之麃公，與蒙驁、王齮同爲將軍，見《秦始皇本紀》。是鄜姓漢前已有之，特漢以後未聞耳。而應劭漫謂：「鄜，秦邑。」《索隱》遂謂：「鄜邑公，史失其姓名。」《正義》又謂：「秦之縣邑大夫稱公，若楚制。」皆無的據，承應氏而失之也。此之孝禹不書爵位，自是處士。又但記歲月、鄉里，不言碑所施，疑亦墓石、墳壇、神座之類。乃并漢故表、碣等文無之，古人簡質，蓋可概見。今存漢石，自西京者希矣。曲阜之魯孝王刻石，及揚州淮南厲王墓之中殿第廿等小石，并此三耳。結字蕭散天真，筆意渾勁，兼分篆，亦與中殿相似。郘亭眲叟識于淮南南書局。

漢夏承碑

漢碑至《夏承》，上引篆籀，下通隸楷，書家精能，至斯極矣！魏《曹真》一石，乃遥與助其波瀾，雖雄厚少遜，而後來引篆籀美隸楷名家，殆未有不自兹出者。積雨初霽，木筆盛開，展對鄭堂此卷，百過不厭。同治己巳仲春望日。

漢三公山碑

此碑是隸非篆，不得與崇高《太室》、《開母廟闕》同科。誠如覃谿之説，其釋文小松爲善，故命繩兒依録。惟八行「闔祐」是「祐」非「袼」，甚明，故不從耳。辛未初夏。

漢光禄勳劉曜殘碑

在山東東平州。同治庚午六月，新出于州之蘆泉山陽。閏月，景鑑泉閣學經邗上，贈郘亭。其所歷：郎中、謁者、太官令、朱爵司馬、居延都尉、議郎、河内太守、長水校尉、宗正、尉衛、光禄勛，故《隸釋》題「光禄勛劉曜殘碑」。無鹽乃其里縣，見額。新跋云「無鹽太守」，失之矣。漢人銘墓，以郡邑題其首者，惟見此一碑。

漢曹全碑

此舍弟善徵祁門所收。「乾」字左端直未穿，尚是舊拓，惜紙墨不精，且無碑陰。此碑陰字尤自然可愛也。同治丙寅春，重貼過，留餘紙以待。伏日寓上海城中也是園，酷暑無可逃，假書肆《景完碑陰》録一過。「㙛」字，字書所無，《玉篇·土部》有「㙛」，同「敳」。精姓僅見。

漢伏生授經圖

此石道光二十五年四月，日照許印林瀚獲于沂州府治西北古北大寺西廢圃中，移置琅邪書院。同治四年十一月，訪丁儉卿丈于淮安，留晚飯。印林之子逢吉適持此石拓三紙贈丁丈，遂乞一以歸。郘亭，是日辛未頤志齋中。

新莽始建國鏡

德清戴子高文學示《始建國鏡》拓本。徑莽尺七寸二分强。篆銘五十一字，云：「唯始建國二年，新家尊詔書敦下，大多恩。賈人事禾，蓋「利」省字。[illegible]貳。[illegible]，蓋「丁」字。丁貳，子高以爲子勖。[illegible]蓋「畄」字。田，更作□，疑「符」字。應治百官。五穀孰，天下安。有知之㞢，蓋「士」字。得蒙恩，宜官敫，葆子孫。」中層七乳間七文，復兩有「子孫」字，餘三文若鈎藤糾結，殆非字也。子高謂此鏡祥符周星詒季貺所藏。季貺咸豐庚申歲就官福州同知，收于福州采銅局，失手墜碎爲二，命工銀鑲合之。子高同治癸亥之福州，手拓此本，篆書帶隸，殊不如爾時官家泉布之工，然亦與元初《三公山碑》、延光《太室石闕後銘》筆勢相類。雖鑄人刻劃，古意固未泯也。漢鏡有紀年者，翁覃谿《金石記》載元壽元年、永康元年二事，并此而三耳。丁卯開歲九日。

吴禹陵窆石題字

此據王少隺先生藏劉燕庭熙海舊拓寫。其前似有字四行，爲宋紹興時從事郎題詩所磨。後有字一行，又爲會稽令題名所磨。其上隱約有二字，其下當有幾字不可知。張氏每行十六字之説，不足據也。其有大字處，高、廣如杜記。王石上二字，疑是「梅梁」，又疑「無梁」。

晉周孝侯碑

《百三家集》元校云：「此碑據舊集鈔之，中多訛謬，文理不接。且孝侯既戰没，而云『舊疾增加，奄捐館舍』，尤可笑也。」考《常州志》，此碑尚藏于廟，而所載亦是如此。當是古碑殘滅，後人取斷簡，以意補湊之，用勒于石，遂沿以爲真耳。尚須博考。

宋爨龍顔碑大明二年

劉宋碑版，金石家皆未之及。今唯傳仕德此石耳。後晋《爨寶子》一石，五十四年，在雲南陸凉州。

梁建陵闕

此梁武帝父順之陵闕也。其正刻一石，見歐陽《集古録》，而誤屬宋文帝，王象之已爲舉正，宋以後遂逸。此反刻一石。同治八年春，友芝始并訪獲，猶逸正刻「太祖皇」三字，婁楊葆光乃蒐出合之。九年秋九月辛卯題記。

梁安成康王蕭秀東碑

宋張敦頤《六朝事迹》謂秀墓碑二，其一已磨滅，即此碑也。今審其額，猶可識。拓備一種。額下有穿，穿下乃刻文，猶存漢晋來碑制。其《西碑》及《始興碑》亦然。

梁安成康王蕭秀西碑

距《東碑》七八丈許，東西相鄉。《六朝事迹》謂：其一字畫猶可讀，乃彭城劉孝綽文。又云：是貝義淵書，在清風鄉甘家巷。即是碑也。今巷仍舊名，在江南會城太平門東北二十七里。碑文已剥漫無一字，唯額略可識。其陰刻人名約千有三百餘人，存剥相半，猶可尋南朝小楷法度，勝抱宋以來集帖虚慕晉人也。中最奇者，「𦭆」，蓋姓，《姓苑》、字書所未見。史稱秀薨，佐吏夏侯亶等表請立墓碑，詔許之。當世高才游王門者：王僧孺、陸倕、劉孝綽、裴子野各製其文，欲擇而用之，咸稱實録，遂四碑并建。今二碑南側立二石柱，一亡一剥。二柱之南，二龜趺亦東西向，又南二石獸。四碑之迹，猶可仿佛，而二宋前已毁。二碑僅存空石，四文竟無一存，可慨也。秀，武帝異母弟，建碑必待請報可者。《隋書·禮儀志》：天監六年，明葬志〔二〕：凡墓不得造石人獸碑，唯聽作石柱，記名位而已。秀以天監十七年薨，在明葬志後故耳。

梁始興忠武王蕭憺碑

在《安成碑》西一里。《六朝事迹》所謂「徐勉造，貝義淵書，在清風鄉黄城村」者也。最古即

《梁書・邵陵王傳》，載將軍趙伯超議征侯景所不宜從之黃城大道。今黃城之名，唯六七十叟猶記之，問少壯者皆茫然。碑文漫剥三之一，撰書人在碑末，尚未損。其清朗處，校北魏諸刻格韻相等，而差朗潤，蓋南北大同小異處。上承鍾、王，下開歐、薛，皆在此碑。其漫剥處，細審亦能得十二三。以較王蘭泉氏《金石萃編》所録，可多識千許字。如第一行：「公諱憺，字僧達，南徐州蘭陵郡蘭陵縣都鄉中都里人。」凡廿一字。次行提行云：「太祖文皇帝之少子，今上之季弟也。」即《萃編》所未録。碑陰未經磨厲，審無刻字。碑西向，南側又直東石獸，蓋其東碑。其西適有龜趺東向，南側直西石獸，其有西碑無疑。凡應刻碑陰者，當具其中。亡在宋以前矣。蘭泉《粹編》乃指《安成西碑陰》爲此碑陰，疏誤之甚。

附釋文 識而未確者，加方圍

公諱憺，字僧達。南徐州蘭陵郡蘭陵縣都鄉中都里人。太祖文皇帝之少子，今上之季弟也。[泝][維]命氏，含光[華][滋]。累代[尚]聖於□□，丕基於王業。苞河海而爲浚，指[雒]閬而同陰。天乙降玄鳥以居亳，微子駕白馬而君宋。爰初啓姓，是惟建國。文終德冠羣后，少傅儒雅一時。積葉實[糸]，會昌自昔。太祖[嘉]猷[貽][謀]，奇計命世。德惟時併，名與功偕。齊祚之初，佐成大議。道書天府，勛紀太常。仁義爲基，厥後斯大。爰集寶命，興我皇家。盛德之風，於斯乎在。公稟五緯之純嘏，資三才之聲靈。踐高明之盛儀，體淳壹之弘首。俶儻英邁，風儀澄遠。聲爲律呂，言成典誥。嬉戲之歲，早有令德。弁角之辰，夙懷聰敏。率由孝友，因心敬讓。時年數歲，所生吴太妃有疾，公衣不解帶，累日絶食。迨乎執喪，毁瘠過禮。慕兼樂正，哀甚顔含。幼與羣伴閑居，忽爾雷震，羣者駭散，惟公獨否。既聞民爹之歌，彌見台輔之量。故典戈負砮，□□功倍。諮經問道，匪扶自直。室邇人遐，則應之千里。始登冠禮，成膺府命。參西中郎，修伍法曹。俄遷外兵，優遊戎佐，談詠而已。齊德將昏，人離衆散。聖皇乘時撫運，念拯生民。龍驤漢水，虎據南徐。公與第八兄南平王偉，知□□所歸，辭職待從。睹風雲之會，乘天地之符。衆猶熊熊，將如貔虎。五臣十亂之旅，四七二八之雄。縱横上略，紛紜決勇。公參贊神謨，夙興帷幄，功均屯壘，南康王攝西朝，制命荆、陝，以公爲冠軍將軍、西中郎諮議、相國從事中郎，俄遷給事黄門侍郎。霸王振興，連旒西土。義師雷動，龔行天討。公與南平王留守雍部。于時四海宅心，八百胥會，人神協契，莫不率從。而廉惡之朋，弗識天命。先迷未晤，後服猶昏。實繁有徒，梗我王略。公弼諧州事，鎮撫關河。肅奉成規，事等蕭寇。出屯西壘，影嚮南平、梁州。齊興太守顔僧都、魏興太守裴師仁阻絶城郭，衆逾一萬，謀據漢北，將至城下。公毗贊訏謨，盡其晨夜。遺繕精鋭，先據始平。要擊多殺，一賊鳥竄。及蕭璝、魯休烈來寇上明，奸回猶騁，豕突方縱。又鎮軍將軍蕭穎胄佐命西朝，政教攸在。一朝徂殞，内外恇然。以公式遏有方，朝野兹寄，爰下璽榮，徵公入輔。聞命選徒裹糧，遄邁紀郢。魯識其疆域，會諸建□乃水藹和帝。仍除侍中右將軍，行荆州事。公運以英規，罪人斯得。七州底定，百揆時叙。大蕃興后來之歌，皇輿無反顧之慮。和帝西下，以公爲使持節都督荆、湘、益、寧、南北秦六州諸軍事、平西將軍，行荆州刺史。于此時，帝將與賢，昌我侯國。承天革命，磐石斯建，維城大啓。公勛兼望爽，親惟魯衛。帝曰欽哉！胎字南服。天監元年四月，封始興郡王，食邑二千户。江漢之紀，實惟南國。形勝之要，作鎮西楚。苞含蠻蜒，控接巴巫。分陝之寄，民望攸隆。惟厶誼蔫，天倫相維。締業總督之任，實曰允諧。詔使持節都督荆、湘、益、寧、南北秦六州諸軍事、安西將軍、荆州刺史。公褰襜以化梨氓，張袖以納夷狄。先之以德惠，後之以威刑。廣田省役，階無滯訟，應接如神，趍召弗懈。益部諸將李奉伯倚、劉季連寇亂峭峨，攖城固守。公折簡以示禍福，無俟兵革之勞。成都乂安，公之力也。事間務隙，常集賓僚，訪問政道，談述詩賦。親屈車騎，軾隱者之廬；虚己降尊，延白屋之士。給醫藥以拯疾病，建惠臺以救乏絶。齊相之樂交食客，晉卿之脯糒翳桑。以古方今，豈能及此？振仁風乎夢水，被茂澤於楚山，尋加鼓吹一部。六年，沮漳瀑水，泛濫原隰。南岸邑居，頻年爲患。老弱遑遽，將至沈溺。公匪憚瀞沐，躬自臨視。忘垂堂之貴，親版築之勞。吏民憂恐，趍進益急。見辟危力竭，拏葉捉城，購以俸金，所獲甚衆。洪波無驚，舉境嘆服。德之攸盛，皆曰神明。四郡所漂，賑以私粟。髦眉綰髮，莫不歌頌。是歲，嘉禾一莖九穗，生於郍洲，甘露降于府桐樹，唐叔之美，事符茲日。并欲奏聞，謙讓弗計。七年，丁慈母陳太妃憂，水漿不入口六日。毀瘠三年，扶而後起。中旨慰喻，以大軍之後，宜盡綏輯。頻表自陳，反哀苦次。服制有闋，毀痛逾常。羊祜不堪屐履，荀顗面不可識。哀瘠在食，憂未忘也。其年十二月，以奉徵還朝，改授平北將軍、護軍將軍，領石頭戍事。又詔都督北討衆軍。八年，詔授中書令、中衛將軍，續領衛尉卿。公趨事紫渥，兼總關柝。絲綸惟序，衿帶以清。八屯斯謐，千廬無警。其年秋，更授使持節、散騎常侍、都督南北兖、北徐、青、冀五州諸軍事、鎮北將軍、南兖州刺史。以太妃憂服未闋，固辭鼓吹。北招起督南兖、揚，竟刑繁訟擾，舊曰難治。公登車攬轡，懷遠能邇。貝錦在路，不盜竊於逵中；桃李乘蔭，不潛掇於樾下。李珣率由清約，馬融雅好人倫，等諸今者，弗能及也。離犨王壘，井絡金城。乘傳述伐，首車具選。九年正月，遷使持節、散騎常侍、都督益、寧、梁、南北秦、沙七州諸軍事、鎮西將軍、益州刺史。西通渭汭，北指秦川。鳥鼠河沙之酋，龜茲隴右之長。民奐方族，塞馬千羣，趍庭恐後。魏攻巴南安，太守垣季珪堅壁拒守南安。將校挺竄三巴，百縣狼顧影伺。公命旅授師，算無遺策。戒途匪日，凶鋒折道。遐邇具瞻，夜户不閉。問了真於谷口，祭仲元於圭纖。表君平之舊廬，軾長卿之故館。停驂詢俗，揖客諏經，聿脩復漢。講堂禮殿，誕於成都。紹文翁之教，習飲射之儀。命王冲子廣信侯映降爲諸生，率先胄子，執經受業。適道爲群，長幼移乏。相觀競好，信達多人。不師古道，則業夫笑之。十四年，更授使持節、散騎常侍、都督荆、湘、雍、益、梁、寧、南北秦八州諸軍事、鎮右將軍、荆州刺史。同郭伋之再至，等黄霸之重來。下車之日，舉賢彈枉。都邑安寧，川域無反。有以公指麾□□不言□□□爲典容其短。仰公慈哲，莫不改過。開立序校，肆習生徒。採玉荆山，求□赤水。赴我計車，識道八九，顧視□囿十五乎？賓或諱□中之寧部，乞師衛行□□□薦。公檢蜀衆精勇者，授之故將。不廢荒部，斯道乃清。□會□於益□。十七年，第七兄司空安成康王薨。公同胞異體，彌深友愛。奔問驚慟，絶丆復蘇。珠散絶流，解投弗垂。累月積時，涕洟勿輟。十八年，徵授侍中、中撫將軍、□□□同三司、領軍將軍。明良哉於壹德，羣僚仰乎碩輔。仁人周親，於斯爲盛。正色立朝，棼而彌序。貴而思降，夙夜匪懈，吐握無怠。弘濟于艱難，宣力於治忽。方誕講五戎，重司九伐。將領修法，介服亭立。乃爲之三令五申，識日設□□朴表糹掌景司待景□道絕趨拜，亦不以廢禮有譏。普通三年十一月八日，薨於位。爰初遘疾，至大漸，輿駕驟幸，有廢寢膳。公慮貶神和，辭不稱劇。逮乎反席，湛然無撓。上震悼，遣侍中□□護喪事，惟宜不貸。追葬，詔曰：「故侍中、中撫將軍、開府儀同三司、領軍將軍始興郡王憺，茂修於同氣，治績於相庭。輝光庶務，翼佐運始。勛隆陝服，契闊屯夷，劬勞蕃寄。自内掌戎司，嘉猷彌著，方正位論道，弘贊衮闕。奄焉喪次，朕用傷悼于厥心，飭終加等，實惟首諮。宜伫靈車，以申追誥。可贈侍中、司徒、驃騎將軍，餘如故。」給班劍卅人，羽葆鼓吹一部，謚曰「忠武王」，禮也。惟公栖心衡泌，則繕性虚寂。枕戈授律，則勛隆協贊。孝敬盡於君親，仁義行乎鄉黨。孜孜爲善，温温克讓。機神妙極，斧藻英華。□□□□□□□政存勿擾，治貴無爲。績著荆蠻，化行江漢。刃宣其利，鑒獻其朗。推賢下士，降尊就卑。無棄賤貧，所珍儒雅。鹽梅鼎實，舟楫大川。信列辟之羽儀，庶僚之准的者也。加以深信大道，妙識苦空。味絕滋腴，身離煩渴。□□□□□□□用能使山世鑽仰，道俗影附。功高宇宙，譽穆惇史。自駒卬潛光，鹿旃將駕。吏民哀慟，褱絰成林。瞻大山而彌悲，仰棟宇而興慕。諒已鏤金雕玉，昭像鳳墀，鎊碧繪丹，圖形驎閣。戎狄思耿。胡羌悲鄧。告哀墮淚，不□□□□□□□□故吏羅玄昭等，烟霞絕阻，川路悠長。不及卜遠之晨，罔逯易名之請。灑泣無寄，銜恨莫伸。謹遵前議，刊□立碑。仿佛令德，依俙神儀。傳世代而莫朽，等山嶽而無虧。其辭曰：日月貞明，川岫澄清。□□奉職，毗世作楨。於鑠忠武，體二於情。義均爽旦，道藹閒平。棟梁是則，羽翼人英。木運告圮，彝倫殄覆。我□□□□□□□□□□水，虎嘯樊谷。闕河之寄，允歸親睦。若恂係兵，猶何轉轂。締構寶曆，山河萬寓。雲雷利建，□此南土。比漢於梁，方周于魯。擁旄推轂，出蕃人輔。車服以庸，旗章有序。六條設教，八命胥彰。再臨七澤，傍□□□□□□□□□深彭泗，恩浹樊襄。有來斯穆，無思不康。弘闡聖化，休我烈光。文武兼姿，出内均美。式茲□□，肅雍中壘。儀形三事，飛騰九軌。絹是謳歌，明茲獄市。方趨上鉉，燮理陰陽。倍觀鑾日觀，侍蹕隴鄉。遐□嚮化□□□□公後□此台光。報施爲虛，福仁遂爽。瑰樹云落，人倫安放？罷市四蕃，行號十壤。吏民摧慕，賓御□惘。山海安托，蟬佩空想。如鄭喪僑，由晉亡嚮。西光曖曖，東川瀁瀁。時謝深恩，年流德廣。式雕玄永寄希仰。侍中、尚書右僕射、宣惠將軍、東海徐勉造。前正員將軍吳郡張法明監作。吳興貝義淵書。□□□□丹揚戹賢明刻字。防閤吳興郜元□石。

文二千八百四十許字，全剥闕者八十餘字。蘭泉録者一千三百六十許字，今增繹出千有二百二十字，正蘭泉誤釋十六字。其識而未確及漫不可識者，僅百八十許字。第五行「雷震不驚」事，史未載。第十行除「侍中將軍」，史不載。第十一行「食邑二千户」，「二」，史作「三」。第十七行「中衛」，《梁書・傳》誤作「中軍」，《本紀》四月仍作「衛」，八月又誤「軍」。第十九行「離碑」，《史記・河渠》「離碓」，《漢書・溝洫》「離崖」。「七州」，史作「六州」。《鄱陽王恢傳》：「十三年，都督益、寧、南北秦、沙七州諸軍事，益州刺史，乃止五州，疑其遺南、北梁也。」其前爲荆州刺史，都督之九州，則多荆、湘、南北梁也。第廿一行「業夫」，當猶「僕夫」。第廿二行「八州」，史作「七州」。「雍」下似「益」，史作「南梁」，史無「益」，故云「七州」。第卅五行「玄」下刻時遺一字，未注補。

梁吴平忠侯蕭景神道石柱題額

在《始興碑》西南二里，亦見《六朝事迹》。所謂花林之北石柱一，又謂神道在清風鄉花林村者也。花林之名，今猶存。其文反刻順讀。其柱南直西石獸，其東獸亦存，而東柱亡久矣。《安成西碑》南側，亦有石柱，其額剥爛不可拓。其前二行，以碑額推之，當是「梁故散騎常侍」。今唯「故散」二字略可識，亦反刻順讀，差足爲此柱額比例。惜兩東柱并亡，末由肊測其對此反刻者云何耳。

梁臨川惠王蕭宏神道二石柱題額

在上元北鄉張庫村，去安成碑南可十里，距朝陽、太平兩門各二十餘里。自《六朝事迹》著録後，元明迄今，金石家皆未之及。同治戊辰八月，訪吴平石柱花林。一村叟漫言張庫兩石柱，正與此相似，尤高大，亦梁武帝墳也。鄉人指秀、憺、景諸碑柱，皆謂梁武帝墳。因冒雨亟尋獲之。其東柱順讀始右，西柱逆讀始左，又與《安成》、《吴平》兩反刻不同。字畫精美，絶似《瘞鶴銘》，疑上皇山樵一手書也。兩「楊州牧」、「楊」字并从木，王懷祖氏《讀書雜志》歷引《史》、《漢》、碑版以證「楊州」字，隋以前从木，唐人誤从手。得此二石，又增一確證。

梁南康簡王蕭績神道二石柱題額

《梁書》：南康簡王績，高祖第四子也。普通五年，加護軍將軍。大通三年薨于任，贈侍中、中軍將軍、開府儀同三司。《金陵新志》：南康簡王墓，在句容西北二十五里。同治己巳，甘泉張肇岑訪獲于句容之侯家邊。

梁建安敏侯蕭正立石柱二

《六朝事迹》謂墓在淳化鎮西宋野石柱塘，去城三十五里。又謂神道在鳳城鄉者也。

梁新渝寬侯蕭映西闕

在句容。以諸闕例之，「侯」下只應有一「之」字，而此有三字空。審石上乃似無字者。

梁瘞鶴銘

同治戊辰，江中又出小石一片，有「也遁石旌」四字，作一行。位之高卑，與此下一石同。「遁」下猶有大半字影，而「石」上猶有餘石，可容二字。計「遁」上餘石亦當有半字，而并若無字者然，何也？

宋重刻在西崖上者，存上半段，如鈎畫者。然其下端略齊，「逸」、「壬」、「耶」、「經」各得少半字，「冥」、「右」、「銘」各得大半字。「肩」下是「右」非「左」，則下「右割」當爲「左割」。「隱」字及其下半字不可識。可增今五石本廿六字，重十八字。

魏孝文帝吊比干文

嘉、道以來，相習尚元魏人碑版。此石朝廷著作，書手尤極一時能事，其精誼當冠一代。老輩以元祐重刻，不甚重之，非鑒之真者。每經比干廟，此石獨精采動人，徘徊不忍舍去。咸豐庚申初秋，手拓此紙。辛酉初夏，乃剪貼于湖北撫署多桂園，書示繩兒。

魏慧成爲父始平公造像

《授堂金石跋》引《隋書》，謂元孝矩，祖修義，父子均。孝矩西魏時，襲爵始平縣公。此《記》或子均爲修義所建。蓋以既有元氏師僧，父母附會。蘭泉《萃編》已辨證其不合，謂始平公或别一人，良然。據《記》云：比丘慧成，父使持節光□大夫、洛州刺史始平公奄焉薨放。又云：遂爲亡父造石像。則始平公者，慧成父也。慧成不知何人，故始平公亦不可考。《記》以太和十二年九月訖，朱義章書，孟達文。自漢以來，碑版存于今有書人名者，始建和元年書《武班》之嚴祺伯魯，次即建寧四年書《西狹頌》之仇靖，漢德五年書《郙閣頌》之仇紼子長，次即太和七年書《孫秋孫等造像記》之蕭顯慶，次即義章。降而王遠書《石門頌》，王實書《石窟碑》，陶弘景書《許長史舊館壇碑》，貝義淵書《忠武王蕭憺碑》，王長儒書《李仲琁修孔子廟碑》，則此風大開矣。「太和」上距曹魏黄初二百四五十年，義章作書，猶元常典，則宜得以名顯也。碑頌記文及界行并凸文，異他刻，而氣韻生動，倍見精采。咸豐五年正月三日。

元氏崇信桑門，史至特作《釋老志》。自孝文遷洛陽，終東、西魏，其造像碑銘在洛陽，今見者，大小幾五百石，亦不勝紀録矣。慧成一石，刻寫精異，時代又首諸碑，所以寶貴。正月六日又書。

《十六國春秋》：夏勝光三年，魏有平西將軍始平公隗歸。先此五十七年。

魏楊大眼造像

《楊大眼爲孝文造像碑》無年月。《魏書》本傳：世宗初，裴叔業以壽春内附，大眼、奚康生等率衆先入，以功封安成縣開國子。《北史》同。《碑》云：「南穢既澄，震旝即振旅。歸闕。」殆即其事。此記即以此時作也。碑末單書「武」字，不可曉，豈欲紀宣武年號而未竟耶？《碑》書大眼歷官有梁州大中正，兩史失載。而兩史「安成縣碑」作「安戎縣」。考《魏書·地形志》，唯有安戎縣，爲秦州略陽郡所領。其燕西、汝南、岳安、宕都四郡，并領有安城縣，而非安成。當據碑補正之。乙卯開歲七日。

魏靈藏薛法紹造像

鉅鏕魏靈藏《河東薛法紹二人造像碑》，亦無年月，與《楊大眼碑》同出洛陽伊闕，字勢又相近，殆同時作也。其波磔自然處，并可悟屋漏法。横畫多帶分隸，亦見蘭臺發源。古刻無「花」字，始見此碑。前人謂「花」爲太武始光新字，或又謂「葩」之行書訛變而成「花」，又變而成「蘤」。李楷《述身賦》「發花」與「英華」韻，「發花」即「發葩」。故《文選·琴賦》注引郭璞曰：「葩，爲古花字。」《後漢書·張衡》注：「蘤」爲古「花」字，亦是「葩」字。此碑有「鵬擊龍花」，又云「合門榮茈」，直以「花」、「茈」爲「華」，因變成假矣。《爾雅·釋畜》注：「今之桃華馬。」《釋文》「華，本又作花，同」。豈景純即已假用，不必新字耶？乙卯人日又書。

魏石門銘

又識西壁漢永平刻文後，四行。寀其筆勢，亦遠書也。附諸卷尾。

魏高使君懿侯碑

《高羽真碑》，魏石刻之最整哨者。與《張神園》一石同在正光時，可稱雙絶。咸豐己未九月，京師裝。

東魏太公廟碑

此紙，庚申八月經衛輝，繩兒手拓者。辛酉二月，剪貼于太湖軍幕。碑前半重録晉盧无忌表，後半乃刻穆子容文。又一式。

此拓，咸豐辛酉冬收于皖城，以校去秋經衛輝所拓，尚多存十許字，以校蘭泉《萃編》所録，又多損十餘字，蓋嘉慶末、道光初拓矣。臘月五日，繩兒重裝貼過，爲記之。右跋又一本。

北齊西門君之碑頌

此頌，庚申七月出都時，李芋仙大令持贈繩兒者。欲經漳南岸，手拓其陰。過去抵安陽乃憶之。適市中出此，收歸以校蘭泉所録。可識者多將百許字，則此陰又乾隆前拓矣。辛酉暮春，校書鄂撫署多桂園，繩亦自祁門來，剪貼觀覽，因記。

隋龍藏寺碑

真書至初唐極盛，而初唐諸家精詣，北朝無不具者。至開皇、大業間，即初唐矣。此碑置之褚登善諸石中，殆無以別。知即所從出也。前乎此之武平六年《道興造像記》，後乎登善之《王居士磚塔銘》，皆是一家眷屬。前輩至謂《磚塔》乃集此碑字所爲，固不必然，亦見其波瀾莫二矣。碑在正定城中大佛寺，額字猶完好如新。其結體即開《伊闕佛龕》，其精悍奪人，又與《張猛龍碑額》分道揚鑣。鷗庵此本，校近拓多完七十餘字，尤可寶貴。當别求精拓額字合之。同治己巳三秋持示，命署其首，因識。

隋孔宣父靈廟碑

此種書品，在《曹子建碑》之上，隋碑之甲乙也。前人金石書并未著録。咸豐己未，京師裝成識。

隋欽江縣正議大夫寧贙碑〔三〕

是碑在廣東欽州。翁、阮兩《金石略》未著録。開皇十七年，令狐熙爲桂州總管，華夷感化。俚帥寧猛力，在陳世已據南海，隋因而撫之，拜安州刺史。猛力恃險驕倨，未嘗參謁。熙諭以恩信，猛力感之，詣府請謁，不敢爲非。熙奏改安州爲欽州。大業元年，劉方平交州，經略林邑。遣欽州刺史寧長真等，以步騎萬餘出越常。上并見《通鑑》。《隋書·劉方傳》：仁壽末，授驩州道行軍總管，經略林邑。方遣欽州刺史寧長真等，以步騎出越常。又見《林邑傳》。

隋馬興墓志銘 唐咸亨元年〔四〕

右《志》一文二紙。前紙高廣一尺一寸，十三行，行十三字。後紙高廣各一尺一寸六分，行十四字。當是一石兩面刻也。蘭泉未録，淵如云在孟縣。三行或五行「府」，十一行「慶」下□，皆刻後旁增，見古人之質。「慶」下添似「壐」，「循」下不可識。末一行乃妄鐫。

唐隨清娛墓志

《隨清娛墓志》昔人皆未之言，道光間始有傳之者。同治壬戌秋，張仙舫觀察携有拓本，借讀，依其式鈔出如右。既非唐人刻志行款，則不自土出可知。謂是汝南公一例稿本，不應第一行「公」字有刓削補石之紋，核其字畫，蓋與邇日刻《開皇蘭亭》，如一手所爲。

唐□夫人程氏塔銘〔五〕

此殘志丰韻絶佳，大似敬氏《磚塔銘》。

唐明徵君碑

在上元棲霞山麓，去梁安成碑東北五里許。秋，棲霞爲金陵絶勝。寺已𤇾毁而碑巋存。棲霞今日之游，賴此石猶可語耳。碑以上元三年，高正臣奉敕書御製文字，近《懷仁集聖教序》，亦去太、高兩宗御墨不遠。初唐佳刻，照眼若新，良不易得。唯末行年歲上闕「上元三」三字，剥痕尚新。嘉慶諸老著録皆未言，蓋近在廿年間。篆額者王知敬，其結銜字意獨不與本碑同。兒子彝孫習摹知敬書，謂此結銜直是《李藥師碑》，意當爲知敬自題。審觀之，尚不謬。因附存其説。唐人篆額又自題銜，蓋他碑所未有也。

唐龍角山慶唐觀紀聖銘

咸豐己未十月，在京師先收得碑陰，携之趙州度歲，繩兒剪貼以爲楷式。庚申春入京，復獲正碑于琉璃廠肆，彙爲一册。此文蘭泉未録，碑陰淵如亦未見。吕君小楷書，亦是一時能事。「御製御書」四字，張説題。建碑年月，吕向書。碑陰第一横之左，又有長慶三年李寰等三人題名。

唐開祝衡嶽銅簡文〔六〕

簡高一尺五寸有半，廣五寸强。咸豐初，山農鋤土得之。舊藏易小屏大令，今歸李氏。正面五行，背三行，小楷書。戊寅是開元二十六年。

唐三墳記

少温書碑，今存者，大字以《般若臺銘》爲第一。此《記》及《庾公頌》亦皆極致之品，非《遷先塋》之開失、《城隍廟》之重刻者比。咸豐庚申十月，繩兒檢出觀覽，爲題。

唐惠山石牀題字

同治丙寅九月初，在皕禊室觀鈎刻《聽松石牀題字》。其補正竹雲、覃谿遺誤，伯昂歧疑，一如天和《傾頌》，唐陰唐側，别文同石者，分合了然，善矣。其云兵亂火毁，或舁運金陵，則傳聞異詞，固疑此石未泯。歸道無錫，亟泛舟訪之。循寺門基而登，果得諸道東亭下。牀端翹起，「聽松」字煜煜映斜日，射人目，倚憩挲摩久之。牀面趙希衮大書題名，極似涪翁筆勢。命家僮拓二篆以行。少温書季卿述《三墳記》，謂老沙防焉，蓋取堅頑能久。此石堅頑帶沙質，豈亦老沙耶？聊爲少温書之一證。還舟漫識卷尾，將寄諗皕禊室主人，知此石尚無恙，足供好古搜訪，當同此欣快也。展重陽日。

唐李含光碑

此碑自乾隆壬子錢辛楣先生屬汪稼門搜訪，僅存碑石廿三片，合全、半字才一千四十餘耳。碑四面刻，通計首尾千六百餘字。此本字全闕者，三百七十餘。存者全字、半字尚合千二百餘。蓋查二瞻舊藏，舍弟祥芝收之祁門者。當明季國初，拓本較乾隆時猶多二百許字。其拓不分明處，乃被俗子墨填，失其精采，大可惜也。同治甲子歲仲秋月朔，郘亭眲叟皖中裝成記。

道光丙午冬，在黄虎痴叟黔陽學署，觀其所藏顔碑，以此碑正面未剪一紙爲最舊拓。謂今句容所刻，補字出汪稼門得宋本鈎傳者，皆惡劣。惟何子貞有四面全拓，校其僅正面者，尤希世之珍也。今完拓既不可得，此拓既校稼門所收多二百許字，亦足珍矣。

此魯公年六十九時書也。計今顔碑存者，前二年有《元次山表墓碑》，後一年有《宋廣平碑側記》，又後二年有《顔氏家廟碑》，而顔碑絶筆矣。是後一年，有《明州刺史王公德政碑》，見《年譜》，今不存。書此碑之年，復有《殷夫人顔氏碑》，凡皆魯公晚年書，融會篆、分隸爲一家，無意于工，工乃獨絶。其俊偉軒豁處，人所激賞，追摹善矣。其一二拙澀天真，人所忽視，尤超詣不可等倫。學者合數碑觀之，當自得也。

自粤賊據金陵，句容淪陷者蓋十餘歲。稼門所收廿三碎石，今又不知存亡。整貼此卷畢，適有克復金陵之報。早晚東下，當策杖一訪金壇華陽之洞天，一證顔書存亡多少，更蒐剔許長史、陶隱居舊迹也。欣喜記之。甲子歲六月二十日。

同治丙寅，遵義趙崧于句容訪獲是碑碎石，大小凡十五通，計全、半字百九十七。今又逸去三小石，計十五字。壬申歲，甘泉張肇岑又蒐獲二石，移入句容學宫，共二百七十九字。較乾隆時汪稼門所獲，才小半耳。男繩孫謹注。

唐信法寺彌陁象碑

顯慶三年四月，在元氏縣東北雲起寺。鄭萬英文，無書人。尚有碑陰及兩側題名，此未具。此碑楷法絶佳，可與獻陵、昭陵諸石并驅。唐初書家精美如此，乃不以名顯，爾時書道之盛，可想見。

唐人楷書

此皆《因宜堂帖》所刻。一帖兩縮本外，皆以元石鈎摹入刻。《磚塔》、《杳冥君》、《潘智昭》三種，幾于亂真矣。同治甲子初夏。

南唐妙因塔柱所題佛語

此石建于南唐。徐鉉題其額曰「妙因」。在棲霞寺之東，即隋時葬舍利處。見張敦頤《六朝事迹》。近嚴觀記江寧金石，乃以塔爲隋建，其題刻爲《陁羅尼經》語，并誤。

宋劉蒙伯碣文

君謨此書，雖亦規模魯公，而以匾格爲之。直似今日殿試朝考法度，古人碑版意思蕩然矣。金石家于汴京以下之刻，等諸既灌而往，不唯書法，即刻工亦失其傳。此卷以閩石難得，又蘭泉未録，故翦莊出子弟觀，究勝時賢十倍。咸豐庚申十月，懷寧縣廣村之寓，郘亭書示繩兒。

宋瀧岡阡表

此碑陰，即《歐陽氏家譜》一卷。小楷尤精美，當別求之。

宋教興頌

王蘭泉謂：「惜唐英之名不可考。」按：「唐英」當是姓名，特人不可考耳。刻在長安虞永興夫子廟堂碑陰。有篆額，而此本未備。「虛儀先」三字，在石泐落處，山夫《竹汀本》豈猶全乎？蘭泉所録，于碑第二、三行闕字，與今本同，不應首三字獨全。蓋據山夫説載入耳。咸豐辛酉四月，鄂撫署多桂園剪貼此種，録潛研堂跋尾于後，示繩兒。

宋元祐黨籍碑〔七〕

《宋史·徽宗紀》：崇寧元年九月己亥，籍元祐及元符末宰相文彦博等、侍從蘇軾等、餘官秦觀等、内臣張士良等、武臣王獻可等，凡百有二十人，御書刻石端禮門。庚子，以元符末上書人鍾世美以下四十人爲正等〔八〕，悉加旌擢。范柔中以下五百餘人爲邪等，降責有差。二年八月辛酉，詔張商英入元祐黨籍。三年二月己酉，詔王珪、章惇别爲一籍，如元祐黨。六月戊午，詔重定元祐、元符黨人及上書邪等者，合爲一籍，通三百九人，刻石朝堂。餘并出籍，自今毋得復彈奏。五年春正月戊戌，彗出西方，其長竟天。乙巳，以星變，避正殿，損膳，詔求直言闕失。毁

《元祐黨人碑》，復謫者仕籍，自今言者勿復彈糾。《姦臣傳・蔡京》：崇寧元年，代曾布爲右僕射，二年正月，進左僕射。京起于逐臣，一旦得志，陰托紹述，箝制天子。時元祐羣臣竄敗死徙略盡，京猶未愜意，命等其罪狀，首以司馬光，目曰姦黨，刻石文德殿門。又自書爲大碑，遍頒郡國。初，元符末以日食求言，言者多及熙寧、紹聖之政。則又籍范柔中以下爲邪等，凡名在兩籍者三百九人，皆錮其子孫，不得官京師及近甸。五年正月，彗出西方，其長竟天。帝以言者毁《黨碑》。凡所建置，一切罷之。此搨乃三百九人之本，嘉定辛未，權知融州軍沈暐所重刻者。在今廣西融縣。又有慶元戊午饒祖堯刻者，在廣西臨桂，于諸賢已没者，皆注曰「故」，較沈本猶備。明倪元璐題《元祐黨籍碑》云：「諸賢自涑水、眉山數十公外，凡二百餘人史無傳者。」其所見即三百九人之本。戚學標書倪跋後云：「倪謂其碑自靖國五年毁碎，此或失考。」按史，碑立于崇寧元年，蔡京請徽宗書，刻石端禮門。其毁，以後五年星變，則劉逵之請。方靖國時，碑未立也，安得預毁？徽宗通在位二十五年，大中靖國一年耳，無五年。所刻奸黨司馬光下大小臣百二十，而云二百餘人，不應多其一倍。由是言之，彼所見特僞本耳。林雲銘即謂其靖國五年二百餘人之説有誤。今考倪氏特誤「崇寧」爲「靖國」，讀史未審耳。西仲、鶴泉既未見碑本并史之年，重定合籍凡三百人，刻石廟堂之文亦未之見，校倪尤疏也。碑刻以崇寧三年，京叙云「嗣位五年」者，通靖國前一年未改元時計之耳。舍弟庭芝欲通爲考校于史所不載者，取宋人説部求之，亦治古者所必資也。道光癸卯春三月。

宋鄆州學新田記

宋人乏佳分書，唯晏袤《山河堰記》雄逸，有漢人意象。李伉此石，力摹黄初孔羨，得其方滿，雖神明不逮，庶幾虎賁中郎之似，亦宋碑之傑出者矣。辛酉初夏多桂園書。

宋達州進奉大禮銀鋌

款識三行云：「達州今解發寶慶三年、紹定元年分進奉大禮銀一大鋌，重伍拾兩。奉議郎、通判達州軍州兼管内勸農兼權州事臣任隆祖。」中有人名湯孫、朱榮、山澤，而「山澤」字倒書向上，結銜行後，復有「靳德一郎記」五小字。

此鋌重準今庫平五十兩少一兩四錢，準東南市用漕平少四錢。同治元年，皖南鎮總兵官唐義訓統强中營，駐休寧，掘黄氏窖藏，得銀七千餘兩以充餉，中有此鋌。舍弟祥芝拓其款識以存。

【校勘記】

〔一〕莫繩孫改編本《宋元舊本書經眼録》手稿無此《附録卷第二金石筆識》這部分文字，但刻本有，且莫繩孫在刻本同治癸酉七月丁未朔跋中説：「更集他書衣及碑帖題語爲二卷附焉。」故補入，并於前新編目録。

〔二〕《隋書·志·禮義三》此二句原文作：「六年，申明葬制。」此誤爲「明葬志」。「志」，當爲「制」。其下之「在明葬志」亦當爲「在明葬制」。

〔三〕〔四〕〔五〕〔六〕此條跋語國家圖書館藏莫友芝《郘亭校碑記》稿本亦收，可參見本《全集》所收該稿影印本。

〔七〕此條跋語亦收入臺北「國家圖書館」所藏《郘亭雜文叕餘録》中，可參看。

〔八〕「四十」，《宋史·徽宗紀》作「四十一」。